人格発達心理学

西川隆蔵・大石史博 ◎編
Ryuzo Nishikawa, Fumihiro Ohishi

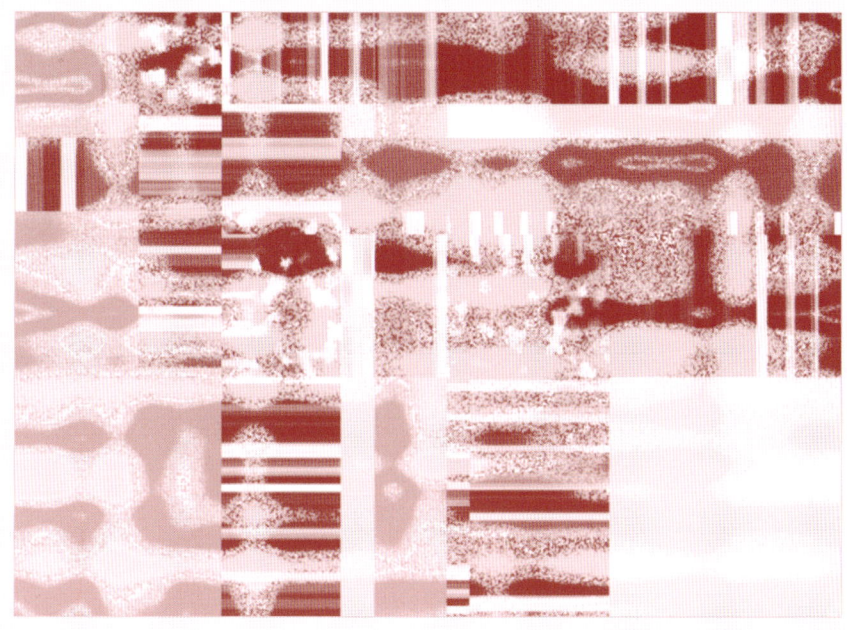

ナカニシヤ出版

は じ め に

　これまでのパーソナリティ研究を概観しますと，過去においては，人間行動を個体内部の要因によってもっぱら説明しようとする，個体主義的ともいうべき視点にたつものが多かったようです。その理由として，心理学における現象理解がコペルニクス，ケプラー，ガリレオ以来の，すべての現象を原因と結果の機械的因果連鎖に帰属させる機械論的自然観に支配されてきたことをあげることができます。また近代的人間観（ルネッサンス以降の人間中心主義）がもっぱら個の確立ないし自立をめざしたことから，他者との関係性の側面を看過してきたことをあげることができます。個体主義的な人間観は，人間関係をあくまで個体間に形成される二次的なものとみますから，個体があたかも人間関係を欠いて，まず絶対的に存在しているかのような認識が生じてくるのです。

　しかし，人間は個として存在しつつも全体を志向し，関係のなかに生き，成長していくという関係的存在です。人間は行為せずしては関係を作りえないし，何らかの関係においてでなければ行為することもできないといえます。人は人との関係によって，ある特別な文脈での特別な人との関係のなかで不安を覚えたり，安らぎを感じたり，癒やされたりするという変化を経験するものです。このことからは，人間は「常に一つの個として変化せぬ者」として存在するのではなく，「関係において変化する者」として存在するのであり，人間関係とはそのような人同士の関係であるといえるでしょう。

　以上のことから，本書はパーソナリティ理解の基本的な視点を，人間の関係性と発達変化の2つに定め，そこから繰り出されたタテ糸，ヨコ糸の結節点を吟味するなかで，13のテーマを設定しました。ほとんどの章において，パーソナリティの諸側面における変化の様相が取り上げられており，とくにⅡ部ではパーソナリティの発達変化を理解するうえでの基礎的な理論を，そしてⅢ部では，生涯にわたる発達変化が理解できるように，乳幼児期，児童期，青年期，中年期，高齢期における重要なテーマを取り上げています。さらにⅣ部では，比較文化，比較行動学という視点から人間関係性の特質を理解するためのいくつかのテーマを取り上げています。人間関係は生存の必要上からも，人生の最初から継続的にもっているもので，そこでの交流は人間にとって根底的な現象であるといえるのです。私たちは人間関係を通して言葉を学び，文化を受け継いでいくのであり，私たちにとっての環境は深くその人間関係によって規定され，色づけられているといってもよいくらいです。

　少し話が長くなりましたが，本書は，以上のような視座に立って，人間の全体的な理解をめざして，パーソナリティとその発達についての解説を試みたものです。人格心理学，発達心理学，社会心理学といった従来の枠組みにとらわれず，読者の皆さんが新しいパーソナリティ理解のかたちを学び，実践していくために，本書が少しでも役立つことを願うばかりです。

　最後に本書の刊行にあたり，お世話になりました宍倉由高編集長，ならびに編集を担当してくださった酒井敏行氏に感謝の意を表します。

2004年3月

編　者

目　次

はじめに　*i*

第Ⅰ部　パーソナリティの理解 …………………………………………………………… 1

第1章　パーソナリティとは ………………………………………………………… 3
　第1節　構成概念としてのパーソナリティ　3
　第2節　パーソナリティの類型論的アプローチと特性論的アプローチ　6
　第3節　パーソナリティの正常と異常　9
　第4節　パーソナリティ発達を規定するもの　12

第2章　パーソナリティのアセスメント ………………………………………… 17
　第1節　アセスメントとは　17
　第2節　パーソナリティ・テストの種類と進め方　18
　第3節　知能のアセスメント　20
　第4節　パーソナリティ・テスト　22

第Ⅱ部　パーソナリティの理論 …………………………………………………………… 31

第3章　心の深層へのアプローチ ………………………………………………… 33
　第1節　深層の分析　33
　第2節　フロイトの心理・性的発達理論　37
　第3節　心の全体性と個性化のプロセス──再び，ユングの分析心理学より　39
　第4節　対象関係と自立のプロセス　41
　第5節　精神分析における治療パラダイムの変化　43

第4章　自己意識と自己概念 ………………………………………………………… 47
　第1節　自己についての理論　47
　第2節　自己意識の発達　49
　第3節　自己評価と自尊心　52
　第4節　自己概念と適応　54

第5章　学習による行動習慣の獲得 ……………………………………………… 61
　第1節　行動の研究　61
　第2節　条件づけ理論　62
　第3節　学習性無力感　68
　第4節　社会的学習理論　68
　第5節　行動主義理論からみたパーソナリティ　70
　第6節　行動療法　71

第Ⅲ部　ライフ・サイクルとパーソナリティ発達 ……………………………… 73

第6章　愛着の発達 ……………………………………………………………… 75
第1節　愛着の起源と機能　75
第2節　愛着を育むための乳児の発達基盤　76
第3節　愛着の発達形成と個人差　80
第4節　乳幼児期の発達を支えるために　85

第7章　社会性の発達 …………………………………………………………… 89
第1節　社会性の発達　89
第2節　子どもたちの遊び　90
第3節　思いやりの心を育てる　98

第8章　アイデンティティの形成と病理 ……………………………………… 103
第1節　エリクソンの理論　103
第2節　アイデンティティ達成過程の諸相　109
第3節　性アイデンティティ　113

第9章　中年期・高齢期におけるパーソナリティの発達 …………………… 117
第1節　ライフ・サイクルの変化と生涯発達的視点　117
第2節　中年期のパーソナリティ　118
第3節　中年期・高齢期のパーソナリティの心理社会的発達　121
第4節　パーソナリティの発達と老いへの適応　124

第Ⅳ部　パーソナリティ発達の諸問題 …………………………………………… 129

第10章　文化とパーソナリティ ……………………………………………… 131
第1節　文化人類学の業績　131
第2節　文化と人間関係　134
第3節　異文化理解と異文化適応　136
第4節　セックスとジェンダー　141

第11章　家族とパーソナリティ ……………………………………………… 145
第1節　家族とは何か　145
第2節　家族のライフ・コース　147
第3節　まとめ　160

第12章　母性と子育ての比較行動学 ………………………………………… 163
第1節　比較行動学の視点でヒトをみる　163
第2節　母性について考える　166
第3節　子育ての文化　170

第13章　ストレスとパーソナリティ変容 …………………………………… 177
第1節　ストレス　177
第2節　パーソナリティ変容　181
第3節　トラウマ　184

索　引　193

〈トピック〉

- 1-1 人間をいかにながめるか―有機・全体論的な人間理解　5
- 2-1 テスト環境や被検査者への配慮　21
- 3-1 無意識への王道―夢の分析　34
- 3-2 阿闍世コンプレックス　39
- 3-3 コフートの自己心理学―ナルシシズムと自己愛転移　43
- 4-1 社会的比較を通した青年期の自己形成の特徴　54
- 4-2 自己へのこだわりと恐怖症　57
- 5-1 定位反応と慣れ　64
- 6-1 情動の発達　79
- 6-2 乳児の気質　84
- 6-3 早期保育と家庭養育―米国NICHD早期保育研究の成果について―　85
- 7-1 ギャング集団　94
- 7-2 子ども同士のけんか　95
- 7-3 9歳の壁（峠）　98
- 7-4 役割取得能力　100
- 8-1 基本的不信感と迫害不安　106
- 8-2 日本人的アイデンティティ　108
- 8-3 早期完了アイデンティティは姿を消しつつあるのか　110
- 8-4 モラトリアム人間　113
- 8-5 思春期・青年期の摂食障害　115
- 9-1 対象喪失　120
- 9-2 中・高年齢者のボランティア活動　123
- 9-3 高齢者の回想　124
- 10-1 人間のなわばりと対人距離　138
- 10-2 ジェンダーの格差　142
- 11-1 人生プラスマイナスゼロ！　150
- 11-2 家族のなかでの愛　160
- 12-1 本能をどうとらえるか：行動の生得性と獲得性―氏か育ちか　167
- 12-2 霊長類の子殺し　173
- 13-1 アイスバーグ・モデル　182
- 13-2 私のなかの他人　189

第Ⅰ部
パーソナリティの理解

第1章

パーソナリティとは

第1節　構成概念としてのパーソナリティ

1. 行動の個人差と個性の記述

　人間は自分のおかれた状況や環境を，つねに主体的，能動的に知覚，あるいは認知して行動しています。そのため，客観的には同じ状況にあっても，それへの意味づけは一人一人異なるのであり，当然，その認知にともなう内的なプロセス（感情，思考，欲求）も異なるし，そこでとる行動も違いがあります。

　パーソナリティ（人格）とは，このような認知 - 行動の過程における個人差，その過程にみられる一貫したパターン（個性）を記述し説明する概念といえます。たとえば，私たちは身近な人の行動を見ていて，その行動に「その人らしさ」を感じたりしますが，これは，観察された行動上のパターンであり，人間の行動には比較的安定した一貫性がみられるのです。似たような状況では，特徴的パターンが生じやすいために，何度もその人の行動を観察するうちに，行動パターン，すなわち性格をよむことができるようになり，「このような時，あの人なら，こうするだろう」という予測が成り立ちます。もっとも，「相手が変われば態度が変わる」「同じ人に対しても行動に一貫性がない」「言動がコロコロ変わる」という人もいますが，その場合，その一貫性のないところが行動パターンということになります。もちろん，人間の行動には状況依存的なところもあって，どのような状況においても，行動が一貫して同じということはありえません。むしろ，そうであるならばパーソナリティの硬化，病理を疑わねばならないことになるでしょう。

　また，成長，発達するなかで，認知 - 行動過程を統制する主体としての「私」という自己意識が芽生え，明確になってきます。まさに私（自己）が，私（認知 - 行動系）を意識し統制することができるようになるのですが，パーソナリティは，この自己意識のあり方としてとらえることもできます。

2. 関係パターンとしてのパーソナリティ

　対人関係論で有名なサリバン（Sullivan, 1953）は，精神医学について，次のように述べています。「二人以上の人を包含し，人と人との間にお

行動の一貫性

　絶対的一貫性：状況や時間を越えてまったく同一の反応が示されること。

　相対的一貫性：一群の人々のなかで，状況や時間を通じ個人の反応の順位や位置づけが一貫していること。

　首尾一貫性：人の特徴と状況の特徴の相互作用により決定される反応パターンのこと。

いて進行する過程を研究する学問であり，精神医学の対象範囲は対人関係の世界である。いかなる事情のもとにある対人関係かは問わない。とにかく，一個のパーソナリティを，その人がそのなかで生き，そこに存在の根をもっているところの対人関係複合体から切り離すことはできない」。ここには，パーソナリティを個人内部にあるとする考え方（個体内モデル）とは異なる新しい考え方（関係モデル）が示唆されていて，それまで，その人が状況的，時間的にみて周囲の人とどのような関係（交流）パターンをとってきたか，どの程度安定しているのかといったことがパーソナリティを理解するうえで，重要になってきます。またパーソナリティの発達や変化というものも，人間関係を基盤にして理解されるのであり，このようなとらえ方は，カウンセリングや精神分析療法などの心理治療のパラダイム変化としてあらわれているようです（第3章，5節）。

さて，かかわりという点からすれば，その対象は外部にある人だけではなく，モノとのかかわりも問題になりますし，さらに自分自身に対しても，そのかかわり方がパーソナリティの重要な側面になってきます。つまり，自分自身（自分という対象）をどのように，いかにながめるか，評価するかという自己意識や自己概念の問題です（第4章）。自分を良いようにながめている人，自分を駄目な人間だとながめている人とでは，それなりに行動に違いがでてくるのは自明のことですが，この自分自身とのかかわり方も，実は小さい時からの重要な他者との関係（相互交渉）のあり方が影響しているのです。

3. 開放システムとしてのパーソナリティ

パーソナリティについて，オールポート（Allport, 1961）は個人を特徴づけている行動と思考とを決定する精神身体的システムであり，その個人の内部に存在する力動的（dynamic）組織であると述べていますが，パーソナリティはこの定義にあるように「組織」「システム」としてとらえられることが多いといえます。ここでいう組織とは，パーソナリティがいろいろな働き（機能）から成り立っていて，各機能が多かれ少なかれ定常的に秩序づけられた「構造」をもつということです。ピアジェ（Piaget, 1967）は認知構造の特質として，全体性，変換性，自己制御の3つをあげていますが（表1-1），パーソナリティや認知の構造はこのような点で，物理的システムとは異なっています。また力動的とは，システム内の各機能の相互作用の結果，行動が引き起こされたり，変化が生

> **パラダイム（paradigm）**
> 理論的枠組み，ある時代や分野に特徴的な科学的認識の方法のシステム，状況。「例」「模範」などという意味もあります。

表1-1　認知構造の特質（Piaget, 1947）

- ●全体性
  構造全体が個々の要素の集合ではなく，各要素の特性に帰することのできない全体的でユニークな性格をもつ一つのまとまった系をなす
- ●変換性
  構造は再構成することができる。再構成を通して構造は精緻化される
- ●自己制御
  構造の変化は自己制御系に従い，その結果として一つの構造にはアイデンティティが保たれる

トピック 1-1

人間をいかにながめるか――有機・全体論的な人間理解

およそこの世の現象というものは，よくも悪くもその見方しだいのところがあります。本書で取り上げられているパーソナリティ理論も，実はそれなりの人間観，いや宇宙観というものがあって，その認識論における大きな対立として，要素・機械論的認識と有機・全体論的認識があります。そこでこの対立する認識論の違いについて少し説明を加えてみることにします。

要素・機械論では，宇宙が一つ一つ分離した部分（要素）から成り立つと考えます。これは唯物論的還元主義とでもいえるもので，部分と部分との関係が他のすべての複雑な現象にも働いていて，これがあらゆる世界の現実を形成することになります。

一方有機・全体論では，世界を本質的には，自発的・活動的・自己調節的な体制化された全体からなるものとして描きます。つねに部分ではなく，全体に重点をおき，部分間の関係や全体は部分にどのようにして意味を与えうるかを考えるのです。この考え方は20世紀初頭のウェルトハイマー（Wertheimer, M.），ケーラー（Köhler, W.）らのゲシュタルト心理学によってさらに鼓舞され，人間の研究は組織化ないし体制化の原理の発見に向けられたのです。つまり人間という生命体はその構成要素のもつ特性の総和ではなくて，要素間の関係によってその特質が規定されるという全体性が強調されるのです。このような全体性の強調はマスロー（Maslow, A. H.），そしてロジャーズ（Rogers, C. R.）に代表される人間主義的心理学の基礎ともなっているのです。以下は，要素・機械論と有機・全体論，両モデルの主な対立点のまとめです。

（1）要素・機械論では，部分からなる全体の構成の論理とその分析を主張します。精神現象も要素に分解・還元して，諸要素の総和を全体と考えます。一方有機・全体論では，全体論的立場に立ち体制化の論理と統合的方法を主張し，器官や部分の活動はすべてその文脈・背景・全体に依存し，その構成部分をなしているとします。つねに全体を背景にして部分を考えるのです。

（2）要素・機械論では，生命体は自然界の因果法則のもとにあって，無力な存在であり，外からの力の影響のもとで活動を始めると考えます。フロイト（Freud, S.）の精神分析理論やワトソン（Watson, J. B.）の行動主義理論はこの立場にもとづく理論といえます。有機・全体論では生命体はやむことなく自発的に活動し，変化しているとします。自主性，能動性の原点とでもいうべきものが生命であり，活動には，目的が内在していて，有機体の諸器官および活動は全体として一つの目的の実現に向かって機能すると考えるのです。アドラー（Adler, A.）の個人心理学，ユング（Jung, C. G.）の分析心理学はこの立場に立つ理論といえます。

（3）要素・機械論では，17世紀のイギリスの哲学者ジョン・ロック（Locke, J.）の経験論に示されるように，知識を獲得する主体は，その過程で積極的な役割を果たすことはなく，知識の獲得はあらかじめ決まっている仕方で不可避的に起こるとされます。一方有機・全体論では，知識は主体によって意味づけられ獲得されるものであり，さらに人間と外界との間の積極的な相互作用の結果，いったん形成された知識の構造が新しい構造へと発展すると考えます。

じることであり，そのような心のなかの動きが外からの影響でなく，自律的に動いていることを意味します。たとえば，フロイトの精神分析理論では，心の構造として，エス（id），自我（ego），超自我（super

表1-2　パーソナリティの開放性の特質（西川，1999）

①つねに他のシステムとの円環的相互作用のなかにある
　個として完結しているのではなく，開放システムとして他のシステム（パーソナリティ）や環境とたえず交流をもち，相互に影響を与えあいながら，変化発達する。生命体の行動全般にわたっていえることでもあるが，パーソナリティと外部環境との関係は円環的な因果律にその特質があり，直線的因果律（原因から結果という一方向的な因果関係）によって説明されるものではない。

②変化成長するシステム
　活動の結果，自身に何らかの変化が生じる。機械も活動の結果，自身に何らかの変化が生じる。機械にとっての変化とは，摩耗とか破損とよばれるものであるのに対して，成長とか分化・統合をともなう肯定的・積極的な意味をもつ。

③システムの全体と部分の関係
　パーソナリティの各機能は全体を生かすための部分であり，その部分は全体のなかに有機的に所属することによって生かされている。しかし，機械システムにおいては部分の機能はそれぞれ完結したものとして孤立している。たとえ複雑な仕組みの機械であっても，各部分は物理的法則に従って機能するだけであって，全体の目的が各部分，機能に浸透することはない。

ego）という3つの機能を仮定しています（第3章，図3-1参照）。この3つの機能のうち，自我が心の中枢機関として働き，自我はエスや超自我から受ける圧力を調整し，現実（外界）に適応しようとして働くと考えるのです。

　このようにパーソナリティを一つのシステムととらえることにより，行動上の個人差や病理を力動的に説明することが可能になるのですが，このようなパーソナリティのシステムは機械システムとは異なり，表1-2に示すような開放的な特質をもつところに特徴があります。

第2節　パーソナリティの類型論的アプローチと特性論的アプローチ

1．類型論とは

　比較的少数の基本型を定め，その類型を一つの枠組みとしてパーソナリティを記述するのが類型論です。精神の全体性，統一性を強調するドイツやフランスの人間学や性格学の考え方が背景としてあり，人間を「独自な全体」と考え，それをより小さな部分に分析できないものとして全体的にとらえるところに特徴があります。

　類型論の歴史は古く，始まりは遠く紀元2世紀頃のガレヌス（Galenus:BC.210-129）の4気質分類にまでさかのぼることができますが，その後近代に至って，さまざまな類型論が考え出され，それらは類型のよりどころを何に求めるかで，体質的，生物学的特質に求める立場と，何らかの心理的特性に求める立場の2つに分けることができます。前者の立場で代表的なのが，クレッチマー（Kretschmer, E.）（表1-3）やシェルドン（Sheldon, W. H.）の類型論です。また後者の代表として，ユング（Jung, G. C.）やシュプランガー（Spranger, E.）の類型論（表1-4，表1-5）をあげることができます。

　類型論は，一人一人の人間存在のあり方の全体としての特徴をタイプとして一挙にとらえようとするものであり，一つの存在論ともいえます

4気質分類
　人間の健康が4種の体液，すなわち血液，粘液，胆汁，黒胆汁の均衡に依存するとしたヒポクラテス（Hippokrates:BC.460-430）の体液病理説がガレヌスの4気質分類へと発展した。気質という言葉は，もともと体液の混ざり具合を示すものでした。

表1-3 クレッチマーの3気質の分類 (Kretschmer, 1921)

分裂気質	循環(躁うつ)気質	粘着気質
●基本的特徴 　自閉，非社交性，静か，ユーモアを解さぬきまじめ 　自らを閉ざし，自分の世界に閉じこもろうとする ＊敏感，神経質，興奮しやすさ ＊落ち着き，鈍感，無感動，無頓着さ ●過敏と鈍感の両極性 　閉ざされた外界に対して鈍感，心の中に刺激が入ってくるやいなや，その痛みに耐えられないくらいに心が傷つき，敏感になる	●基本的特徴 　人づきあいがよい，気がよい，親切，親しみやすさ 　心の底に暖かいもの，共感できるものを感じさせる ＊元気，激情しやすさ ＊物事を苦にする，物事を重大にとらえやすい ●軽躁と抑うつの両極性 　外界に同調しようとする。気分が高揚する時も気分が沈んでしまう時も心が閉ざされることはない	●基本的特徴 　堅固，熱中，几帳面，律儀，秩序，社会的なしきたり，習慣を大切にする ＊鈍重さ，まわりくどさ，丁重さ，いんぎんさ ＊興奮すると夢中になって相手構わず激高する ●粘着性と爆発性の両極性 　粘着的だからこそ，強い刺激に激しく爆発する。引っ張られたゴムが突然ちぎれて，はじき返すように

表1-4 シュプランガーの価値観に関する類型論

理論的人間
　合理的であることに価値をおき，普遍的な認識を追求しようとしている
経済的人間
　経済性，効用性を重んじ，利益を追求することに価値をおく
審美的人間
　美を自由にとらえることを尊重し，芸術的活動に興味をもつ
社会的人間
　人間愛が重視され，社会的献身に価値をおく
政治的人間
　権力の中に価値を見出し，他人を支配したり，指導したりすることに価値をおく
宗教的人間
　生命の全体的価値を重視し，宗教的な活動に関心をもつ

が，多様なパーソナリティの本質を単純化しすぎて，その中間型が無視されやすいところに問題があります。ある人をある類型の中に入れようとする時，この類型に固有の面のみが注目されて，その人のもつ他の面が見失われてしまったり，逆にその人のもっていない特徴までその人がもっているとみられやすいのです。さらに次の特性論についてもいえることですが，類型論はパーソナリティの静態的な理解であるため，心の中のさまざまな動き，さまざまな働きの関係や葛藤を説明できないということです。またパーソナリティと外的環境との間の相互関係や，時間的経過のなかでの成長・発達変化の状況を説明できないところに類型論，特性論という記述理論の限界があるといえます。

2. 特性論とは

　さまざまな状況において，個人の行動に一貫性や恒常性をもたせ，行動を決定する傾向を特性(trait)とよびます。それが人の内部に実体として存在するわけではありませんが，たとえば，オールポート(1961)は，特性があるがゆえに，多くの刺激が機能的に等価になり(刺激の等

表1-5 ユングの類型論による8つのパーソナリティ・タイプ

機能の類型と特徴		基本的態度	外向型 外的客観的事象を重視する エネルギーが外界へむけられる	内向型 内的、主観的な世界を大切にする エネルギーが内界へむけられる
思考	合理的機能	概念や論理で知的に対処しようとする。	自分自身のことよりも、客観的な事実や知識を重要視し、それにもとづいて筋道を立て考える。	理念によって決定的に影響を受けるが、その理念は主観的な基礎から生じる。
感情		良い、悪いといった価値づけをする。	感情表現が上手。たいていの場合、自分の感情を抑制して、相手とあわせることができる。	何事も自分の主観的感情で処理するが、感情は外にあらわれず、深い情熱になる。
感覚	非合理的機能	五感などの身体の生理作用にもとづいて知覚する。	現実の人や物に対して、具体的に、また実際的に身体的な感覚で感じとることが得意。	外からの刺激によって生じる感覚は、その刺激によって触発される主観の部分の強度に左右される。
直観		未来、将来を予見する。	外向状況から受けとめる可能性に依存する。	外からの刺激に触発された内的なものに注目し、将来の見通しや可能性を知覚する。

(Jung, 1921 より)

個性記述的方法
（idiographic method）
個人または事例の一回的様相を具体的、全体的に把握しようとする方法で、とくに人格心理学、臨床心理学、発達心理学において、個人のもつ力動的全体性、個別性、独自性を解明するための主要な方法です。

価性)，一貫性のある適応的，表出的行動が解発されるとしています。特性には，個人的特性（individual trait）と共通特性（common trait）があり，前者は真に個人に独自の特性であるため，数量化できず，個性記述的な方法でしかとらえられないもので，後者は多くの人々に共通してみられるもので，それぞれの特性の量的な違いをもとに数量的に個人間の比較が可能な特性です。

このような特性を仮定するというのは，知能検査による知的能力の測定と同様に，もっぱらイギリスや米国で発展した考え方です。分析と総合という科学主義にもとづいて，人間に共通する基本的で中心的な特性とは何かという研究が進められてきました。この特性を精密に測定できれば，個人間の比較が容易にでき，また個人の行動についてももっと正確な予測が可能になると考えたのです。たとえば，キャッテル（Cattell, R. B.）やギルフォード（Guilford, J. P.）の特性論では，因子分析という統計手法を通じて，抽出された特性についての測定尺度が作成されています。測定される特性の強弱は偏差値等により相対的に判定され，プロフィールの形で全体像が示されます。しかし，特性の種類，内容については，研究者間で，一致が得られていないことや，尺度の中間値の解釈がむずかしいことが問題といえます。最近では，5つの特性因子でパーソナリティの特徴を包括的にとらえようとする「特性5因子モデル」が注目されていますが（表1-6），この5因子はパーソナリティの構造というよりも観察者側の対人認知の次元を示していると考えられなくもありません。

表1-6 特性5因子モデルの因子 （辻他, 1997）

因子の名前	本質特徴	一般的特徴	病理の場合
内向性 － 外向性	活動	控えめな ／ 積極的	臆病・気おくれ ／ 無謀・躁
分離性 － 愛着性	関係	自主独立的 ／ 調和的	敵意・自粛 ／ 集団埋没
自然性 － 統制性	意志	あるがまま ／ 目的合理的	無為怠惰 ／ 仕事中毒
非情動性 － 情動性	情動	情緒の安定した ／ 敏感な	感情鈍麻 ／ 神経症
現実性 － 遊戯性	遊び	堅実な ／ 遊び心のある	権威主義 ／ 逸脱・妄想

第3節 パーソナリティの正常と異常

1. 正常と異常の多元性：精神病理学との違い

　パーソナリティの障害，あるいは心理的異常について考える場合，注意しなければならないのは，正常と異常を分ける基準は，多元的，相対的であるということです。その多元的基準として，表1-7に示すように4つの次元をあげることができます（下山, 2003）。適応的基準は自分がくらす社会に適応しているのが正常で，社会生活が円滑にできなくなったのが異常とするものです。もっとも一般的な判断基準ですが，周囲の人の判断と当事者の判断が異なることがあるかもしれません。価値的基準は，判断のための規範があり，それは社会や時代が異なれば，変化しますが，その規範の許容範囲内で行動している限りは正常であり，そこから逸脱すると異常と考えるものです。

　統計的基準は，集団の平均を基準にして，この値に近いところの集まりは「正常」とし，この値から極端に外れるものを「異常」とする

表1-7 心理的正常・異常の基準 （下山, 2003）

適応的基準： 適応－不適応
所属する社会に適応しているのが正常で，社会生活か円滑にできなくなったのを異常とする。

＊基準－社会的に期待される機能が障害されているか否か。
　社会的判断－他者によって社会的に機能していないと判断される場合。他者の立場から，他者の都合によって，一方的判断を行う場合も多い。
　主観的判断－本人が自分は社会的に機能できないと判断する場合。苦悩をともなうことが多い。

価値的基準： 規範－逸脱
判断のための理念体系にもとづく規範があり，その規範の許容範囲内で行動している状態を正常とし，その規範から逸脱している場合を異常とする。
＊基準－判断する人が依拠する理念体系の規範の許容範囲内か否か。
　生活的判断－道徳観や社会通念にもとづく規範によって判断する場合。
　理論的判断－法律や理論モデルにもとづく規範によって判断する場合。

統計的基準： 平均－偏り
集団のなかで平均に近い標準的状態にあるものを正常として，平均から偏奇の度合いが強い状態を異常とする。
＊基準－検査によって平均に近い標準範囲を決定し，それにもとづいて判断する。

病理的基準： 健康－疾病
病理学にもとづく医学的判断により，健康と判断された場合が正常であり，疾病と診断された場合を異常とする。
＊基準－精神病理学に裏づけられた診断分類体系にもとづく専門的な判断。

ものです。ただし，どのような集団を標本として平均を決めたかにより，正常とされる標準的範囲は容易に変化するなど相対性が強いことに注意する必要があります。またパーソナリティや能力などの心理的特性には，平均からの逸脱が大きくても，社会的，精神衛生的にみて，（＋）の価値をもつ場合と（－）の価値をもつ場合があります。この場合，通常は（－）価値をもつものを異常と判断することが多いのではないでしょうか。病理的基準は，身体的医学的モデルにもとづいて，器質的，あるいは機能的な欠陥や障害の有無によって「正常」「異常」が決定されます。これによると，身体症状や精神症状が客観的に存在する場合，「異常」と判断されます。

心理的異常は，その人の発達過程，あるいは対人関係や所属する集団（社会システム）のあり方との関連で生じてくることがほとんどです。したがって，パーソナリティの正常や異常を問題にする場合，発達の過程や社会システムとの関連で，その意味を理解することが大切です。また病理の治療というよりも病理を抱えて生きていくことの援助に焦点が当てられるカウンセリングなどの心理臨床活動では，病理的基準もさることながら，適応的基準や価値的基準による判断も重要となります。

2. パーソナリティ障害（精神病質）の分類

パーソナリティ障害（異常）の定義について，WHOの国際疾病分類－第10版（ICD-10）では，表1-8に示す項目があげられています。

従来，精神医学の世界では，このようなパーソナリティの大きな隔たりをどのように考えるかをめぐって，大きく2つの立場がありました。一つはパーソナリティの偏奇は軽い精神病であるとする立場で，クレペリン（Kraepelin, E.）の精神病質パーソナリティに代表される「中間者概念」とよばれるものです。他の一つはパーソナリティの偏奇と精神病とは別物だとする立場で，シュナイダー（Schneider, K.）の「精神病質」の考え方がそれにあたります。彼は臨床経験にもとづいて，精神病質をパーソナリティの偏り（異常性格）により，主として社会を悩ますタイプ（社会的不適応が主となる）として，意志欠如者，発揚性精神病質者，爆発性精神病質者，情性欠如，狂信者の5類型，次に自分が悩むタイプ（心理的不適応が主となる）として，抑うつ者，自信欠乏，顕示者，気分易変，無力者の5類型を示しています（Schneider, 1950）。

今日では，図1-1に示すように統合失調症（精神分裂病），気分障害，不安障害などの精神障害の一部と重なる症状を示しつつも，同時に正常圏の行動を保っているという境界領域に属する障害と考えられていて，アメリカ精神医学会の精神障害の分類と診断の手引（第4版改訂版

境界性人格障害

気分が不安定で，ひどい抑うつや不安，怒りの時期が頻繁に，たいした理由もなく訪れます。自己概念も不安定で，極端な自己嫌悪と自己満足の時期とがあります。対人関係では人を理想化するかと思えば，わけもなく見下したりします。自分の空虚感を埋めるために，手に入れた物や他者にしがみつくと同時に，見捨てられる，拒絶されたという気持ちを抱きやすいとされます。

表1-8　ICD-10による人格障害の定義（WHO, 1992）

・性格が普通の人々に比べて著しく異なっている
・その異常が長期間にわたっている
・その異常のために，社会的機能・適応性の低下や主観的な苦悩が生じている
・その異常は精神病や神経症などの病気によるものではない
・その異常は知恵遅れ，脳障害によるものではない

DSM-Ⅳ）では，表 1-9 の分類が示されています。

> **DSM －Ⅳ**
> 「精神疾患の診断・統計マニュアル」第 4 版のことであり，原因や治療法とは切り離して，精神障害をはっきりと行動にあらわれた症状によって分類するように配慮されています。17 の精神障害の分類が示されており，これらの分類の下に広範な副分類の記載が続き，診断を下すために確認しなければならない症状が説明されています。

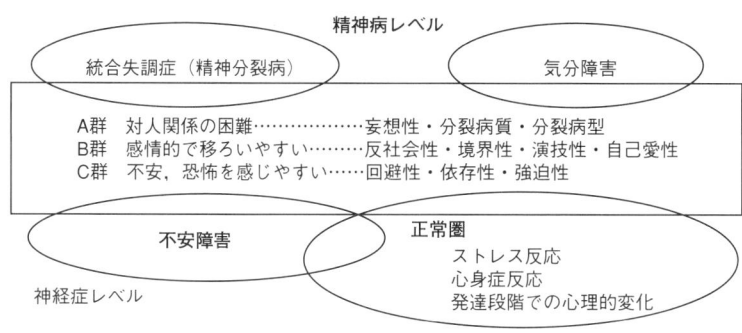

図1-1　人格障害の位置づけ（野村・廣川，2003）

表 1-9　DSM-Ⅳにおける人格障害の分類（APA, 1994）

A群―奇異，風変わりな群
□妄想性人格障害
　《過度の疑い深さ》《不信感》《対人関係上の過敏性》
□分裂病質人格障害
　《対人関係に無関心》《情緒体験や情緒表現に深みが欠ける》
□分裂病型人格障害
　《対人関係の欠如》《奇妙な観念，外観，行動》
B群―演技的で，感情表出が激しく移ろいやすい群
□反社会的人格障害
　《衝動的で攻撃的行動》《自己中心的で深い情緒をともなわない対人関係》
　《不法な薬物の常用など無責任な反社会的行動》
□境界性人格障害
　《対人関係，感情状態，そして自己像の全体的な不安定さ》
□演技性人格障害
　《表面的な対人関係様式》《不安定な情緒状態》
　《相手の関心を引こうとしたり性的に誘惑的になったりする過度に演技的な態度》
□自己愛人格障害
　《自己誇大感》《共感性の欠如》《他の人の評価に対する過敏性》
C群―強い不安や恐怖を感じやすい群
□回避性人格障害
　《社交場面における不安・緊張》
　《他人からの否定的な評価に対する恐怖，臆病さなど対人関係の不安にもとづく引きこもりや回避行動》
□依存性人格障害
　《自分に自信がもてず，自分の気持ちを抑えてまでも他人に従い，過度に頼ってしまう》
□強迫性人格障害
　《行動的に柔軟性に乏しい》《完全主義的》《理知的》
　《仕事に没頭する傾向が強い》
　《自分なりの方法を他人に強要する》
　《完全を求めるあまり決断が下せなくなる》

第4節　パーソナリティ発達を規定するもの

1. パーソナリティの生物学的基礎

　感覚, 感情, 思考・言語といった機能は, 大脳部位, および神経生理学的な過程における器質的, 機能的な個人差と強いつながりがあります。たとえば, 大脳は呼吸, 循環, 代謝など生存に必要なプログラムとして機能する脳幹（中心核）領域, 本能行動, 情動行動を統制する辺縁系領域, 適応行動や創造行動の中心となる大脳皮質の領域に大別されますが（図1-2）, 大脳皮質のなかでも, 前頭連合野（前頭葉, 運動野の前部）領域は生後の環境による影響も大きく, 知能やパーソナリティを大きく特徴づける側面といえます。人は辺縁系や大脳皮質が他の動物と比べて

大脳皮質

　大脳の表面をなす神経細胞が密集した厚さ数ミリの灰白質の層で, 特定の機能をになっている部位と, 特定の機能に限定されずに各種の特定な機能を統合する, より一般的な部位からなっています。発生的にみると, 旧皮質, 古皮質, 新皮質とに分けられ, 旧皮質と古皮質とは, 大脳辺縁系に属し, 動物的本能的な機能に関係があり, 新皮質は高等な精神機能に関係があると考えられます。

大脳辺縁系

　旧皮質, 古皮質（海馬）, 皮質下核（偏桃核, 中隔核）, 新皮質との境界をなす帯状回などからなります。情動的, 自律的な機能に関係している。人間では海馬は記憶の貯蔵と関係があります。

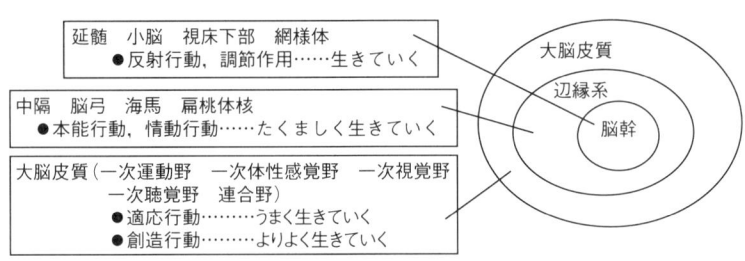

図1-2　脳の構造と機能

大きく発達していて, 脳幹部分と連絡して, それぞれのプログラムを調整し, 理性的に行動することができるのです。情動の統制についていえば, 辺縁系の働きが重要で, この機能が発達することで, 情動を適応的に, 社会的にうまく表現することができるようになります。とくに攻撃性の統制については, 人の場合, その抑制メカニズムは学習に依存しているという意味で, 生後の環境の影響が大きいのです。

2. 遺伝と環境の相互作用

　発達に及ぼす遺伝要因と環境要因のとらえ方については, 今日のところ2つの要因が相互に作用しあうという相互作用説が広く受け入れられています。これは, 複雑な人間の発達過程を遺伝要因, あるいは環境要因のいずれか一つに還元したり, あるいは両要因が輻輳的に（相和的）発達に影響を与えるという考え方を乗り越え, 広い意味での人間と環境との動的なかかわりあいを強調したものです。つまり遺伝子にどれだけの可能性があっても, それを解発する外的環境, 刺激がなければ, それは発芽できない種子の状態にとどまり, 逆に望ましい環境, 刺激があっても, それにより発芽し展開する種子がなければ何もあらわれないということです。ピアジェの発達論はまさにこのような立場から, 両要因の相乗的な相互作用を主張したものであって, 遺伝子が解剖学的成熟を統制したり, 環境が経験を統制しているのではなく, 成熟も経験の文脈において実現するというのです。

しかし，このような相互作用論は遺伝要因と環境要因を分離不能な混成物（amalgam）としてとらえる傾向があり，とくに教育的可塑性を強調する傾向のある日本では，遺伝＝固定的＝宿命論的という固定的図式にしばられ，遺伝要因が等閑視されてきた経緯があります。最近はこのような相互作用主義を脱して，次に述べるような新しい考え方がでてきています。

3. 遺伝率

　欧米，とくにアメリカでの人間を対象にした行動遺伝学では，「個人差」の原因探求を意図して，個性の源泉としての遺伝要因の検討がなされつつあります。これらの研究においては，社会集団の中での個人間の差異に遺伝要因が相対的にどの程度反映されているかを意味する遺伝率（heritability）という数量が用いられていて，プロミン（Plomin, 1990）によれば，IQの遺伝率は50％程度，学業成績は40％またパーソナリティの多くの特性は30-50％と推定されています。とくに外向性の中核因子である社会性（sociability），神経症傾向の中核因子の情緒性（emotionability），活動性（activity）の遺伝率は高いとされます。

　この遺伝率が30％，50％というのは，その発達過程全体の30％，50％が遺伝によって決まるというのではなく，ある集団の中でたとえばIQに個人差が認められる時，そのIQのばらつきは30％程度遺伝要因によることを意味します。また人間においてもさまざまな反射行動，本能行動の発現がみられますが，それが個人差のない，必ずあらわれる形質である場合，「人間という種における遺伝率」が高いことになります。一方，個人差のすべてが環境要因の影響とみなされたら，その時の遺伝率は0％ということになります。

　以上のように遺伝要因の研究も，種固有の形質が遺伝する程度とは別に個人差における遺伝要因の影響を調べることに比重がかかるようになると，遺伝要因についての考え方に変化が起こり，従来のような遺伝要因を固定的，決定的なものとしてとらえるような発達観は修正されなければならなくなりました。たとえば，遺伝が発達に及ぼす影響については，遺伝子が神経学的構造を決定するだけでなく，ある遺伝的性向が環境からもたらされる経験の質や量にも影響を与えていると考えられます。つまり，遺伝と環境との相互作用を重視する立場からは，外向性，神経症的傾向などは個人差があり，その個人差があらわれることについては遺伝要因の影響が強いけれども，それにもまして遺伝要因が個体と環境との相互作用に大きな影響力をもち，その結果として個人差があらわれることになるわけです。

4. 子どもの遺伝子型と環境との相関

　親は子どもに遺伝子と家庭環境の両方を与えますが，これらはともに親自身の遺伝的特質の関数であることから，子どもの遺伝的特徴（遺伝子型）と彼らが育つ家庭環境との間には相関がみられます。たとえば，正の相関関係の例として，一般知能の場合，ある程度遺伝によって規定されるので，知能の高い親の子どもは知能が高いことが多く，

IQ:知能指数
（intelligence Quotient）
　ビネー（Binet, A.）の知能の発達の程度を精神年齢であらわしたのが始まりで，その後，ターマン（Terman, L. M.）が精神年齢を生活年齢で割り，その値を100倍したものを知能指数としました。これにより，年齢的発達段階を無視して知能の比較が容易になるようにしました。現在は，同一年齢集団内の平均値を基準にして，知能の程度をあらわす知能偏差値も知能指数として用いられています。

さらに知能が高い親は子どもに知的刺激の豊かな環境を与えやすいであろうし，逆に知能の低い親のもとに産まれた子どもは受けついだ知的な不利をさらに悪化させるような環境下におかれやすいことが考えられます。また負の相関関係の例として，遺伝子型として内向的な性格特徴をもつ子どもを心配して，親がその内向性に対抗するような環境を与え，社会的活動への参加をすすめるということが考えられます。

以上のように，遺伝子型と環境は，パーソナリティ発達に対する相互独立的な影響源としてではなく，相互に作用しあうものですが，その相互作用として，表1-10に示したものがあります。このような遺伝子型と環境との相互作用のうち，相対的な重要性は発達過程のなかで変化することです。つまり，受動的相互作用と誘発的相互作用は生涯を通して，その重要性は持続しますが，環境が家庭環境に限られている発達初期では遺伝子型と家庭環境との相関関係が強く，子どもがしだいに成長するにつれ，この相関は低下し，能動的相互作用が強くなると考えられます（Plomin, 1990）。

表1-10　遺伝子型と環境との相互作用のパターン（Plomin, 1990）

受動的（passive）相互作用
同じ環境におかれても，その環境の経験のありよう，反応の仕方は子どもによって異なり，たとえば厳格な親のもとに育つ場合，感受性の鋭い子どもはそうでない兄弟よりも，親の鋭い声や厳しい態度に敏感に反応するであろう。親が子どもに同じ環境を与えたとしても，子どもによって，その受けとめ方は異なり，パーソナリティ発達は，その主観的環境に規定される。

誘発的（evocative）相互作用
素直で穏やかな子どもは頑固で攻撃的な子どもよりも，親に抱かれたり，親から優しい言葉，笑みを多く与えられるかもしれない。親子間の相互交渉には，もちろん親の性格や能力なども関与してくるが，性格の基底をなす生得的な気質は親子間の相互交渉のあり方に少なからず影響を与える要因であり，子どものパーソナリティが親の養育態度を形成し，それがまた子どものパーソナリティを形成する。

能動的（active）相互作用
社会的活動性の高い子どもは，その積極性ゆえにすすんで対人関係のなかに入っていくことで，さらに多くの社会的刺激を受けて活動性を高めていくことも考えられる。子どもが自分自身のパーソナリティ発達の能動的な主体となって，環境を形成していく。

引用文献

Allport, G. W.　1961　*Pattern and growth in personality*. Reinhart and Winston.（今田 恵監訳　1968　人格心理学　誠信書房）

American Psychiatric Association　1994　*Diagnostic criteria from DSM-IV*. American Psychiatric Association（高橋三郎・大野　裕・染矢俊幸訳　1995　DSM-IV精神疾患の分類と診断の手引き　医学書院）

Jung, C. G.　1921　*Psychologische Typen*. Rascher Verlag.（高橋義孝　1984　ユング著作集1　人間のタイプ　日本教文社）

河合隼雄　1970　ユング心理学入門　培風館

西川隆蔵　1999　パーソナリティの開放性―閉鎖性の研究　風間書房

野村俊明・廣川　進　2003　人格障害　下山晴彦（編）　よくわかる臨床心理学　ミネルヴァ書房　pp.80-83.

Piaget, J.　1947　*La psychologie de l'intelligence*. Paris: Armand Colin.（波多野完治・滝沢武久共訳　1967　知能の心理学　みすず書房）

Plomin, R. 1990 *Nature and nurture: An introduction to human behavioral genetics*. Brooks/Cole.（安藤寿康・大木秀一共訳　1994　遺伝と環境―人間行動遺伝学入門　培風館）

Schneider, K. 1950 *Die Psychopathischen Persönlichkeiten*. Wien.（懸田克躬・鰭崎　轍訳　1964　精神病質人格　みすず書房）

下山晴彦　2003　異常心理学とは何か　下山晴彦（編）　よくわかる臨床心理学　ミネルヴァ書房　pp.56-59.

Kretschmer, E. 1921 *Körperbau und Charakter*. Springer Verlag.（相場　均訳　1960　体格と性格　文光堂）

Sullivan, H. S. 1953 *Conceptions of modern psychology*. Norton.（中井久夫・山口　隆共訳　1984　現代精神医学の概念　みすず書房）

辻平治郎・藤島　寛・辻　斉・夏野良司・向山泰代・山田尚子・森田義宏・秦　一士　1997　パーソナリティの特性論と5因子モデル―特性の概念，構造，および測定　心理学評論, **40**, 239-259.

World Health Organization 1992 *The ICD-10 classification of mental and behavioral disorders*. geneava: WHO（融　道男・中根允文・小見山実監訳　1993　ICD-10精神および行動の障害　医学書院）

第2章

パーソナリティのアセスメント

第1節 アセスメントとは

　人を理解するためには，その人の外見や先入観などにとらわれることなくありのままのその人を正確に把握するということが重要になってきます。その際，パーソナリティのアセスメントは非常に重要な役割を果たすものとなりますが，その"アセスメント（assessment）"とはどのようなことを意味するのでしょうか。

　心理学においてアセスメントという言葉は，個人あるいは集団についての情報を収集し，それを用いて統合的にその個人または集団の特徴や行動について推測したり予測したりすることをさします。その方法として面接法や観察法，テスト法などがあげられますが，いうまでもなくこれらは主観にとらわれないで科学的・客観的な評価や判断をするための方法です。また，今日のアセスメントの目的は心理測定や心理診断のように個人の特性の情報収集や，正常と異常の判断，あるいは精神病理の解明といった限られた側面だけではなくなってきています。人間性の成長と健康を重視しながら治療教育上の方針を決定するのに必要な情報を収集し，その個人や集団の支援に役立てるというニュアンスを含むようになり，その対象の利益のために積極的に情報を活用させていく過程を包括する概念と考えられるようになってきました。したがって異常性や病理の確定を主とする精神医学的診断と心理学におけるアセスメントは共通する部分もあるものの本質的には異なる特徴があるといえます。

　ところで，このアセスメントが初めて心理学用語として用いられたのは，第二次世界大戦の最中にマレー（Murray, H. A.）とその同僚がアメリカ戦略事務局（U. S. Office of Strategic Service : OSS）向けに開発したプログラムにおいてであるとされています（Korchin, 1976）。そのプログラムでは，面接やさまざまな心理テストなどを用いて候補者たちの情報を収集し，諜報活動という特殊な任務の適任者を選抜しましたが，その際に用いられた"アセスメント"という用語には支援という意味は入っていませんでした。しかし第二次世界大戦後，臨床心理学が心理診断から治療的接近へとダイナミックに展開してきたのとあいまって，先ほど説明したようにアセスメントのなかにその対象の支援や援助という視点が含まれるようになりました。本章ではアセスメ

ントの技法のなかから心理テストを取り上げて紹介していきます。

第2節　パーソナリティ・テストの種類と進め方

　パーソナリティの理解のために古くからさまざまな工夫がされてきました。その一つが心理テストです。パーソナリティのアセスメントにおいてその対象となるものは，当然のことながら直接測定することのできないパーソナリティです。知能やパーソナリティは何がしかのモデルや仮説をたてることによって間接的にしか測ることができません。その手段として心理テストは，臨床場面でより客観的なパーソナリティの理解を助けるものとして中核的な役割をになってきました。そして必要に応じて多くのテストが作られてきました。

1. パーソナリティ・テストの種類

　クロンバック（Cronbach,1966）は心理テストを最大のパーフォーマンス（maximum performance）をみるテストと典型的なパーフォーマンス（typical performance）をみるテストの2つに分類しました。この分類が一般的なものですが，前者は能力検査でその代表としては知能検査があげられ，また後者は主としてパーソナリティ・テストが含まれます。パーソナリティ・テストは被検者の日常生活での特徴的な行動の予測をその目的とするものですが，施行方法によって分けられることが多く，質問紙（目録）法，投影法，作業検査法などがあげられます。質問紙法，投影法はただ施行法が異なるだけではなくて，それぞれ異なる心理的水準を明らかにするものとされていますが，その関係を表2-1に示しました。

　ところで施行方法は上記のような分け方のほかに，施行形態によって集団に施行されるテストか個別に施行されるテストかということでも分けられます。質問紙法や作業検査法，知能検査の一部は集団式で行われることが可能ですが，投影法の多くや臨床場面で用いられる知能検査の多くも個別式で施行されます。

表2-1　人格検査法の比較（豊原, 1965）

検査法 長所短所の可能性	作業検査法		質問紙法		投影法	
観察の視野（特性把握）の広さ	狭くなる	Ⅲ	広い	Ⅰ	疑問	Ⅱ
観察の深さ	浅い	Ⅲ	中	Ⅱ	深い	Ⅰ
職業場面における問題人格の発見	がいして無理	Ⅲ	可能	Ⅰ～Ⅱ	可能	Ⅰ～Ⅱ
知能検査によるような資料もとり得る可能性	ややあり	Ⅱ	無	Ⅲ	あり	Ⅰ
データの信憑性	あり（討論検査は別として）	Ⅰ	疑問	Ⅲ	あるが少し疑問	Ⅱ
データのとりまとめと解釈の難易度	中	Ⅱ	易	Ⅰ	難	Ⅲ
検査者の差による誤差の程度	中	Ⅱ	少	Ⅰ	大	Ⅲ
所要時間	投影法よりは一般に要しない 集団で可能			Ⅰ～Ⅱ	不定であると同時に 一般に長時間を要する	Ⅲ
経費（整理・判定費を除く）	だいたいにおいて大差なし					

注：わく内のⅠ,Ⅱ,Ⅲは，各検査法の長短を判断し，目的に応じて使い分ける場合の選択上の好ましさの順位をあらわす。

2. パーソナリティ・テストの進め方

集団式，個別式のどちらで検査を施行するときにも共通して注意しなければならないこととしては，まず当然のことではありますがテストをしなければならないその目的をはっきりとさせて，目的に応じた検査を選ぶことです。なぜ検査をしなければならないのかという依頼の目的が明確になると，次にどのような検査をしたらよいのかを決めていくことになりますが，どの検査が何を測るものかという基礎的な知識が十分になければテストの選定は困難となります。

次にテストのやり方を十分に理解して，正しい手順で試行することが求められます。そのためにはある程度慣れるために実際に何回か検査を試行することなどが必要となってきますし，投影法などの複雑なテストをする場合には一定の研修を受けていないとマニュアルだけで施行するのは危険です。このようなことから現実問題として新しい検査を次々と試してみるよりも，検査者が慣れ親しんでいてその土台となっている人格理論を熟知しているテストを選ぶ方がよい場合が多いといえます。また各テストはそれぞれ適用範囲が狭く限られていることが多いので，対象となる個人の全体像を把握するためには複数の心理テストを選択してテスト・バッテリーを組んで施行することになります。当然のことながらこのようなテストを使いこなし解釈するためには，心理テストそのものに関する知識だけでは不十分です。パーソナリティについての総合的な理解や，精神医学的な知識，正常とは何か，健康とは何かというパーソナリティの深い理解が必要であることはいうまでもありません。

ところで，検査によっては時間が長時間に及ぶものもありますが，被検者の能力や状態に応じて途中で休憩をはさんだり，場合によっては日を改めたりして負担をかけすぎないように注意しなければなりません。またパーソナリティのアセスメントはその実施自体が一般的にストレス事態になりうるということを理解して，不必要に多くのテストを用いないよう工夫することも大切です。検査を行う際にはこのように多くの注意事項があります。

ところで，個別式のテストにおいてとくに忘れてはならないことは，検査者と被検者との間にラポール（rapport）をつける必要があるということです。被検者に出会ってすぐにテストを始めるのではなく，一定の時間をとって被検者が安心できる関係を築く必要があります。検査者と被検者の二者間に何がしかの信頼関係が結ばれなければ被検者がテストに対して心を開いて臨むことは期待できないでしょう。そうなれば結果として固く防衛された，個人的情報の乏しい結果しか得られないことになってしまいます。ラポールをつけるための工夫の一つとして座り方も大切です。図2-1に検査者と被検者の座り方の例を3種類あげました。Aは通常の形ですが検査者と被検者とが対面して座るのでお互いをよく見ることはできますが緊

テスト施行時間の限界
一般的に成人であれば2時間ぐらいが限度であるといわれています。また被検者が子どもであったりあるいは体の弱った高齢者であったりする場合には，集中力を長時間持続させることは困難ですから，テスト自体を何度かに分けて実施したり，負担のかからないテストに切り替えるなどの配慮が必要となります。

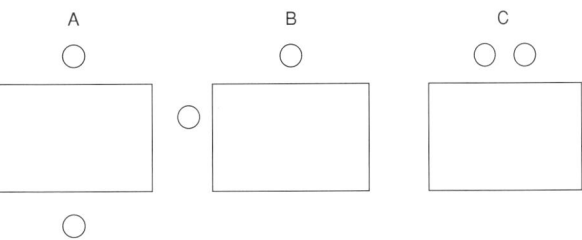

図2-1　検査者と被検者の座り方

張をかもしやすいといえます。一方，親和的な関係をもちやすい座り方としてBやCがあげられますが，とくにCは小児に適した座り方であるとされています。筆者は小児を除く被検者にはBの座り方で個別検査を施行しています。

　次に注意すべき点は個別式のテストは検査を媒介にした面接であるということを認識する必要があるということです。すなわち検査結果のなかに程度に差はあっても，何らかの検査者と被検者との対人関係が入ってくることは避けられません。検査者や被検者，それぞれ独自の対人関係のもち方がテストに反映されてしまいます。そのことを知ったうえで施行しないといけませんが，そのためには検査者は自分のパーソナリティ特徴が被検者にどのような影響を及ぼすかをあらかじめ知っておく必要があるともいわれます。秋谷（1984）は，投影法であるロールシャッハ・テストと心理療法との関係についてメニンガー（Menninger, K.）の「診断の過程は治療のスタートであり，アセスメントは治療であって，より専門的な治療を可能にした」という言葉を引用して，テストと治療との関係性について説明しています。つまり投影法で代表されるような個別式テストには，その過程で検査者と被検者との対人関係がもちこまれるがゆえに，その解釈のためにはかなりの臨床的訓練や技術的にも高度なものが検査者に求められるといえます。だからこそ，そこから得られる情報も豊かになり，検査結果を治療や援助へと結びつけやすくなるともいえるのです。

　ところで，今日心理アセスメントは心理学の分野だけではなく教育や産業といったさまざまな分野で利用されています。また，心理アセスメントが，めざましく発展している臨床心理学の基本的な一課題であり，臨床現場においては主要な業務でもあります。このようなことから今までにもましてその重要性が高まっているといえますが，実際にはこの分野での心理テストの習得・理解はまだまだ遅れているのが実状です。人間を理解する道具としての心理テストはその用いられ方を誤れば，本来人の役に立つものであるにもかかわらず逆に深刻な害を与えることになりかねません。検査者には各心理テストの効用と限界を十分知ったうえで施行し，結果が一人歩きしないように慎重に取り扱う義務があることを忘れてはならないといえます。

第3節　知能のアセスメント

　知能検査は1905年にフランスのビネー（Binet, A.）と医師のシモン（Simon, T.）によって世界で初めて作られました。ビネーはフランス教育省からの委託で，知的障害児と正常児の鑑別のための検査を作成したのですが，以来今日まで100種類を超えるさまざまな知能検査が作られています。ここでは臨床でよく使用される個別式知能検査のなかから，ビネー法とウェクスラー法の知能検査を紹介します。

トピック 2-1

テスト環境や被検査者への配慮

　テストを施行する際にはできるだけ余分な刺激を排除してテストに集中できる環境を整える必要があります。そのためにはまず，検査場所が暑すぎたり寒すぎたりしないように調節することや，さまざまな物音が聞こえたりあるいは窓越しに人が見えるなどして被検者の気が散らないような場所であることが望ましいといえます。また室内も不必要な刺激を排除するあまり，真っ白な何もない部屋では殺風景で，かえって被検査者を落ち着かなくさせてしまうかもしれませんが，派手な装飾や強い色彩のものがあるとそれが刺激となって，とくに投影法などの検査結果に影響を及ぼす恐れがあります。要するに，明るく，静かで，被検者が過度に緊張することなく検査者と十分なコミュニケーションもでき，検査に集中できる雰囲気を作ることが大切です。

　次に被検者の内的環境を整えるための配慮も重要です。テストを行う時間は食事前の空腹時を避け，他の検査や行事などが重なっているような時間帯をはずして，ゆとりをもって受検できるよう工夫するようにします。また被検者の特性にも考慮しなければいけません。たとえば被検者が子どもの場合であればテスト前に手洗いを済ませてもらうとか，また高齢者が被検者であれば，ふだん使用している老眼鏡や補聴器などを持ってきてもらうよう頼むことも忘れてはならないでしょう。このように検査者がテストに必要な用具を準備するのと同じぐらいに，テスト環境や被検者への配慮は大切です。

　最後に当然のことですが，検査者自身についても不必要な刺激を与えないように派手な服装やアクセサリー，香水などを控えるなどといった身だしなみに関する注意が必要となります。

1. ビネー知能検査

　ビネー知能検査の特徴として，多種多様な項目から構成されていることがあげられます。ビネーは子どもが年齢とともに発達していくことに注目し，理解，判断，推理などを必要とする日常的な課題を難易により順序づけ，年齢尺度を構成しました。その際，年齢の異なる多数の子どもに実施して，たとえば7歳の子どもの4分の3は合格し，残りの4分の1は不合格となるような問題を7歳児の問題と規定しました。つまり4人のうち3人程度の子どもが合格するような問題がその年齢にふさわしい課題とされたのです。このような子どもの回答結果から，ある子どもがその年齢に応じた知能をもっているかどうかということを精神年齢で示すこととしました。この成果に刺激されてその後の多くの研究がされましたが，なかでもターマン（Terman, L. M.）らによって改訂されたスタンフォード改訂版は有名です。ターマンは知能指数（IQ；Intelligence Quotient）という概念を提唱しましたが，これが現在，知能程度の指標として最も標準的に使用されています。すなわちこれによれば，7歳の子が7歳の精神年齢であればIQは100となりますが，これを超えるほど知能は優れていて，それより低くなるほど知能は劣ることになります。ビネー法は欧米各国に広まり，日本でも標準化されました。

知能とは
　一般には「知識と才能，知性の程度，環境に適応し，新しい問題に対処する知的機能・能力」（広辞苑）と定義されています。心理学における知能論も幅はありますが，ほぼ同じようになっています。つまり「新しい場面に適応するにあたって，これまでの経験を効果的に再構成する能力」とするのが代表的な考え方といえます。

知能指数（IQ）
　ターマンはシュテルン（Stern, W.）の提唱した精神年齢（mental age；MA）を生活年齢（chronological age；CA）で割った値を発達指標として取り入れ，これに100を掛けてIQとしました。
$IQ = (MA / CA) \times 100$

22　第2章　パーソナリティのアセスメント

日本のビネー知能検査
　ビネー法のスタンフォード改訂版を原本として改訂・標準化された田中ビネー知能検査や、鈴木ビネー知能検査がよく用いられています。とくに前者は1987年の改訂についで2003年にも改訂され、時代にあった問題、表現に改められています。

　ビネー知能検査の長所として、被検者の知的能力を総合的に把握できることや検査の所要時間が比較的短いことがあげられます。熟練した検査者が施行した場合は20〜30分で行えるので、被検者を飽きさせたりせず、また負担をかけにくくなっています。ただ、短所としては「知能の発達速度は児童期を通じて一定である」という仮定を基礎においているので、成人のIQの算出にあたっては生活年齢をすべて14歳あるいは16歳とするようになっているため、成人あるいは高齢者の知能検査としては限界があります。

2. ウェクスラー知能検査

　ビネー知能検査が総合的な知能の測定を目的としているのに対して、臨床心理学者であったウェクスラー（Wechsler, D.）が作成したウェクスラー知能検査は総合的な知能のほかに言語性IDや動作性IQが算出され、さらにその下位検査から知能プロフィールを作成して、個人の知能構造を明らかにすることができます。また診断目的に作成された検査であるために、知能プロフィールからパーソナリティの特徴や、適応障害の診断がされたりもします。さらに適用年齢に応じても検査が作成されています。

ウェクスラー知能検査の種類
WAIS-R（Wechsler Adult Intelligence Scale-Revised）；16歳〜74歳適用
WISC-Ⅲ（Wechsler Intelligence Scale of Children-Third Edition）；5歳〜15歳適用
WPPSI（Wechsler Preschool and Primary Scale of Intelligence）；4歳〜6歳適用

　ウェクスラー知能検査は多くの下位尺度から構成されていますが、成人用検査のWAIS-Rを例にあげると以下の11の下位尺度からなっています。

　　言語性検査：知識，数唱，単語，算数，理解，類似
　　動作性検査：絵画完成，絵画配列，積木模様，組み合わせ，符号

　ウェクスラー知能検査の特徴は、言語性IQ、動作性IQ、それらを総合した全検査IQの3種類のIQが得られますが、それはビネー法のそれとは異なり、知能偏差値から換算されたものです。

偏差知能
　偏差知能（deviation intelligence）は、ビネー知能検査と同様IQで知能指数が示されますが、その算出の仕方は根本的に異なり、ほぼ同一の年齢集団の平均値にあたるものを知能指数100とし、標準偏差を15としてIQを算出します。このため得られたIQは、対象となる被検者の属する年齢級での、分布上に占める相対的位置がわかるようになっています。

　この検査の短所としては実施に長時間を要するために、高齢者など身体的・精神的な持久力の低下している対象には適用しにくいことがあげられます。さらに重度の知的障害者（児）の場合、本検査で測定できるIQの範囲からはずれてしまうので他の検査を用いた方がよいといえます。

第4節　パーソナリティ・テスト

1. 質問紙法

　パーソナリティ・テストのなかでもっとも使用頻度の高いものがこの質問紙法（questionnaire）といえます。質問紙法は目録法（inventory）ともよばれ、被検者が検査の質問項目を読んで、自分の性格特性や行動特徴をあらわす項目にどれだけあてはまるかを判断して回答する方法です。回答の方法としては「はい」「いいえ」「どちらともいえない」のなかから一つを選んで回答する3件法が最も一般的ですが、その他の回答

の仕方もあります。質問項目は行動のサンプルであり，検査得点はサンプリングされた行動傾向，特性の強弱を数量的にあらわすものとなります。

質問紙法の長所としては，検査者の力量に関係なく簡単に実施できてかつ回答するのも簡単であるために，短時間に多くの資料を得ることができること，また検査結果も数量的処理が簡単にできて結果の評価が客観的にできること，費用がかからないことなども長所の一つです。一方短所としては，被検者の検査に対する構えが反応に影響を及ぼしてしまうことがもっとも大きな短所といえます。たとえば，自分をよく見せたい場合などは意識して嘘をつくかもしれないし，意識しないまでも，ついそのような方向へ回答が歪曲することもあるでしょう。しかしながら，そのような被検者の構えを検査結果から取り除くことはできません。さらに被検者にはある程度の質問文の理解力があることや，自分自身のことを客観的に評価できる力も求められます。このような質問紙法のもつ欠点をチェックするための妥当性（validity）や信頼性（reliability）が検討されていることがよい心理テストの条件となります。ここでは2種類の質問紙法について説明します。しかしこの他にも多くの種類があります。その他の主な質問紙法については表2-2に示しています。

妥当性
そのテストが測定しようとしているものを十分に測定しているかということ。検査の作成者が意図するパーソナリティ特性をどの程度測定しているのか，測定しようとしている概念をどの程度的確に測定できているのかといったものがあげられます。

信頼性
測定結果の安定性や正確さのことで，そのテスト結果が被検者の代表的な反応であるか，あるいは繰り返し施行しても同じ結果が得られるかといったこと。

表2-2　その他の質問紙法

検査名	検査の特徴
東大式エゴグラム （TEG : Tokyo University Egogram）	精神分析の流れをくむバーン（Berne, E.）の交流分析理論にもとづいて，弟子のデュセイ（Dusay, J.M.）が作成したテストの日本語版。交流分析では，人は3つの自我状態の5つの要素（心），すなわち批判的な親の心（CP），養育的な親の心（NP），客観的論理的な大人の心（A），自由で無邪気な子どもの心（FC），従順で素直な子どもの心（AC），をもつと考える。エゴグラムはこれらの5つの心に対応した質問項目が各20項目含まれ，5つの心の強さを棒グラフであらわして客観的な自己分析グラフを作成し自己理解を深めることができる。
モーズレイ人格目録 （MPI : Maudsley Personality Inventory）	アイゼンク（Eysenck, H.J.）は特性論的見地からパーソナリティを研究し，2因子構造（神経症的傾向と外向性―内向性）からなるMPIを作成。ただ2因子だけではパーソナリティを十分に説明しきれないという問題点がある。
NEO人格目録 （NEO-PI-R : Revised NEO Personality Inventory）	ビッグ・ファイブ（主要な5因子）ともいわれる最新のパーソナリティ・テスト。1980年代よりコンピューターの性能が飛躍的に向上し，膨大なデータをさまざまな統計方法で処理することが可能となり，従来のテストの再分析が行われた。そのなかでマクレーとコスタ（McCrae, R.R. & Costa Jr., P.T.）は5因子（神経症傾向，外向性，開放性，調和性，誠実性）からなるNEO-PI-Rを標準化した。その後の研究では5つの因子名についての不一致や5つが互いに独立した因子であるかについて議論もあるが，文化・地域に関係なく世界共通にパーソナリティの5因子構造が確認されている。
CMI健康調査票 （Cornel Medical Index）	コーネル大学のブロードマン（Brodman, K.）らによって開発された身体的・精神的な異常を速やかに知るための健康調査票。身体的自覚症状12尺度と精神的自覚症状6尺度からなる。日本版では身体的自覚症状尺度のうち3尺度と精神的自覚症状の各尺度の得点から神経症の程度の判定も行える。
GHQ精神健康調査票 （General Health Questionnaire）	ゴールドバーグ（Goldberg, D.）は神経症の症状把握や評価のためにGHQを開発。わが国では中川と本坊が日本版GHQを作成。GHQには60, 30, 28項目版の3種類があり，28項目版GHQは①身体的症状，②不安・不眠，③社会的活動障害，④うつ傾向，の下位尺度からなっている。
状態-特性不安尺度 （STAI : State-Trait Anxiety Scale）	スピールバーガー（Spielberger, C.D.）は不安を，②緊張・葛藤場面で感じる一時的な状態不安と，②ふだん感じる比較的安定したパーソナリティ傾向としての特性不安に分けた。STAIはこの状態・特性不安を測定する各20項目からなる。

①矢田部ギルフォード性格検査

日本で最もよく用いられるパーソナリティ・テストの一つで，ギルフォード（Guilford, J. P.）が因子分析研究から作成した3種の性格検査をモデルにして矢田部他が作成したものです。それに辻岡（1979）が改訂を加えています。ギルフォードの原版より大幅に質問項目が減らされていて，日本人向けに作成されたために形式的には原版と大きく異なっています。回答の仕方は3件法で，検査対象別には小・中・高校生用，成人用の4種類がありますが，いずれも検査結果の解釈は，各尺度の粗点を算出してプロフィール欄に転記し，プロフィール曲線を描きます。これから5段階の標準得点と全体からのずれをみるためのパーセンタイル順位が読み取れます。

まず一つ目の解釈は性格特性からみるもので，この検査によって測定される性格特性は12尺度あり，それらの結びつき方から性格を理解しようとするものです。これらはさらにその関係性の深さから6因子に重複しながらまとめられます。つまり各特性尺度がその被検者にどの程度みられるのかがわかると同時に，プロフィール欄の配列は統計学的に関連の深いもの同士がとなりあうようになされているので被検者のパーソナリティ構造がそのグループ因子内で安定しているかどうかをみることができます。

またもう一つの見方として，プロフィール曲線の位置から全体的なパーソナリティの類型をみる解釈法があります。AからE型までの5つの典型タイプがありますが，ほかにも準型，亜型（混合型）などがあり，類型の判断は慎重にしなければいけません。まずA型（中央）は情緒・社会適応性・向性のいずれも平均型ですが，ただし「どちらともいえない」という回答が多い場合にもこのタイプになりやすいので注意が必要です。またB型（右寄り）は，情緒不安定・社会不適応・外向で，青年期の不安定な心理状態としばしば関連づけられ，非行・犯罪者に多い型といわれています。実際には会社や学校でトラブルメーカーとなりやすいのがこの型です。C型（左寄り）は情緒安定・社会適応・内向で鎮静型とよばれ，おとなしく，温厚なパーソナリティです。D型（右下がり）は情緒安定・社会適応・外向で適応者型とよばれています。有能な管理職として成功する人々にはこの型を示すものが多いとされていますが，被検者が自分をよく見せようと反応を歪曲した場合にもこの型に

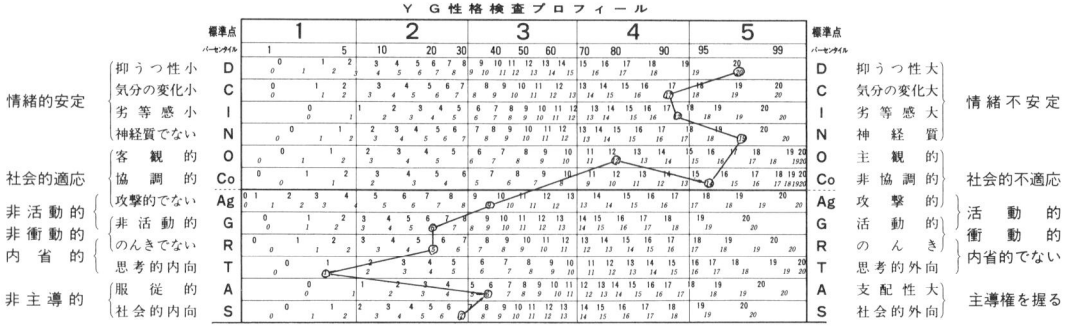

図2-2　矢田部ギルフォード性格検査のプロフィール例（女性，E型）

なります。最後にE（左下がり）型は情緒不安定・社会不適応・内向でD型と反対のタイプで，いわゆるノイローゼ型とよばれます。この傾向が強くみられるものは絶えず何かに悩まされ，場合によっては神経症や非社会的な問題行動を取りやすいといわれます。

ただこの検査の短所は，虚偽尺度が備わっていないので被検者の反応歪曲をチェックできないことです。Y-G性格検査のプロフィール例を図2-2に示します。

② MMPI

MMPI（Minnesota Multiphasic Personality Inventory, ミネソタ多面人格目録）は1940年のミネソタ大学のハザウェイ（Hathaway, S. R.）とマッキンレイ（Mckinley, J. C.）によって作成された質問紙です。最初は健常者と精神病患者との判別の目的で作成されましたが，その後の研究によって適用範囲が拡大されて健常者を対象としたパーソナリティ検査としても利用されています。医学・精神医学・神経学などの教科書や病院のカルテなどから実際に問診として用いられている質問項目を集めたうえに，既存の態度尺度も加えて全質問項目が550問もある検査です。しかし世界で最もよく使用されていて研究論文数も最も多い心理検査となっています。臨床的に用いるには550問すべてを施行するのが望ましいのですが，時間が限られている場合には383問からなる短縮形式もあります。

この検査は被検者の受検態度を査定するための4種類の妥当性尺度と10種類の精神病理を査定するための臨床尺度の2つに分かれていて，「はい」，「いいえ」の2件法で回答するようになっています。質問紙が被検者の回答態度によって結果が歪められる危険性があるという批判にこたえるために4つの妥当性尺度が設けられています。それは「どちらともいえない」という疑問点（？）の項目数，不正直な回答をチェックする虚構点（L）の数，普通は反応しそうにもないような内容の質問項目である妥当性得点（F），自分をよく見せようとする態度を検出するために検査慣れした者でも簡単には気づけない項目（K）の4種です。これにより被検者の反応態度をみながら，臨床尺度によって被検者のパーソナリティ特性を査定できます。最近ではこの受検態度もパーソナリティ特徴を示すものとして解釈されるようになってきました。また当初の検査作成の目的が精神疾患との判別のためであったために，特定のパーソナリティ理論にしばられておらず，行動論から精神力動論にいたるまでさまざまな立場の臨床家，研究者に活用されていることなども長所としてあげられます。さらに550問の質問項目は新しい尺度の開発にも用いられ，多くの追加尺度（顕在性不安尺度や自我強度尺度等）が登録されています。

またアメリカでは時代にそぐわない質問項目がでてきたとして改訂増補したMMPI-2や青年用のMMPI-Aなどが作られてきました。日本では1993年にMMPIの原版と日本版として過去に出されたものを参考にして新しく標準化し直されたMMPI新日本版が公刊されています。

MMPIの臨床尺度

MMPIには次の10種類の臨床尺度があります；1.心気症尺度（Hs：Hypochondriasis），2.抑うつ性尺度（D：Depression），3.ヒステリー性尺度（Hy：Hysteria），4.精神病質的偏倚性尺度（Pd：Psychopathic Deviation），5.性度尺度（Mf：Masculinity Femininity），6.偏執性尺度（Pa：Paranoia），7.精神衰弱性尺度（Pt：Psychasthenia），8.精神分裂性尺度（Sc：Schizophrenia），9.軽躁性尺度（Ma：Hypomania），10.社会的内向性尺度（Si：Social Introversion）

顕在性不安尺度（MAS：Manifest Anxiety Scale）

テイラー（Taylor, J. A.）が神経症や心身症と関係が深い顕在性の慢性不安を客観的に測定するために，MMPI項目から不安に関連する項目を引き出した尺度。市販の日本版MASは50項目の不安項目と15の虚構項目からなります。

2. 投影法

投影法（projective technique）とは被検者にあいまいな多義的な刺激を与えて，それに対する反応の仕方によってパーソナリティを理解しようとするものです。質問紙法のようにテスト作成者の意図したパーソナリティ特性だけをみるのではなく，多くの場合パーソナリティの全体的な構造や特徴を理解するためのものといえます。投影法は臨床心理学の分野では非常によく用いられる検査形式で，個別式で施行されることが多くなっています。また一般に臨床的な診断の補助として用いられることが多いために，検査者には相当の経験や技術が求められます。

長所としては，質問紙法のようにパーソナリティについて直接質問したりするのではないことや反応の仕方も自由であることから，被検者が防衛することが困難であることがあげられます。そのために，被検者が意識していないパーソナリティの深層部分にあるものも引き出すことができるとされています。

一方，短所としては検査者の態度が被検者に影響を及ぼすので検査者にかなりの経験や判断が必要となることがあげられます。さらに被検者から豊富な反応を引き出すために検査結果の処理・解釈までも複雑で，この点でもかなりの訓練を要することになります。また投影法は質問紙法などと異なり，その理論が臨床的，経験的にでてきたものが多く，結果の処理などには検査者の主観的判断が多く介在してくるために，客観性や信頼性，妥当性などに問題があるという心理測定的立場からの批判もあります。

ここでは主な投影法のうち3種類を説明しますが，その他の代表的なものについては表2-3を参照してください。

表2-3　その他の投影法

検査名	検査の特徴
文章完成テスト （SCT：Sentence Completion Test）	「私の父は」「幼い頃，私は」などの短い単語が与えられた未完成の文章を完成させることによって被検者の知的・衝動的・指向的・力動的側面を明らかにしたり，あるいは身体・家庭・社会の3要因などから個人の欲求や態度をみようとするもの。刺激や項目文に関してさまざまな様式が考案されている。
ソンディテスト （Szondi Test）	ソンディ（Szondi, L.）固有の運命分析学にもとづき，精神病・精神病質者の特徴をもとに人の衝動のプロフィールをみることを目的とするテスト。刺激は8枚1セットの男女の写真6セット，計48枚からなり，各セットには8種類の精神疾患者の写真が含まれる。「好き」「嫌い」の反応により，結果は8つの衝動を4つのベクトルにまとめて分析される。非言語的な写真選択行動が解釈の対象となることも特徴。
PFスタディ （絵画欲求不満テスト：Picture Frustration Study）	ローゼンツァイク（Rosenzweig, S.）は対人場面での欲求不満事態の反応に人のパーソナリティがあらわれると考えた。そこで日常的な欲求不満事態を描いた24のイラストに対する言語的反応から被検者の欲求不満への対処の仕方を分析。攻撃の方向には①内罰，②外罰，③無罰，反応の型には①障害優位，②自己防御，③要求固執がある。この組み合わせによる9カテゴリーで24のイラスト刺激に対する言語的反応を評価。

①ロールシャッハ・テスト

投影法の代表的なテストとしてはロールシャッハ・テスト（Rorschach test）があげられます。このテストはスイスの精神科医ヘルマン・ロールシャッハ（Rorschach, H.）が1921年に発表したテストで，今日世界中で使用されています。日本でも臨床心理学の分野で最も使用

されているテストです。

　ロールシャッハ・テストは白い紙の上にインクをたらし，2つ折りにして偶然にできるさまざまな形のしみ（インクブロット，inkblot）が，何に見えるかを問うテストです。図版を見て言語表現ができる人であれば誰にでも実施でき，幼児から高齢者までの幅広い対象に用いることができます。また刺激が偶然にできたインクブロットからなっているだけなので異なる文化でも用いることができます。ロールシャッハ・テストの図版は濃淡を含む黒色・赤と黒・多彩な色などのしみでできていて合計10枚あります。現在，世界中で使用されているこれらの図版は，すべてロールシャッハが創作した図版を刺激図版として，共通して採用されており，カードの提示順序や向きも決まっています。ただ，彼が若くしてなくなったためにロールシャッハ・テストの発表以来，世界中に多くの異なった分析システムがあります。

　実施はその理論的立場によって若干の相違がありますが，基本的には被検者に思いつくまま自由に反応を産出してもらう自由反応段階と，出された反応を記号化するために最低限の質疑応答を行う質疑段階の2つの段階からなります。自由反応段階では検査者が1枚ずつ順番にカードを被検者に提示して，初発反応時間，反応終了時間，反応内容（逐語記録），反応位置，被検者の態度観察などを記録していきます。10枚のカードすべての反応が終了した後，質疑段階では得られた反応について，被検者に反応領域，反応決定因，反応内容をたずねていきます。

　実際にはこの質疑段階での質問の仕方が検査の有効性を左右しかねないほど重要なので，検査者にはかなり高度な技術が求められます。あまりにも正確に反応を記号化しようとしすぎると暗示的な質疑になって反応を歪めてしまう恐れがありますし，ポイントをおさえて適切な質疑をしないと記号化ができません。場合によってはこの段階のあとに，被検者の反応に対する可能性について吟味するために限界吟味段階を施行する手法をとるものもあります。

　このようにして得られた資料をもとにして，各反応ごとに反応領域・反応決定因・反応内容などについて記号化，分類していきます。その他には，反応の出現頻度により平凡反応と独創反応という分類や，図版の特徴と反応とがどの程度一致しているかという反応の質を問題にする分類などをする立場もあります。結果は，集計用紙の方式に従って整理され，各カテゴリーが数量化され，カテゴリーの反応数やその比率などから各立場によって分析・解釈されます。

② TAT

　TAT（Thematic Apperception Test；主題統覚検査）はマレー（Murray, H. A.）とモーガン（Morgan, C. D.）によって1935年に発表されました。これは人の内的な反応傾向の基盤となる力を欲求（need）とよび，それに対して加えられる環境からの力を圧力（press）とよんで，人の行動をこの欲求－圧力の関係によって理解しようとするマレーの欲求－圧力理論にもとづいています。検査図版は一人あるいは数人が登場するある程度状況が曖昧に描かれている31枚の絵から構成されています（内1枚は白紙のコントロール図版）。それを検査者が10枚前後

ロールシャッハ・テストの主な分析システム

　ロールシャッハ・テストはその理論的立場によって施行法から結果の解釈まで異なってきます。主なものとしては，ベック式，クロッパー式，エクスナー式などがあり，日本でもクロッパー式に準拠した片口式や大阪大学式，ベック式の影響を受けている名古屋大学式などがあります。

反応領域

　インクブロットのどこに反応を見たのかということ。全体を見ているのか，通常よく用いられる部分であるのか，めったに見られない領域であるのか，あるいはインクブロットにではなくその背景や間隙の白地の部分に見ているのか，の大きく4種類のカテゴリーに分けられます。

反応決定因

　図版のどのような性質にもとづく反応であるかを分類するもので，形態，運動，陰影，色彩の4つの基本的なカテゴリーに分かれます。

反応内容

　どのような反応をみたのかということで，人間，動物，植物，その他のカテゴリーなどに分類されます。

で組み合わせて被検者に見せ、1枚ずつ（空想）物語を作ってもらいます。

TATの結果の処理はかなり複雑で、研究者により判定の基準もいろいろありますが、主として物語の主人公の欲求－圧力が被検者のそれを投影しているものと仮定して分析し解釈します。TATの刺激図版はロールシャッハ・テストと違って現実的場面になっているため作られる物語は被検者の意識と無意識の中間水準から引き出されると考えられます。そのために現実的な対人関係や家族関係の葛藤などが引き出されるかもしれませんが、反面、平凡なありきたりのものしか得られない可能性もあります。

③描画法

画用紙に絵を描いてもらい、その絵の内容から被検者のパーソナリティを推測する方法です。描いてもらう絵の内容や教示の仕方などにより人物画、家族画、樹木画、風景構成法など種々のテストがあります。ここでは樹木画であるバウム・テスト（Baum Test）を取り上げます。

バウム・テスト

「実のなる木を描きなさい」という教示を与えて、通常A4判の画用紙に鉛筆で木を描いてもらうテストです。コッホ（Koch, K.）は樹木画の特徴のなかにいくつかの普遍的な意味を見出してバウム・テストを体系づけました。彼によれば、木は描いた人の木のイメージであり、それはその人の基本的な自己像のあらわれと考えます。その象徴的な意味は例をあげて説明すると次のとおりです。

図2-3　うつ状態の40歳代女性のバウム・テスト例
かなり萎縮した木が描かれており、また描かれた木の位置と大きさにも問題があります。さらに全体的な幹・枝の細さに加えて葉の茂り具合も乏しく、被検者の心的状態が想像できます。

図2-4　20歳の女子学生のバウム・テスト例
しっかりとした太い幹に豊かな樹冠が描かれ、力強さと同時にやわらかさも感じられます。大きさも十分でとくに問題はみられません。

根：大地とつながっている部分であり，木を支えるものです。不安定さを感じる人に熱心に描かれることもあり，基本的な安定感をあらわすと考えられます。
　幹：木の中心なので生命力や衝動，あるいは人の自我の強度などが表現される部分と考えられます。また樹皮の状態，たとえば強い陰影をつけたり傷跡を描くものは不安の強さや心理的な外傷経験を示すことが多いとされています。
　樹幹：被検者の精神生活などをあらわし，また樹幹の外側は外的環境と接するところから内なるものと外にあるものの間の関係をあらわすと考えられます。

　参考までに具体的な例としてうつ状態の人と大学生のバウムテストをサインペンで模写し，図2-3，図2-4に示しました。

表2-4　その他の描画法

検査名	検査の特徴
人物画テスト （DAP：Drawing A Person）	グッドイナフ（Goodenough, F.）は子どもに一人の人物を描かせて，精神年齢を測定した。その後，マッコーバー（Machover, K.）は人物画には，その子どものボディ・イメージを含めた自己像があらわれると考えて，パーソナリティ・テストとして用いはじめた。ただ青年・成人では人物を描くことに抵抗があるために，子どもに用いられることが多い。
HTPテスト （House-Tree-Person）	バック（Beck, H.S.）は人物，樹木，家屋を別々の画用紙に描かせるHTPを考案した。ハマー（Hammer, E.F.）はそれぞれの描画が異なった水準のパーソナリティをあらわすと考えた。すなわち人物画には表面的な適応度，樹木画にはベイシックな深層の感情や自己像，家屋画は家族への態度や家族にもつ感情があらわれる。さらにHTPをよりダイナミックにとらえるために，1枚の画用紙横に人物，樹木，家屋を描かせる統合型HTP（三上）や，加えて動きのある描画を描かせる動的HTP（Burns, R.C.）も開発されている。
動的家族画テスト （K-F-D：Kinetic Family Drawing）	ハルス（Hulse, W.C.）は家族画には家族メンバーの葛藤があらわれると考え，子どもに画用紙に家族全員の姿を描かせた。その後，バアンズとカウフマン（Burns, R.C. & Kaufman, S.H.）は動きのない静的な家族画より，何らかの動きのある家族画のほうが多くの臨床的知見を得ることができると考え，動的家族画テストを開発した。教示は「あなたを含めて，家族のみんなが何かをしているところを描いてください」である。
風景構成法	中井（1969）の考案した描画法で，黒サインペンでA4判の画用紙横にまず枠どりをさせて，10のアイテムを次の順序で（川，山，田んぼ，道，家，木，人，花，動物，石），を描かせる。さらに何か足りないもの，描きたいものがあれば描き加えるように教示。その後，クレパスで色を塗るように指示。本テストは箱庭療法の簡易版といわれ，心理治療過程でその節目に行われ，被検者の心理構造を理解するのに有効である。

3. 作業法

　作業検査法（performance test）は，被検者に何らかの作業を課してその課題遂行結果からパーソナリティの特徴を把握しようとする方法です。その代表的な検査として内田クレペリン精神作業検査があげられます。内田クレペリン精神作業検査は，ドイツの精神医学者のクレペリン（Kraepelin, E.）が考案した連続加算による作業研究からヒントを得て，内田が作成しました。この検査は日本で独自に発展したユニークな作業検査です。現在市販されている心理テストのなかで，知能検査に次いでよく使用されているテストといえます。最初は精神医学的な中心課題に接近する方法として研究されましたが，しだいに健康

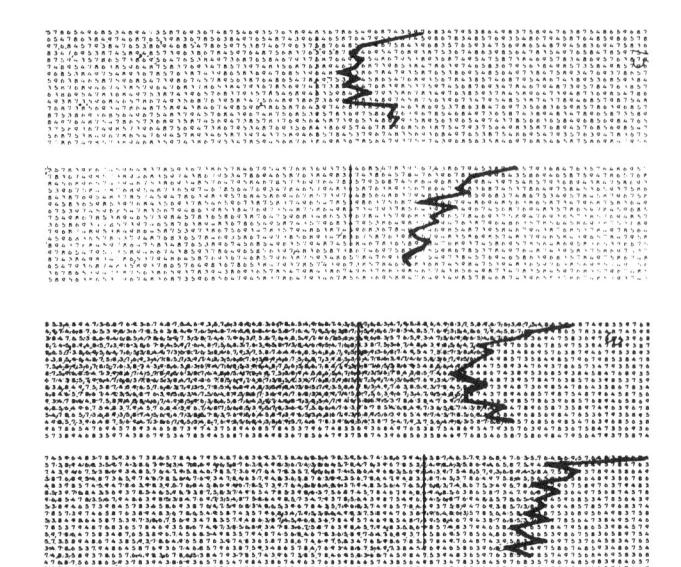

図2-5 内田クレペリン精神検査の具体例（量に応ずる典型的定型の例）

な被検者のパーソナリティ特徴をみるものとして発展し，現在では臨床心理領域のみならず産業界，教育界，矯正，指導などといった幅広い分野で利用されています。

施行方法は，1桁の数字が横にたくさん何行にもわたって印刷されている用紙を用います。被検者は検査者の合図に従って1分ごとに行を換えながら，横にとなりあった数字を加算し，その1の位の答えを印刷された数字の間に書き込んでいきます。15分間行い，5分間休憩したあとに，さらに15分間行います。そして結果の整理は，まず各行の加算作業の最後の数字を結んで作業曲線を作成します。この曲線の型と全体の作業量の水準，誤答の出方などを総合的にみて被検者の心理的特徴を判定しようとするものです。作業曲線の判定にはかなりの熟練を要します。健常な成人の典型的定型の例を図2-5に示しました。

この検査の長所としては理論背景がわかりやすいことです。事故生起率などに関する予測的妥当性が高いという評価や，意思的側面を測定するのに適しているので適性検査や職業指導にもよく用いられます。短所としてはパーソナリティを多面的にとらえるのには向いていないことなどがあげられます。

引用文献

秋谷たつ子　1984　ロールシャッハ・テストと心理療法との関連——臨床ならびに理論的観点から——　ロールシャッハ研究XXVI, 3-11.
上里一郎(監修)　2001　心理アセスメントハンドブック　西村書店
Burns, R.C.　1987　*Kinetic-house-tree-person drawing: An interpretative manual.*（伊集院清一・黒田健次・塩見邦雄訳　1997　動的H-T-P描画診断法　星和書店）
Cronbach, L. J.　1966　*Essentials of psychological testing*(2nd ed.) Harper & Row.
日比裕泰　1994　人物描画法　ナカニシヤ出版
日比裕泰　1986　動的家族描画法（K-F-D）　ナカニシヤ出版
Korchin, S. J.　1976　*Modern clinical psychology*. Basic Books.（村瀬孝雄監訳　1980　現代臨床心理学　弘文堂）
三上直子　1995　S-HTP法　誠信書房
中井久夫　1970　精神分裂病者の精神療法における描画の使用　芸術療法, **2**, 77-90.
日本・精神技術研究所(編)　1998　内田クレペリン精神検査・基礎テキスト　日本・精神技術研究所
岡堂哲雄(編)　1993　心理検査学——臨床心理査定の基本——　垣内出版
高橋雅春　1967　描画テスト診断法　文教書院
詫摩武俊他(編)　2000　シリーズ・人間と性格　第1巻　性格の理論　ブレーン出版
詫摩武俊他(編)　2000　シリーズ・人間と性格　第6巻　性格の測定と評価　ブレーン出版
豊原恒男　1965　職業適性　講談社
東京大学医学部心療内科TEG研究会(編)　2002　新版TEQ解説とエゴグラム　金子書房
辻岡美延　1979　新性格検査法：Y-G性格検査実施・応用・研究手引　日本心理テスト研究所
八木俊夫　1997　新版YGテストの実務手引き　日本心理技術研究所

第Ⅱ部
パーソナリティの理論

第3章 心の深層へのアプローチ

第1節　深層の分析

1. 無意識の働き

　通常，私たちは，喜んだり，悲しんだり，怒ったり，ものを考えたりすることを心の働き（機能）と考えますが，これらはすべて自分で内省できる心の働きにすぎず，実は心には意識可能な領域だけではなく，自分で意識できない心の働きや内容，つまり無意識（unconsciousness）の世界があるとされます。この無意識の内容や働きについては，古代より，さまざまな形での言及がなされていましたが，豊かな臨床的経験にもとづいて，私たちの日常生活での行動に重大な影響力をもつことを理論的に体系化したのがフロイト（Freud, S.）でした。

　彼によると，「口がすべる」「大事なことを思い出せない」といった「錯誤行為」は心の無意識の働きによるものであり，そこには隠された意味があるとされます。つまり，自分の心を不安定にするような受け入れがたい経験や観念は無意識へ押し込められ，それによって一時的にも心の安定が図られるが，そのような観念や経験は錯誤行為をはじめとして，さまざまな形で行動を妨害するというのです。このように意識すると不快や不安になる記憶や観念や感情を，心の奥底に押し込んでしまう働きを抑圧（repression）とよびます。このように精神過程は，無意識を生み，無意識を保持する抑圧の力と，意識の領域に浮かび上がろうとする無意識の力の両者の葛藤の過程としてとらえられるのです（Freud, 1917）。

　また彼は長期にわたる分析治療のなかで，患者が治療者に特別な態度や感情を向けるようになることに注目し，これらは幼児期に患者が父親，あるいは母親に向けていたもので，これまで抑圧されてきたものだと解釈しました。患者が治療者に対して，このような感情や葛藤を向けることを転移（transference）とよび，精神分析療法における重要なテーマとなっています。そして治療者との関係（治療同盟）のなかで患者の幼児期の葛藤がワークスルー（徹底操作）されることが治療上の根本目標とされています。

2. フロイトの心的構造論と自我の防衛機制

　先に述べました意識，無意識という局所論的理解（正確には意識，前意識，無意識に分ける）は，抑圧という概念がキーワードになっていま

徹底操作（working through）
　反復工作ともいいます。精神分析において分析者が患者の抑圧された衝動について解釈を与えると，患者はしばしば解釈に対して抵抗を示しますが，分析者はこの抵抗を克服するために，解釈を反復的に続けます。これにより，患者は抵抗の根源にある心理的葛藤を経験し，葛藤を克服していきます。

> **トピック 3-1**
>
> ## 無意識への王道－夢の分析
>
> 　一般的に夢の内容は不可解なもので，その意味を理解することは容易ではありません。むしろ，その不可解さによって興味や関心をかきたてられるのかもしれません。フロイトは錯誤行為の場合と同じように，夢を偶然の出来事と考えず，なぜ無数の可能性のなかからある内容が選ばれたかということに注目しました。彼は「夢は無意識への王道である」とも述べています。一つ一つの夢には必ず意味があり，その意味を解釈することが無意識の世界へ接近する方法だと考えたのです。彼は，まず夢を顕在夢と潜在夢の2つに分けています。顕在夢とは，実際に報告された夢のことであり，潜在夢はその顕在夢の「もとねた」のようなものです。顕在夢の内容が本人にとって不可解なものに思え，その意味が容易に理解できないのは，潜在夢が顕在夢へと置き換えられる過程で，潜在夢の内容は検閲という働きによって修正，加工されるからだとします。この過程を「夢作業」とよび，そこでは圧縮，移動，視覚化，象徴化といったことが起こり，顕在夢へといたる最終段階で夢全体にまとまりをもたせるための二次加工があるとされます（Freud, 1917 より）。

すが，この抑圧といった心の機能を分析するなかで，フロイトが明らかにしたのが心的構造論です。図3-1に示すエス（イド id），自我（ego），超自我（superego）という3つの領域は，あくまでも機能としてとらえられるもので，構造とはこれら機能の関係を意味し（システム），発達や病理によって変化するものです。

　まずエス（イド）とは，刹那的に欲求満足を求める機能です。乳児などは自我，超自我がいまだ未熟で，相対的にエスの機能が大きいために，快楽原理に支配された存在といえます。自我は，エスや超自我の力を調整し，もっぱら社会に適合する方向へ判断や行動を導く機能のことです（表3-1）。知覚，思考，学習などの心的過程は自我という機能の一部とみなされます。それらは生まれた時は未熟ですが，成長するにつれて発達するので，現実原則にそった行動ができるようになるのです。超自我は，いわゆる道徳性，良心，理想に相当するもので，子どもが親や周囲の大人に同一視する過程で，彼らの善悪の規範や価値を自分のなかに取り入れることによって形成される機能です。

　以上の機能のうち，中心は自我であり，エスや超自我の圧力を調整し，現実との調和（適応）を図ることになります。しかし，内的均衡が危うくなると，防衛機制（defence mechanism）という装置が自動的に起動

現実原則
　外界の諸条件や相手の気持を意識し，現実を見きわめて自分の本能的行動を現実に適応できるような行動様式に統制していくことです。イドは快楽原理に従いますが，自我の発達にともない現実原理が優勢に受け入れられていきます。

表3-1　自我の機能（馬場，2002）

①外部環境の知覚，識別，認知，記憶・判断，学習などの機能。外界の事象を認識し，判断する現実検討能力（reality testing）。
②安定した対人関係を保つ機能。
③身体内外からの各種の刺激に対して，自律した精神機能を営む機能。
④思考過程の論理性を保つ機能。
⑤自分の目標に沿うように外界を変えたり，自己実現したりする機能。
⑥衝動や情動を調整し，コントロールする機能。種々の防衛機制。
⑦非言語的ないし言語的コミュニケーションを行う機能。
⑧自分を一つのまとまりあるパーソナリティとして統合する機能。

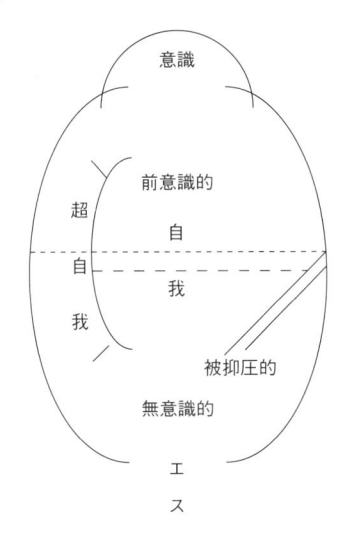

図3-1　心的装置の模式図(Freud, 1932)

して，内界を操作することによって，安定状態の回復にエネルギーが注がれることになります。抑圧もこの防衛機制の最もベーシックな方略ですが，それ以外にも，さまざまな防衛機制が明らかにされています（表3-2）。また防衛機制は，生まれつき備わっているものではなく，各個人が発達過程において，しだいに獲得していくもので，数ある手段のなかで効果のある方法は得意（主要）手段として常用され，性格化しやすいとされます。たとえば合理化名人は他罰型性格として，たえず天候，体調，人の失態に細かく眼をくばることになります。しかし，不安や緊張が薄らいだとしても，それはあくまでも一時しのぎで

分裂・投影的同一化
　カーンバーグ（Kernberg, O.F.）は境界型人格障害は神経症と精神病の中間のメカニズムを幅広く含んでいるとし，その病的な人格構造を境界性人格構造（borderline personality organization：BPO）とよんでいます。彼によると，BPOは自己同一性の統合が障害されており，さらに分裂，および投影的同一化，否認といった原始的な防衛機制が主に使われるとしています。とくに投影的同一化が特徴であるところに，このタイプの人格障害の対人関係上の病理性が示されています。

表3-2　自我の防衛機制

①乳児期にみられる機制
　退　行——それ以前の年齢段階の行動や態度をとることによって，その頃の満足感を再び得ようとする。
　投　影——自分自身で認めがたい欲求，願望を他人に転嫁し，罪悪感や劣等感から逃れようとする。
　同一視——自分の理想の人物の真似をしたり，考えを取り入れることで満足を得る。（同一化）
②幼児期以降，発達するとされる機制
　抑　圧——不快な感情，観念，体験を無意識のなかに押し込めてしまう。
　補　償——自己の長所を強調することで，自分の弱点や欠陥を覆い隠そうとする。
　代　償——満たされない欲求を類似した別のことで一時的にでも解消しようとする。
　置き換え——ある対象に向けられた欲求や感情をまったく別の対象に向ける。（転移）
　反動形成——本当の欲求を知られまいとして正反対の態度をとる。
　分　離——不快な経験の客観的事実だけを記憶に残し，不快な感情を抑圧する。（隔離）
　逃　避——克服することが困難な状況に陥った時，そこから逃れることによって合理的解決を避ける。
③児童期以降，発達するとされる機制
　昇　華——性欲求や攻撃衝動など，社会的に承認されない欲求を社会的に価値のある活動で発散させる。
　合理化——自分の欠点や失敗をもっともらしい理由をつけて正当化する。
　知性化——感情や欲動を意識化しないで，知的な認識や考えでコントロールする。
④原初的（乳幼児期にみられる），あるいは病理的防衛とされる機制
　分　裂——対象や自己を肯定的側面と攻撃的で否定的な側面とに分けて別個の存在として認知する。
　投影的同一化——分裂した自己の良い，あるいは悪い側面のいずれかを外界の対象に投影し，さらにその投影された自己の部分とそれを受けた外界の対象とを同一視する。

あって，不安や緊張の種そのものが消えるわけではないのです。むしろ「過ぎたるは，なお及ばざるがごとし」の喩えにあるように，防衛機制への過度の依存が神経症などの不適応行動を引き起こすことにもなります。

3. 劣等感とその補償——アドラーの個人心理学

アドラー（Adler, 1929）は，身体器官の劣等性について研究するなかで，劣等感（inferiority feeling）と補償という概念で人間行動を理解する立場を確立しました。彼によると，すべての人間は身体器官，容貌，性，能力，社会経済的条件などに劣等感，無力感を抱くとされます。この劣等感は，客観的な劣性を意味するのではなく，要求水準の高さによる場合もありますし，幼少時に与えられた否定的な評価による思い込みの場合もあります。そしてこの劣等感が向上への努力を賦活するというのです。それらは，心のなかに，自己評価を高めようとする動き，すなわち下から上へ，負から正へ，劣等から優越への追求（striving for superiority）を生じさせることになり，私たちは無意識的に先導的自己理想（guiding self-ideal）を抱くことになります。その理想は劣等感を抱く対象，あるいはそれ以外の対象に取り組むことで達成されます。それは虚構の目標ではあるけれども，私たちはその理想に導かれて行動しているのであり，理想に到達できるか否かにかかわらず，理想を抱くことで劣等感を緩和し，パーソナリティの統一と一貫性を保つことになる，つまり自らの生き方を決めることになるというのです。

アドラーはこのような補償に失敗すると，劣等コンプレックス（inferiority complex）が生じて，神経症や非合理的な行動（表3-3）にかりたてられることになると述べています。この劣等コンプレックスの主要な源泉としては，先に述べた器官劣等性以外に，親の甘やかし，無視があり，これらの要因が子どもの社会的感情（共同体感情）の発達を妨げ，劣等コンプレックスが誤った人生目標，生活様式をつくり出し，神経症的症状を形成するとされます。

社会的感情
利己的な「力への欲求」とは反対の働きをするものを意味するもので，自分も集団の一員であるという気持ち。「共感」の働きに支えられています。社会的感情があればこそ，私たちと共同体との結びつきは保たれるのです。

表3-3 劣等コンプレックス（inferiority complex）による非合理的な行動

①社会的感情の未熟さ——わがまま，自己中心的。
②無力感，無気力から，他人に依存したり，他人に決定をゆだねることが多い。
③自分が劣っていることを公言し，劣性を認められる人間であるとして振る舞う（劣等性への逃避）。
④疾病などを理由に，解決の困難さを強調する（向上の努力を放棄していることの合理化）。
⑤自分より，弱いものとかかわったり，他人を支配することで，自分の優越性を立証したがる。
⑥他者の行為，成果を故意に軽視したり，価値を下げようとする。
⑦個人的な優越性の追究，証明に躍起になる。

4. 個人的無意識と普遍的無意識——ユングの分析心理学

ユング（Jung, C. G.）の無意識についての見解は，フロイトと大きく異なるところがあります。つまりユングは，無意識には，自我を脅かすコンプレックスが存在すると同時に，より深い層には全人類に普遍的な力が存在すると考えているからです。そしてコンプレックスのうごめく

世界を個人的無意識とよぶのに対して，その背後にあって人類普遍の創造力の源となる層を普遍的無意識とよびます（図3-2）。

まず，コンプレックスとは，その字義どおり，いろいろな心的内容が複雑にからまりあっているということです。その内容はとくにプライベートな経験にもとづいているとされますが，この核となるのが心的外傷体験で，それにともなう恐怖感，嫌悪感など，類似した経験がさらに吸収されていき，ますます増大していくとされます（図3-3）。そしてコンプレックスの内容にかかわる出来事を経験すると，コンプレックスは自我の統合性を乱し，意識の制御を超えて動き始め，実際の生活に支障をきたすようになるというのです。このようにコンプレックスの動きは自律的なものとされ，二重人格もコンプレックスが自我と主権を交替したような現象だとされます。

次に普遍的無意識の働きは，人類が共通して，生得的にもっているものとされます。たとえば，アニミズムのような表象可能性は，通常意識されないけれども，外界現象と心の動きとの不分離性を示すものとして，人間の活動の最も根源的なものだというのです。ユングはそのような心の働きを元型（arche type）とよび，それが表現される形態として，ペルソナ（persona），影（shadow），太母（great mother），老賢人（old wise man）といったテーマをあげています。

図3-2　ユングの心の構造(河合, 1967を一部修正)

アニミズム

文化人類学の概念としては，原始民族において，自然を擬人的に考え，人と同じように霊魂をもっているという信仰のことをいいます。児童心理学では，子どもの原始的思考様式のことを意味しています。すべてのものが魂をもち，かつその魂はさまざまな影響力をもっているという思考様式のことをいいます。

太母

大地，海といったものは深層心理学的には「母」と同価のものとしての象徴性をもちます。「生み出すもの」としての母，土，何かを秘蔵している深さなどに対して，人類は神秘性を感じるとともに一体感をもってながめます。

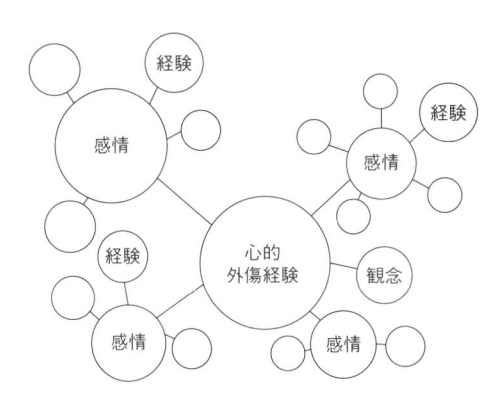

図3-3　コンプレックスの様態

第2節　フロイトの心理・性的発達理論

1．リビドーの仮定

フロイトの理論の大きな特徴は，人間のあらゆる活動の原動力が性的衝動にあると考えることです。ただ性欲といっても，基本的に感覚的な快感を求める生の本能＝エロスであり，狭い意味での性衝動よりずっと広い意味をもっています。このような性欲をリビドー（libido）とよび，生後の人間関係のなかでこれがどのように満足させられていくのかに注目したのが彼の発達論です。

彼は生物学的立場から心の発達をとらえているため，身体的，性的に成熟がみられる青年期で発達は完了することになっています。いわゆる幼児性欲から性器性欲が出現するまでの心の物語なのです。発達の過程は，次に述べるように，リビドーが充足される形態に応じて段階に分けられ，段階ごとに母親をはじめとする他者との交流の形態が変化していきます。そして口唇期から性器期までの段階は，そこでのリビドーの充足形態を象徴的に示したものといえます。

また段階の移行がスムーズに進むためには，リビドーが各発達段階で過不足なく充足されることが必要とされます。もし，ある段階でリビドーが充足されなかったり，反対に充足が過剰であったりすると，それが障害となって，その段階への固着が生じ，性格発達上さまざまな問題が生じるとされます。

> **固着（fixation）**
> どこかの発達段階で，欲求充足の経験に過不足があると，その経験の仕方が固定化し，後年になっても，同様の経験を反復しようとすることです。一般的には，満足を得る方法が個々人によって異なり，その方法が幼児的であることをいいます。フロイトにおいては，固着は抑圧のもとになっている原抑圧をかたちづくるものであると考えられます。

2. 二者関係から三者関係へ

最初の口唇期（oral phase）と肛門期（anal phase）はリビドーを口唇や肛門の活動を中心として満足させる時期で，乳児は母親との「二者関係」での好ましい情緒的交流を通してリビドーを充足させることになります。乳児は母親からの授乳によって，栄養を摂取すると同時に口唇粘膜を通してリビドーを充足させるとされます。やがて肛門や尿道の括約筋の成熟にともない，リビドー充足の部位は肛門へと移動し，貯留と排泄という対立機能の調節の結果得られる快感が重要になります。

この段階までは，子どもは母親との幻想的な一体化のなかで安住しているのですが，次の男根期（phallic phase）とよばれる段階への移行において，子どもの世界には大きな変化が生じてきます。そのきっかけとなるものが，自らの性への気づきと父親の参入です。これが父－母－自分という「三者関係」の世界の始まりです。子どもは異性の親に対しては性的愛着を，同性の親に対してはライバル意識や嫉妬を抱くようになり，そのような意識をもつことが去勢不安や罪悪感を生じさせるというのです。フロイトはこの現象をギリシャ神話の登場人物にちなんでエディプス葛藤（男子の場合），エレクトラ葛藤（女子の場合）とよぶのですが，この葛藤を解決する手段とし，同性の親への同一化が生じるというのです。子どもは親の価値観，道徳性・良心を自分のなかに取り入れ，これが超自我として働くようになるのです。

> **エディプス**
> ギリシャの詩人ソフオクレスの悲劇「エディプス（オイディプス）王」の主人公です。この悲劇からフロイトが発想したのは，幼児のもつ，異性の親への性愛的な空想と同性の親への殺人空想とにまつわる複雑にからまる心的内容の束（コンプレックス）です。

その後，子どもの人間関係は家族中心から，しだいに友人を含めたものへと拡大し，関心は勉強や友だちとの遊びなど非性的なものに向かうので，潜伏期（latency phase）とよばれます。次いで性器期（genital phase）になり，身体的な成熟にともなって性器性欲が出現し，その充足は対人関係のなかに求められるようになります。

3. 自体愛―自己愛―対象愛

肛門期までは，幼児性欲の段階で口唇や肛門の活動を中心とした自体愛的で一方的なリビドー充足様式に支配された時期です。自体愛的活動として，指しゃぶりや性器いじりが例としてあげられます。その後自他の区別ができるようになると，自分全体がリビドーを充足させる目標と

なります。これが自己愛とよばれるものですが、さらに対象愛の段階になると、自分以外の他者との相互交流のなかでリビドーを充足するようになるのです。

このように自己愛から対象愛への移行は、ちょうど内的世界に変化が生じてくる転回点、つまり二者関係から三者関係への変化を意味し、そこで直面するエディプス葛藤の解決の成否が、その後の対象愛の発達に大きな影響を及ぼすことになるとされます。フロイトはこの対象愛への移行の困難や障害から神経症や精神病を理解しようとし、神経症者の心的葛藤は、この時期でのエディプス葛藤状況をうまく克服できなかったことにもとづいていると考えています。また自己愛も、この段階への固着が生じることによって発生し、対象愛に挫折すると容易に異性や他者への愛情を撤回し、自己完結的な幻想の世界に閉じ込もるとされるのです。

第3節 心の全体性と個性化のプロセス──再び、ユングの分析心理学より

1. 意識と無意識の相補性

意識と無意識は、対立的ではあるが、片方のみでは成り立たないという弁証法的な関係にあるといえます。このことはフロイトの考えにも示されているようですが、その関係をホリスティック（全体論的）な立場からより積極的に、目的論的にとらえたのがユングであり、その考えは「心の全体性」「個性化」という概念に集約されています。

人間は意識している特徴とは対立する特徴を無意識のうちに形成しているもので、外的な根本態度や主機能ばかりに一面的に注意を向けるのではなく、内的（無意識層）な根本態度、劣等機能にも眼を向け

> **目的論**
> 生物や人の行動や諸事象が、すべて目的によって規定され、合目的的な性質をもっているという考え方のことです。

トピック3-2

阿闍世コンプレックス

わが国の精神分析学の先駆者である古沢平作は、発達早期の母子関係に由来する阿闍世コンプレックスという概念を提出しています（阿闍世とは、インドの王、頻婆娑羅の王子の名に由来する名前です）。これは、阿闍世が母親（韋提希）が自分よりも、父親との愛情関係を優先し、なおかつ、自分を亡き者にしようとまでしたことに恨みと怒りを抱き、母親を殺そうとするが、釈迦により思いとどまり、やがて、母性に目ざめた母親の手により、重い皮膚病から救われるという話です。つまり母親のエゴイズムを恨み、怒りを向けたにもかかわらず、母親が自分を許し、救ってくれたことから生じてくる罪悪感、自らの罪を許されたときに生じる懺悔の気持ちが親への怨みや憎しみ（子どもの側のエゴイズム）を抑圧させ、コンプレックスを形成するというものです。

フロイトの指摘する罪悪感は、父親からの去勢恐怖が内在化されて生じるものですが（被害妄想型罪悪感）、古沢の指摘する罪悪感は、母親に向けた怒りが処罰されず、許されたときの懺悔の気持ちから生じるもので、これが日本人の特殊な罪悪感（ひいては超自我＝道徳意識）を形作っているとしたのです（小此木, 1971 より）。

て，相補的な関係を特徴とする心の全体性を保とうとします。たとえば，男性性と女性性という特性は究極的には一つの全体へと統合されるものですが（あくまでも理想として），普通対立的なものとして受け止められるために，どちらか一方の特性は意識されにくいものです。そうするとその特性やそれにまつわる観念や経験は，無意識の領域に抑圧されることにより，機能自体も未発達なままにおかれることになります。しかし，意識の態度が一面的になる時，それを補う働きが無意識内にあって，夢などにより日常あまり意識化されない，あるいはあまり頼ることのない機能や要素に注意を向けることが，心の全体性を回復するうえで大事だというのです。意識のレベルでは安定をかこっている人も，時としてその安定性を覆されるような事態に直面することになると，悩み，不安，病理が出現してきます。その悩みや不安こそが，その人自身の無意識世界にかこってきた未熟な心性や機能であり，それが表出，行動化されていると考えられるのです。そして，これらの働きを意識世界のなかに統合することが不安，悩みの克服ということになり，パーソナリティの新たな発達へとつながるというのです。このような形で全体性へと向かうことを個性化の過程（自己実現）とよび，成熟した人間においては，内向と外向，思考と感情といった対立的な態度や機能が統合されているとするのです。

2. ペルソナとこころ

　ユングのいうペルソナとは，その言葉どおりラテン語の「仮面」を意味するものであって，社会に適応するための根本態度として形成されるものです。この根本態度が普遍的無意識の働きであり，元型の一種とされます。また同時に対極をなすものとしてペルソナからしめ出された意識内容は「こころ（soul）」とよばれます。たとえば，男性の場合，ペルソナとしてその社会で求められる男性性に合致するような特徴（価値観や考え方，行動様式）が形成されるわけです。さらにペルソナとして「力強く，論理的であること」が強調されれば，そこからしめ出された内容，たとえば弱々しいこと，非論理的な態度が「こころ」として形成されることになります。

3. 影の現象

　さて「こころ」と非常に類似した現象としてあげられるのが影です。とくに社会では悪といわれているものと関係が深く，心のなかで受容されず認めがたいものとして心の奥底におかれているものの，影法師のごとくつきまとうものでもあります。影は分身のようなものであり，それに気づき，それを自己の内にいかに統合していくかが人生の課題となります。いうなれば，己の影に気づき，それとともに生きることの決意がその人生に深みをもたらすということです。ただこの影という現象は，単に個人の問題として片づけることができるものでもないようです。人間が影としてもつ側面は他者との関係にも微妙な影響を与えていて，たとえば親子，あるいは兄弟，姉妹間の葛藤・対立にこの影という現象がうまくあてはまる時があります。父親がたいへん道徳的で，誰からみて

も非の打ちどころのない教育者であるのに，その子どもは手に負えない放蕩息子である場合などがその好例です。家族というものは，このような形で互いの影を投げあいながら，バランスを保っているのかもしれません。

第4節　対象関係と自立のプロセス

1. 対象関係論とは

　対象関係論とは，自己と対象（とくに母親）とのかかわりが心の発達や病理の根源とみなす立場で，その青写真はフロイトの理論のなかにも示されています。つまり，心的構造論における超自我と自我との関係は，まさにエディプス的関係（男根期）において，外的対象である父親，あるいは母親と自己との関係を内在化したものといえるからです。それに対して，対象関係論は，エディプス期以前の早期の母子関係に注目したもので，アンナ・フロイト（Freud, A.）やクライン（Klein, M.）の子どもの精神分析がきっかけになっているようです。なかでも，クラインは次に述べるように，乳児の心の内にイメージとして形成される幻想としての自分と母親との関係の発達を重視した理論を発展させ，その後彼女の影響を受けたフェアバーン（Fairbairn, W. R. D.），ウィニコット（Winnicott, D. W.）らによって，対象関係論といわれる学派が作られました。

2. 対象関係の2つのモード——クラインの対象関係論

　クライン（Klein, 1946）によれば，母親に対する子どもの側のジレンマとして，生後1年以内の乳児には，自分に快感・満足を与える「良い母」と自分に不快感・不満を与える「悪い母」の2つの母親像が融合しないまま存在するとされます。これが幻想としての妄想的－分裂的ポジションであり，やがて精神発達が進むと，良い母と悪い母のどちらもが同一の存在であるという対象認識ができるようになります。このようになってくると，子どもが母親に激しい怒りをぶつけようとした時（母親の悪い面に意識が向いている），良い母をも攻撃したという不安が起こるとされます。怒りによって，良い対象までも失ってしまったという思い（錯覚）が生じ，深刻な悩みが生じるというのです。これが抑うつポジションであり，良い対象を壊してしまったということで罪悪感が生じ，自分を責め，憂うつになるといわれています。

　この罪悪感が「償い型」とでもよべるものであり，大人の場合でもある人の悪口を言った後で，その人についての良い話を聞いたりすると罪悪感を感じたりして，それを償おうとする気持ちがあらわれてきたりします。失った良い対象を取り戻して修復しようという償い（reparation）の気持ちです。それに対して，フロイトの理論において指摘された子どものエディプス葛藤は，妄想型とでもいうべき罪悪感によるものだともいえます。つまり自分が親に攻撃を向けたら，親から大変な罰が下るのではないかという被害妄想的状況が描かれているか

アンナ・フロイト

　精神分析の創始者フロイト（Freud, S.）の末娘であり，学問的後継者として父の理論をより明確化，体系化しました。精神分析理論を児童に適用することを試みた児童分析の創始者でもあり，児童治療に取り組むなかで，1936年に代表的著作『自我と防衛機制』を出版しました。そのなかで，抑圧，退行，反動形成，隔離，取り消し，投影，取り入れ，昇華などの防衛機制を説明し，体系づけることで，従来のフロイトの防衛理論を発展させました。

フェアバーン，W. R. D.

　イギリス対象関係論を構築した有力な分析家の一人です。従来の口愛期，肛門期，男根期といったリビドー発達による発達区分ではありません。対象関係の質から発達論を構成しました。彼にとって，人間は生来対象関係を希求するものであり，本能満足を目標としている存在ではありません。対象希求，依存といったものを手がかりにして人間を考えようとする彼は，必然的にいわゆるプレエディパルな領域を重視して理論構築することになりました。それは乳児的で一方的な依存が成熟した相互依存へと発達する過程です。

らです。

　自分の思いどおりになってくれない相手に腹を立て怒りを向けても，相手と喧嘩したり，別れたりしてしまうことなく，関係を続けることができるのは，同時に相手には良い面もあること（自分との関係で）を知っていて，相手の良い面，悪い面（自分にとって）を統合的に認識しているからです。しかし，このような認識ができるようになるためには，同一の対象に肯定的な感情と否定的な感情を同時に抱くというアンビバレンツな状態に耐える力が養われていなければなりません。クラインの理論は，このような能力，認識を育むことが乳幼児期の課題であることを暗に示しているようで，安定した母子関係を営むことが次の母子分離につながるとしているのでしょう。

3. ほどよい母親——ウィニコットの発達論

　ウィニコット（Winnicott, 1971）は，育児への没頭に始まり，子どもの発達にそってしだいに手を引いていくことのできる母親を「ほど良い母親」と表現しています。そして「ほど良い母親」的なかかわりと同時に「抱っこすること（holding）」の大切さを強調するのです。乳児は抱っこされ，あやされる空間において遊び，自分がいることを感じ，自立していくとされ，このような過程で，母性愛を欠いた経験が破滅的な不安を引き起こしたりするともいうのです。

　そして成熟の過程とは，母親に抱っこされ，自己中心的で万能感に満ちた状態（錯覚の世界）から，徐々に脱錯覚していくことだとされるのです。それは同時に「環境としての母親」から，自分とは分離した「対象としての母親」へと，母親の認識も変化し，母子分離がすすむことになるというのです。

　そして乳児は母親からの分離が課題になってくる時，母親と自分を結びつけている品物（おしゃぶり，人形，毛布など）をつねに持っていることで，分離不安をやわらげるのです。乳児にとって，これは母親や乳房と同じくらいの心理的意味をもつものです。ウィニコットはこれを移行対象（過渡対象）とよび，対象としての母親との分離の過程になくてはならないものとしたのです。

4. 対象喪失と大人になること

　心（関心）を寄せる対象を失う事態を対象喪失とよびます。もちろん，その喪失を意識する場合もあれば，意識していない場合もありますが，喪失体験による反応として，さびしさ，悲しみといった抑うつ反応が起こります。状況や経過によっては，さびしさ，悲しさを通り越して，絶望感や虚脱感，恨めしさ，怒り，自己嫌悪等をともなうこともあるわけで，私たちはこのような喪失をできるだけ避けようと考えるのですが，人生はままならぬもので，必然として，誰もがその成長の過程で何らかの喪失を体験しているといえます。とりわけ，子どもから大人へと移行する青年期は親との関係においても，友だちとの関係においても，また自分自身の目標，理想といったことにおいても，対象の喪失が何度となく繰り返されるのではないでしょうか。

たとえば，親の姿を子どもが明確にとらえるようになってくると，親子関係はそれまでとは異なってきます。子どもの見る目が変化しているにもかかわらず，人間的に成長しようとしない親の姿は，子どもの将来への理想像（自我理想）とはほど遠いものになり，内的対象喪失のきっかけとなります。それまでの親のイメージが思い込みによる錯覚であったことに気づき，幻滅するわけです。対象喪失が深刻なものであれば，自分に錯覚を抱かせていた相手に対して恨みさえ抱くようになるでしょう。しかし重要なことは，対象喪失が脱錯覚，そして新たな対象を獲得していく契機となり，この喪失と獲得の繰り返しのなかで，子どもは何度も脱皮して成長していくということです。それは人との新たな関係づくりの過程であり，そのような関係の広がりのなかで，しだいに自分の姿が明確になっていくのです。

第5節　精神分析における治療パラダイムの変化

　サリバンの対人関係論（第1章，1節）や先の対象関係論以降，コフート（Kohut, H.）の自己心理学（トピック3-3，参照），そしてストロロウ（Stolorow, R. D.）の間主観的アプローチなど，心のなかでの自己と他者との関係性を問題にする立場から，心の発達や病理が考察されるようになってきました。これは，心理現象を，古典的精神分析理論のように，隔離された心的内界のメカニズムの産物としてとらえる（個体内モデル）のではなく，相互交流する主観的な体験世界（複数の）の接点において生じていると理解する考え方です。

　従来の精神分析理論では，患者の精神内界を治療者が客観的（中立的）な態度で，解釈を主な手段として治療していくという one-person psychology から，治療者が「今，ここ」において，患者と相互交流しながら治療していく two-person psychology へのパラダイム・シフトだといわれます（中久喜，2003）。それは人間の心を一つの実体とみなして，治療者がそれを治していくというパーソナリティの個人内モデルから，パーソナリティは関係のなかで変化するという関係モデルへの視点の変化ともいえるのです。治療者も患者も，互いに相手なくしては，その主体も存続しえません。「対になって変化する」とは，このような弁証法的

トピック3-3

コフートの自己心理学ーナルシシズムと自己愛転移

　コフート（1971）は，1971年に出した『自己の分析』（The Analysis of the Self）という著書において，自己愛に関する新しい理論を発表しました。その本には「自己愛人格障害の精神分析病理における組織的アプローチ」という副題がついています。彼はもともとアメリカ精神分析学会でリーダーの一人として，主として神経症患者の精神分析治療を行ってきた人ですが，その伝統的な自我心理学の枠組みのなかで発表した彼の理論は，分析理論の発展において画期的な一里塚を画するものでした。

その理論は彼の自己愛患者の治療経験をもとに編み出されたもので，フロイトのパーソナリティ発達理論とはまったく異なるものでした。つまりフロイトは，パーソナリティの発達過程で，自己愛を最も原初的な精神状態ととらえ，それは対象愛に置き換えられねばならないものと主張したのです。しかし，コフートの理論はこれと対照的で，自己愛が従来定義されているように病的なものばかりでなく，正常なものもあり，しかも自己愛が発達するプロセスがあるとしたのです。自己愛が発達することにより，共感，創造性，ユーモア，知恵（wisdom）など人間にとって重要な精神機能が発達していくと考えたのです。

　彼によれば，自己愛の病理は，乳幼児期に，十分な共感（empathy）を親から得られず育ったために起こるものであり，そのような共感性の剥奪のために，自己愛の発達が阻止され，自己が原始的状態にとどまった状態にあるとされます。そして，それが現実的自己（"reality self"）から分裂されることによって，いろいろな症状が起こり，それが縦に分裂した場合（"vertical split"）は，誇大的な態度や行動が自分の気づかない形で出現し，また横に分裂した場合（"horizontal split"）には，自己愛の抑圧（repression）が起こり，心気症や抑うつなどの症状が起こるというのです。また失敗の体験などによって自己愛が傷つけられた時は，自己は断片化し（fragmentation），時には一時的に混乱状態，精神病的状態に陥ったり，あるいは性的倒錯などの行動化を起こすとされます。

　しかし，これらの状態は治療者の共感によって恢復し，患者は自己のまとまりの体験（cohesiveness）を再び獲得するというのです。治療者は共感的態度をもって患者に接し，阻害されていた患者の自己愛の発達が自然に発展，成熟していくようにする，つまり自己のポテンシャルの実現を図るのです。治療者は患者の理想化の対象となるか，または患者の自己愛を鏡のように反映する（mirroring）対象となることが必要になります。ただし，それは真の対象関係ではなく，患者は治療者の誇大的な自己（そのように患者が感覚したもの）の一部となって融合（merge）するか，治療者が患者の誇大的な自己の一部となるわけで，いずれにしても治療者は患者の誇大的な自己愛の一部となるわけで，これは自己愛的対象関係ということになります。その過程で自己愛転移（自己－対象転移）の歪曲，傷つき，自己愛的怒りなどを治療者の共感や解釈によって矯正しつつ，患者は治療者の共感機能を内在化していくことになります。そして患者の自己愛は，この内在化によってしだいに成熟，発展していくのです。

関係にある2つの主体の間で作り出される関係に，まず分析の焦点が当てられることを示唆しています。さまざまな心の病理も主観的体験世界を離れて理解することはできないのであり，患者の主観的世界と治療者のそれ，子どもの主観的世界と親のそれとの間の相互交流によって作り出される関係性，「間（あいだ）」が分析の対象，治療の対象となるのです。

引用文献

Adler, A.　1929　*The science of living*.（Introd. & ed. H.L. Ansbacher. Double Day Anchor Books, 1969）（野田俊作監訳　岸見一郎訳　1996　個人心理学講義―生きることの科学　一光社）

馬場謙一　2002　心のはたらき2　自我と無意識の関係　臨床心理学特論　放送大学大学

院文化科学研究科

Freud, S. 1917 *Vorlesungen zur Einführung in die Psychanalyse*. Imago.（懸田克躬訳 1973 精神分析入門 中央公論社）

Freud,S. 1932 *Neue Folge der Vorlesungen zur Einführung in die Psychanalyse*. Imago.（古澤平作訳 1962 フロイド選集 第3巻 続・精神分析入門 日本教文社）

河合隼雄 1967 ユング心理学入門 培風館

Klein, M. 1946 Notes on some Schizoid Mechanisms. *International Journal of Psycho-analysis*, **27**, [Ⅲ] In Money-Kyrle（Ed.） 1975 *The writings of melanie klein*. Vol.3.（小此木啓吾・岩崎徹也編訳 1985 M.クライン著作集4 妄想的・分裂的世界 誠信書房）

Kohut, H. 1971 *The analysis of the self*. International Universities Press.（水野信義・笠原嘉監訳 自己の分析 みすず書房）

中久喜雅文 2003 古典的精神分析と現代精神分析 精神療法, **29**(1), 14-24.

小此木啓吾 1971 現代精神分析2 誠信書房

Winnicott, D. W. 1971 *Playing and reality*. Tavistock.（橋本雅雄訳 1985 遊ぶことと現実 岩崎学術出版）

第4章

自己意識と自己概念

第1節 自己についての理論

1. 自己意識の二重性

自己意識についての心理学的研究は、ジェームズ（James, 1890）が自己意識の二重性について論じたことに始まります。この二重性とは、自己を意識すること、それ自体、「対象とされる自己」と「意識する主体としての自己」との関係が必要であるということであり、その関係自体が社会的に存在する他者との関係によって規定されています。

さて、このような自己の主要な側面として、他者に対して主体的に働きかける自己の側面と、他者の態度によって想定され組織化されている総体としての自己の側面とが考えられます。前者が英語の一人称主格の"I"であり、後者は目的格の"me"にあたるものです。Iとmeは自分を十分に表現するためには不可欠であり、社会・集団に所属しているためには、そこにいる他者の態度を身につけていないといけません。meはつねにどのような行動が正しいのかを決定しつつ、行動を方向づけているといえます。このような意味で、meはフロイトの心的構造論における「超自我」に相当するともいえます。つまり、自分自身の能力、特性へのかかわり方そのものが、他者から提供された評価的枠組みを自分のなかに取り込むことにより成立しているといえるのです。自己という言葉は、一見するところ、きわめて私的な領域の事象のように思えますが、実は、その形成については社会、集団あるいは人間関係が重要な役割を果たしているのです。

2. 社会と自己

ジェームズは先の「意識する主体」を主我（知るものとしての自我）、後者の「対象とされる自己」を客我（知られるものとしての自我）とよびましたが、この客我をその構成要素という点から、「物質的自己（material me）」「社会的自己（social me）」「精神的自己（spiritual me）」の3つに区分しています。「物質的自己」とは身体、衣服、家族、財産などにまつわる自己の側面であり、「精神的自己」とは本人の意識状態、心的能力を意味します。それに対して「社会的自己」は、周囲の人から受け取る自分についての認識にもとづいて形成される自己の側面を意味しています。この「社会的自己」は、周囲の人にとらえられた自分の姿

を自分のなかに取り込むことにより成立しているものであって，このことは自己の評価がきわめて社会的なものであることを意味しています。人間はかかわる人，集団に対して，それぞれ異なる自己を表現するということから，社会的自己は多面的で，さまざまに異なる側面をもつようになるわけです。このような社会的自己についての考え方は，その後，ミード（Mead, 1934）の役割取得の概念につながっていきます。この役割取得とは，周囲の他者の態度や役割や期待を自己の内部に取り込むことによって，社会から自分に要求される役割を取得し，役割を実行していくということです。人間はこの過程により，自分自身を他者の観点から他者と同じようにながめるようになる，つまり自己を意識するようになり，行動のルールを内在化するというのです。

3. 現象的場と自己概念

現象学的立場では，人間は独自の現象的場（phenomenal field）のなかに生きていると考えます。この現象的場とは，個人の主観によって意味づけられた独自の世界のことであり，私たちの行動は，客観的，物理的な事実にもとづいているのではなく，その客観的，物理的世界を独自に意味づけることで構成されている主観的世界，つまり現象的場にもとづいていると考えるのです。そして，そのような現象的場にあって，対象化された自己についてのイメージを現象的自己（phenomenal self）とよびます。

このような現象学的立場から，自己の問題にアプローチしたのがロジャーズ（Rogers, 1951）であり，彼の自己理論では，この現象的場の中心にあるものが自己概念（self concept）であるとされます。人間が生きる世界では，瞬間瞬間絶えず新たな事実が生じているのですが，自己概念はこれらの経験のなかで一貫して自分に関連する，また自分の一部であると意識された経験にもとづいて構成されていくととらえられています。したがって，現象的場においては自己概念に組み込まれた経験もあれば，実際に経験しているにもかかわらず，意識されないままであったり，ぼかしたまま曖昧にされている経験もあるということになります。そして，個人の適応・不適応を考えるうえで注目されるのが，このような自己概念と経験との関係なのです（第4節）。

4. 文化と自己意識

アメリカ人は「個人主義」で，日本人は「集団主義」といった価値観が，国民性の対比としてよく指摘されたりもしますが，これは日本とアメリカがおかれた地理的条件や歴史的な発展過程の相違などから指摘されているものです。この日本人の「集団主義」については，現在，異論がとなえられていますが（高野・櫻坂, 1997），文化的自己論の立場からは，日本人的な自己意識のあり方について，以下のような特徴が指摘されています。

マーカスとキタヤマ（Markus & Kitayama, 1991）は自己理解のあり方を独立的自己理解と相互依存的自己理解の2つに分けています。独立的自己理解とは，欧米文化と親和性の高い自己理解であり，個人はそれ

現象学的立場

心理学は長い間「行動主義」（主観性を排除するため，観察可能な行動にのみ焦点を当てて研究を行う立場の心理学）が研究の主流でした。すなわち，人間を外側から観察することでした。この方法では，平均的な人が一定の刺激条件下でとる行動は予測できるかもしれませんが，さまざまな条件下での個別的な行動を予測することに困難が生じます。現象学的立場とは，行動主義とは逆に人間の内側から研究しようとする立場です。個人の行動はその人自身の主観的世界，すなわち現象的世界のなかで決定されると考える立場です。

高野・櫻坂（1997）の研究

日本人は「集団主義」で米国人は「個人主義」という"通説"について検討した実証的研究を展望することで，通説の妥当性について再検討しました。

その結果は，「妥当性が高いと思われる9件の研究のなかには，通説を明確に支持しているものは1件もありませんでした。妥当性あるいは関連性が疑わしい3件の研究を加えても，全12件のなかで通説と一致する研究は2件のみであり，通説とは逆に，日本人の方が個人主義的であるとする研究が3件，日米間に明確な差異を見出していない研究が7件……」でした。最終的な判断は控えながらも「……固定的な"国民性"の違いを想定する通説が現実を誤ってとらえている可能性は，かなり高いのではないかと思われる」と述べています。

表 4-1　独立的自己理解と相互依存的自己理解の比較

比較事項	独立的自己理解	相互依存的自己理解
定義	社会的文脈からの分離	社会的文脈との一体化
構造	単一的，安定的	柔軟，変化的
重要な側面	内面的，私的な側面（能力・思考・感情）	外面的，公的な側面（地位・役割・関係）
課題	独自性，自己表現，可能性の実現，個人的目標の実現，直接的表現	所属，一体，居場所の確保，活動への参加，他者の目標の実現，察すること
他者の役割	社会的比較において自分を評価するために必要	自分を定義するために特別な文脈における他者との関係が必要
自尊心の基盤	自分らしさを表現したり，それを確かめる能力	自分を抑制して，適応し，社会との調和を維持する能力

ぞれ他者から分離していて，自己は自律的で独立しているという意識のあり方です。そのため，自己理解も他者との相対的な比較にもとづいて行われるのではなく，独自性を主張しながら自己理解が進むと考えるのです。一方，相互依存的自己理解は，日本をはじめアジアの文化に親和性の高い自己理解です。個人はお互いに結びついていて個別的ではなく，さまざまな人間関係の一部として存在し，関係のなかでの安定感が大切であり，人との比較において相対的に自己を理解しようとするものです。

　これらの概念に示される自己意識のありようの違いが，社会的行動の文化差を生み出すとされており，相互依存的な社会だといわれる日本（東，1994）などでは，相互依存的な側面がより重視される形で自己形成がなされ，独立的自己の側面はあまり重視されないといえるのかもしれません（表4-1）。

　従来，人は依存から自立へという心理的発達の過程をたどるとされてきたこともあって，日本文化における，このような相互依存的な側面の強調は，否定的なイメージをもたれやすく，実際，相互依存的な人を独立心が育っていない心理的に未熟な人とみなすこともあったかもしれません。しかし，「依存なき自立」は「孤立」であり（Fairbairn, 1952），今やアメリカ社会においてさえも，個人主義的価値観の見直しが生じていて，他者との関係性に根ざした自己確立のあり方が盛んに模索されています（Bellah et al., 1985）。「情けは人の為ならず」という言葉があるように，日本人の自己は集団に埋没したものではなく，自己の利を考えるがゆえに，相手に情をかけるといった互恵的関係性に基盤があるともいえます。

第2節　自己意識の発達

1. 身体的自己意識の芽生え

　人間がその自己の存在に気づくためには，まず他者の存在，他者との関係が必要です。つまり，自己意識が成立するためには，その前提として，「自分でないもの」と「自分」の分離，not me と me の分離があるのです。生後間もない時期の身体的な自己感覚が芽生えるまでの変化は

以下のようなものです。

まず，生後5,6ヵ月頃あたりから，宇宙の分割が始まります。それまでの段階では，乳児は周囲の世界と混然一体となって存在している状態にあり，身体的な自己意識がまだ発生していないため，たとえば，乳児は自分の足を見つめ，それをつかんで指を口の中へ入れようとしたりします。自分の足を傷つけると泣くのですが，乳児には，自分が自分を傷つけたという考えはありません。

生後8-10ヵ月頃になると，他者を確認するという感じが，自己を確認するという感じに先行してあらわれてきます。たとえば，子どもは「人見知り」をしますが，これは母親，父親などの見慣れた姿が意識されているのであって，見知らぬ人を識別できることを意味しています。「自分でないもの」に対する「自分」という感じが十分に発達する前に，「自分でないもの」の明けゆく世界があるわけです。

やがて，「外のあそこ」「内のここ」との間の漠然とした区別が発達してきます。満足は確かに外から与えられるという感覚が生まれ，幼児が通常「とけ込んで一つになる」母親，すなわち重要な他者は，即座に自分の欲求を満足させてくれないことがしだいに意識され始めます。この時期，立つ，歩くなどの運動も活発になるため，乳児はものが身体にあたったり，ぶつかったりするということもあることから，硬い外界があることを徐々に感じていきます。身体的自己意識は繰り返し与えられる体内の有機的な感覚から起こるだけでなく，「外のそこ」から生じる欲求不満からも生じるのです。

2. 自己意識発生の要因
①欲求阻止の体験

サリバン（Sullivan, 1953）は，母子関係には感情移入的な相互作用が重要な役割を果たしていると同時に，自己そのものの誕生が重要な他者からの不承認の感受にもとづく不安から発生すると述べています。つまり，自己意識の成立には，やみくもに欲求充足を求めたとしても，それをこばむ障害が存在することが必要であり，子どもはある一定のやり方をとった時にのみ，その障害が消失して欲求充足が実現するということを学んでいくことになるわけです。子どもの欲求がいつまでも充足されるのであれば，おそらく，その子どもは他者の存在を問題とすることのない自閉的世界に閉じ込もったままということになるのかもしれません。

②言葉の獲得と言語的コミュニケーション

言葉は，自分と自分以外のモノ（物，人物）とを関係づける道具ともいえます。子どもが周囲の人たちとの間で音声的コミュニケーションがとれるようになることで，自分と自分以外の者との関係のなかに自分がいることに気づくことにもなります。これらの関係は継続的であり，時々 not me はその場からいなくなったり，見えなくなったりするけれども，そのものの名前を呼ぶことによって，自分は彼らとの継続的な関係のなかにあるという認識が生まれるのです。言葉による他者との相互コミュニケーションは，自己意識が一つのまとまりと構造をもちつつ形

欲求阻止

「欲求」が生じるのは，心理的・生理的に不均衡状態にあるときだといわれます。一般に欲求は2つに分類されますが，一つは，一次的欲求または生理的欲求とよばれ，飢えや渇きなど生理的な均衡状態が崩れたときに生じます。今一つは，二次的欲求または派生的欲求・心理的欲求・人格的欲求とよばれ，自我のレベルを維持しようとする欲求や所属欲求など社会的な欲求を意味します。マスローは，これら欲求は階層的な構造をもつとし，「欲求階層説」を唱えました。すなわち，低次の欲求から「生理的欲求」・「安全欲求」・「所属欲求」・「自尊欲求」・「自己実現への欲求」となり，より低次の欲求が満たされないと次の段階の欲求が生じないと考えました。

成されていくうえでの「核」を準備する要因であり，相手からの言葉だけでなく，それに答える自らの音声，またそれに答える相手の言葉といった連鎖を相互関連的に知覚することができるのです。

③所有の意識

競争意識の芽生えとともに，所有の意識があらわれてきます。この所有の対象となるものは，物，人，さまざまですが，「……を所有している自分」という意識が形成されていきます。「私の……」「自分の……」という感覚が，ことに自己の温かい部分として感じられるようになってくるのではないでしょうか。2歳から3歳の子どもは，よく自分の新しい靴や頭のリボン，おもちゃを誇らしげに見せたりしますが，衣服，おもちゃはその子どもの自己意識と密接に関連していて，どのような衣服，おもちゃを好み，どのような衣服やおもちゃで遊んだか，与えられたかといったことが自己意識の形成に重大な役割をもっています。

④名前の役割

自分の名前を繰り返し聞くことによって，子どもはしだいに自分自身を独自な繰り返して起こる照合点としてみるようになります。子どもの名前は生後2年目あたりから，その意味を獲得するようで，その人の独自で一貫性をもった全体を一言にして示すシンボルとなって機能するのです。

⑤他者から独自の扱いを受けること

自分が大人や他の子どもたちとさまざまな点で異なった扱いを受けていることに気づくことで，このような扱いを受ける自分と別の扱いを受ける他の人たち，とくに年長の家族メンバーたちとの区別を学習していきます。この意味では，家族構成が大きいほど，自己意識の発生，成立は早くなるといえなくもありません。

3. 自己意識の強まり

児童期になると，社会的な視野が広がり始め，人間関係も複雑さを増すようになっていきます。しだいに自己意識が強まってきますが，まだ，内面的な自己に意識が向かうことはなく，自己の外面的な側面に重点がおかれています。しかし，第二次性徴期をむかえる頃になると，その身体的，生理的変化は自己意識の高揚へとつながります。また言語や概念操作といった認知能力の発達にともない自己洞察や内省ができるようになってきます。その結果，自他の相対的な比較による優越感・劣等感といった感情だけでなく，自己の内面をみつめることにより，自負心や自己嫌悪といった感情も芽生えるようになってくるのです。このように，自己意識の発達は，自己の外面から内面へと方向づけられていき，青年期には対他的，対自的な自己意識のもとにさまざまな主観的体験が生じてきます（図4-1）。

4. 自己呈示と演技的性格

自己への関心の増大とともに，自分の嫌な部分や欠点が目につき，それを克服するための行動がうながされます。相手の自分への印象や評価を操作しようとするようなはっきりした意図をもって自己を表現しよう

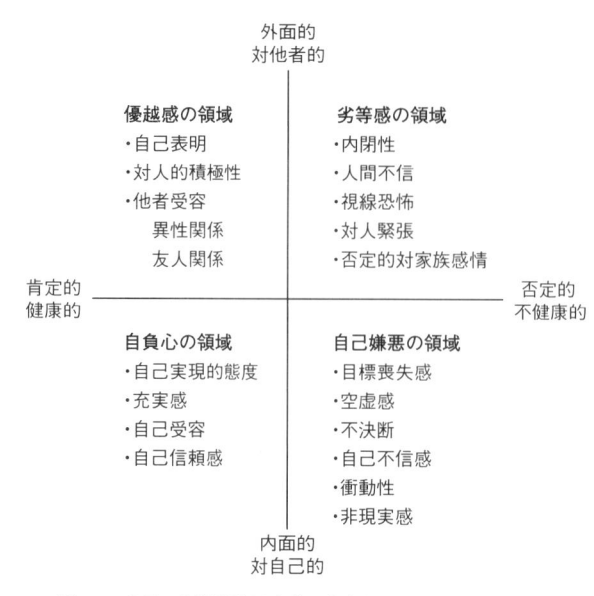

```
                    外面的
                    対他者的
                      │
     優越感の領域      │    劣等感の領域
     ・自己表明        │    ・内閉性
     ・対人的積極性    │    ・人間不信
     ・他者受容        │    ・視線恐怖
       異性関係        │    ・対人緊張
       友人関係        │    ・否定的対家族感情
肯定的                │                      否定的
健康的 ───────────────┼─────────────────────  不健康的
                      │
     自負心の領域      │    自己嫌悪の領域
     ・自己実現的態度  │    ・目標喪失感
     ・充実感          │    ・空虚感
     ・自己受容        │    ・不決断
     ・自己信頼感      │    ・自己不信感
                      │    ・衝動性
                      │    ・非現実感
                      │
                    内面的
                    対自己的
```

図4-1 自己の領域別自己意識の内容（平石，1990を修正）

とすることを自己呈示（self presentation）といいますが，青年期は本当の自分はこうなんだが……と思いつつも無理に笑顔を見せたり，恐い顔をしてみたり，優しそうな表情を作ったりという自己呈示が活発になります。これは自分の素顔（内面）に仮面（対他的自己呈示）をつけている状況ともいえますが，その青年にとってとくに重要な人と接する場面では，こうした素顔の自分と呈示している仮面とのずれがとくに強く意識されることになるでしょう。思春期から青年期にかけて，この対他的自己呈示が分化し，それへの意識が強くなります。またそれが友だちの手前，無理をしてやっている演技である場合もあって，本当の自分ではないという気持ちはありつつも，その演技をすることで仲間意識がもて，安定感も得られるのです。しかし，この時期は自分が外に出している態度，行動が相手の人にどのように受けとめられているかに敏感ではあっても，その「外なる自己」をあくまでも「仮の自己」として考えがちであり，そのため自分の行動に対する責任感が乏しくなったり，それを指摘されると反発したりすることや，本当の自分（自分自身の内面的な欲求，願望，状況）とは，裏腹の行動を示しながらも，その実，内面的な気持ちへの理解を求めることが多くなります。

第3節　自己評価と自尊心

1. 社会的比較過程

社会心理学における自己研究では，自分が自分に注目し，自分の特徴を自分で描き，その描いた姿についての評価を行い，具合の悪いところは治すといった一連の自己についての現象過程を考察の対象とすることが多いといえます。

このような過程のなかでも，自分の姿への評価の段階については，評価過程とその結果の受容度がよく問題として取り上げられます。前者の評価過程についてはフェスティンガー（Festinger, 1954）の「社会的比較過程（social comparison process）」理論が有名です。人間には自分自身の能力や意見などを評価しようとする動因が存在すること，自己評価が他者によって影響を受けること，他者との比較にもとづいて自己評価を行う場合，自分の能力や意見と近い人が比較の対象となることなど，社会的比較の過程についての基本的仮説を提出しています（トピック4-1参照）。

2. 自尊心

先の自分の姿への評価において，自分の現状についての満足感，自信などを自尊心，あるいは自尊感情（self-esteem）とよびます。いうなれば，個人が自分自身に対してもつ個人的な価値的判断のことであり（Coopersmith, 1967），ジェイコブソン（Jacobson, 1964）は「自己価値（self-esteem）は自己評価（self-evaluation）の観念的表現，とりわけ情緒的表現である」と述べています。

ホワイト（White, 1963）によると，自尊心には，内的源泉と外的源泉の2つの源泉があるとされます。内的源泉とは，個人が養ってきた業績（成績）にもとづく自信です。いわば「人から何と言われようが私には自信がある」といった自負心です（図4-1参照）。外的源泉とは，他者からの評価です。この他者が，親や大切な友人など重要な人であればあるほど，その影響は強いものになります。自分がした仕事（活動）に対して，他者がほめてくれれば肯定的な自己評価につながるでしょうし，逆に，批判を受ければ否定的な自己評価が残るでしょう。生涯を通じて自尊心はこれら2つの源泉により支えられていくのですが，内的源泉は比較的安定したものであるのに対して，外的源泉は他者の評価に依存しているだけに不安定であるため，適切な内的源泉を欠くことになると，その人は自尊心をすべて外的源泉によって維持しなければならなくなり，他者の言動に気をつかったり，左右されたりと不安定な状態に陥ることになるといえます。他者から肯定的な評価（外的源泉からの補給）を受けることで，自信がつき（内的源泉の充実），さらなるチャレンジを試みるというように，内的源泉と外的源泉は車の両輪のような関係にあります。

3. 自己評価維持モデル

自尊心の維持と高揚の過程について，テッサー（Tesser, 1988）のSEM（Self-Evaluation Maintenance：自己評価維持）モデルというものがあります。その前提は，人間は自分に対する肯定的評価を維持し，高めるように行動し，また自分と他者との関係が自己評価に大きく影響するというものです。

たとえば，人間は，自分の身内などが優秀な業績（成績）を上げたりしたとき，それは自分の誇りとなり，自己評価が高まります。SEMモデルでは，このような栄光浴現象が生じて，自己評価が上昇する場合と，他者が優秀な業績を上げても，その人と自分との比較から，かえって，自己評価が低下してしまう場合があることを問題にしています。そして，テッサーは，他者の活動が自己評価を上昇させるか，低下させるかを規定する要因が，他者の活動が自分とどの程度関連しているのかという関連性と，自分と他者との心理的親近性だとしたのです。先の例にあるように，他者の威光にすがって自己評価を上げようとする現象を「威光過程（reflection process）」とよぶのですが，それは関連性がなく，親近性が高い場合に生起すると考えるのです。一方，他者の業績に関して，それが自分との関連性が高い場合には，威光過程は生じず，自己評価は上昇しないばかりか，優秀な他者との「比較過程」が生じて，自己評価

自尊心
エリクソン（Erikson, E. H., 1959/1973）は，自尊心の源泉として，フロイトを引用し，①子どもっぽい自己愛の存続，②経験が（自我理想の達成を）確実なものにするような幼児的な万能感，③対象リビドーの満足，の3点をあげています。そして，自尊心は自我同一性（アイデンティティ）獲得のための原動力とも考えています。

> **トピック 4-1**
>
> ## 社会的比較を通した青年期の自己形成の特徴
>
> 　高田（1993）は，社会的比較過程モデルにもとづいて，日本人大学生の自己概念形成を検討しています。この調査では，日本人成人とアメリカ人大学生との比較を行っているのですが，まず年齢の類似した他者（同輩）との比較を通した自己認知について，日本人大学生と成人とを比較した結果，自己概念の社会的（社交など）あるいは外面的（容貌など）側面が区別されていないことが青年の特徴として示唆されました。次に，この自己認知について，アメリカ人大学生と日本人大学生とを比較した結果，日本人大学生は自己概念の社会的側面と外面的側面で，年齢の類似した他者との社会的比較の頻度がきわめて高いのに対して，アメリカ人大学生はそれらの側面において類似他者との比較に依存する傾向はさほど高くなく，比較頻度の側面間の差は日本人ほどに顕著でないことが明らかにされています。
>
> 　また日本人成人とアメリカ人大学生との比較を通してみた，日本人大学生の特徴として，以下のことをあげ，青年期の自己概念形成において社会的比較が重要な役割を果たしていることを指摘しています。
>
> 　①自分自身を評価する際，年齢の類似した他者との社会的比較を多用する。
> 　②自己概念の社会的側面と外面的・客観的側面において，その傾向は顕著である。
> 　③それら側面の自己評価において，個々の側面は区別されず，いわば未分化に同輩との比較という基準が用いられる傾向がある。
> 　④上記諸点①－③は，相互依存的自己理解が優勢なものにとくに著しい。

は低下してしまいます。

　SEMモデルでは，以上のように他者や自分の活動・業績，関連性，親近性という3つの概念をもとに，人間の自己評価維持過程を予測しようとしています。

第4節　自己概念と適応

1. 自己スキーマ

　前で述べた自己評価の前段階として，自分の姿，自己を把握するという段階が考えられます。この段階で問題とされるのが，自己像，自己概念，自己スキーマ（self-schema）です。

　自己スキーマとは，自己像，自己概念として，自分についての明瞭なイメージが形成される過程での情報処理の体制を意味します。それは過去の経験から導き出された，自己に関する認知的概括であり，個人の社会的経験に含まれる自己に関連した情報の処理を体制化し，導くものとされます（Markus, 1977）。具体的な出来事にもとづく知識から，一般的な傾向に関する知識まで，さまざまなものを含み，かつ，その内容は何らかの意味で，その個人にとって重要な側面に関してのみ形成されるものです。このスキーマは社会的経験のなかで組織化され，また変容していくのですが，ここでは子どもの自己スキーマが親子関係のなかで，どのようにして組織化されていくのか，ロジャーズの自己理論にもとづ

適応
　「適応」とは，本来は生物学用語で，動植物が環境に順応していこうとすることを意味する用語です。心理学用語に転じ，「個人と環境との間に調和のある満足すべき関係が保たれている状態」（『心理学事典』，平凡社）をさす用語です。さらに，社会の場面など対人関係場面や社交場面などでの適応状態（外的適応状態）と自分自身の心のなかでの適応状態（内的適応状態）に分けて考えられます。内的・外的適応状態が必ずしも一致しているとは限りません。

いて説明します。

　まず最初に，子どもが重要な他者（親）からの肯定的配慮（好意，愛情）を求める段階があります。この時期は，親の好意がわかれば子どもは満足し，親が好意をもっていないとわかれば子どもは落胆し，好意を得ようとふるまうわけです。つまり，この段階の子どもにとって大切なのは，親からの肯定的配慮であり，親の好意を得られるか否かが重大な意味をもってくるということです。次に，自己配慮の段階といわれる時期になると，子どもは，親が自分をみていたのと，まったく同じやり方で自分自身をながめることを学ぶようになります。これは，子どもが親と同じ見方をもつということであり，自分の心のなかでの親とのやりとりにおいて，肯定的配慮を求めるようになります。自己配慮をするようになると，子どもの経験のある部分は自己配慮に値するようになり，残りの部分は自己配慮に値しなくなります。これが価値の条件（自己スキーマ）の獲得段階といわれ，子どもは他者から取り入れた価値にしたがって生きるようになり，価値の条件に矛盾しない経験は意識されるようになり，価値の条件に矛盾する経験は意識されなかったり，歪められて意識されるようになります。

2. 自己一致と自己不一致

　第1節で述べたように，人間には実際に経験しているにもかかわらず，意識されないままであったり，ぼかしたまま曖昧にされている経験があり，ロジャーズはこれを感覚的・内臓的な（sensory and visceral）経験とよんでいます。図4-2はロジャーズが示す現象的場における自己概念と経験の関係であり，3つの領域，つまり，実際の自分の経験に則さないで，意識化され，歪曲されている自己概念の領域Ⅰ，経験との一致がみられる自己概念の領域Ⅱ，そして，意識されないため，自己概念には組み込まれていない経験の領域Ⅲが仮定されています。ロジャーズはⅡの領域が大きくなることを自己一致（self congruence）とよび，この状態が適応的であるとし，ⅠあるいはⅢの領域が大きい状態を自己不一致（self incongruence）とよんで，不適応状態にあるとしました。

　自己一致の状態では客観的に人より劣っている部分も，それを自分の特徴（個性）として理解され，自己概念に組み込まれていきますが，自己不一致が大きくなった状態では，たとえば，自分の能力の劣等部分を意識しそうな経験は脅威として感じられます。そのため，心の平衡を取り戻そうとして，直接的な体験を歪めたり，偽ったりして，とらえようとします。無理をする，虚勢をはるなどの自己防衛反応が生じたりもするわけで，他者と比較して何らかの能力で客観的に劣っていると，その能力だけでなく，自分全体がその人より劣っていると感じられるようになってしまったりします。

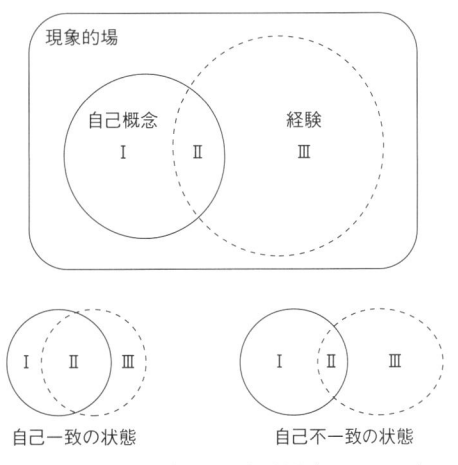

図4-2　自己一致と自己不一致の状態（Rogers, 1951）

3. 心理治療のプロセス・スケール

　ロジャーズは経験に開かれる，あるいは自己受容が進むことにより，自己概念と経験との不一致が解消していくという心理治療のプロセス・スケールの概略を示しています（表4-2）。治療者との信頼関係に支えられるなかで，硬く静的で未分化な状態から，開放性，変易性や流動性がみられる状態への治療的変化が記述されています。表中のストランズとは「より糸」という意味で，連続線を構成する7つの側面が高い段階に進むにつれて，だんだんとよりあわされて，その各々の特色が区別できなくなるところから命名されたものです。

　7つのストランズのなかでも，体験の仕方（manner of experiencing）という次元が重視されるのですが，この体験過程とは日常さほど注意を向けていない，そして身体の内にあって言葉にはあらわせない「意味のある感じ」，身体の中心にある感じ，身体的な感情の流れを体験することです。私たちはそのような「意味のある感じ」によって暗黙のうちに動かされていることが意外と多いのですが，その気になれば，いつでも自分の体験過程に直接注意を向け，その意味内容を感じることができるのです（Gendlin, 1962）。この体験過程に注意を向け（焦点づけ），言葉で表現することによって，自分の行動を暗黙のうちに支配している何か，自分を緊張させている何かが明らかになり，自己の管理下におけることになるというのです。一般的にはこの作業を洞察ともよびますが，瞬間，瞬間変化していく何か「意味のある感じ」に注意を向け，それを言葉に置き換えて表現してみることによって，自己一致が高められるのです。

表4-2　心理治療のプロセス・スケールの概略（Walker, Rablen, & Rogers, 1960）

ストランズ	過程の階段		
	低（Ⅰ-Ⅱ）	中（Ⅲ-Ⅴ）	高（Ⅵ-Ⅶ）
感情と個人的意味づけ	自分とはかけ離れたもので，自分のものとして認められない。	自分のものであるという感じが増して表現されるようになる。	今ここでの現在において，十分に体験される。
体験の仕方	体験過程から遠く離れていて意識されない。	遠隔感が減少し，受容されるようになる。	体験過程のなかに生き，行動の主要な照合体として利用する。
自己不一致の度合	不一致をまったく認識していない。	不一致への認識が増し，直接的体験過程が増す。	ほんの一時的な不一致しか起こらず，それを認識できる。
自己の伝達	欠けている。	伝達が増す。	思うままに豊かに伝達される。
個人的構成概念	頑固な構成概念をもち，それが確固とした事実として受け取られている。	硬さが減少し，概念は自分自身が作るという認識が増す。	物事に対する意味づけが柔軟であり，体験過程に照合して検討される。
問題に対する関係	問題を問題として認識できず，変わりたいという欲求がない。	問題への責任感が増し，変化することを恐れる。	自分自身の問題として考え，問題のなかに自分を見出す。
治療者との関係	親密な関係は危険なものとして避けられる。	危険だという感じが減少する。	直接の体験にもとづいて，自由にかかわれる。

4. 自分からの逃避と自分へのこだわり

　自己意識状態は青年の心理的成長を促し，より適応的，理想的な方向へと導く機能を果たしますが，この状態が活性化しすぎることにより，副作用も生じやすいといえます。とくに，現実自己と理想自己との間に大きすぎるギャップが生じた時，たとえば，漠然とした抽象的な理想は

あるが，実際にそれを達成するための具体的なプランが見つからないとか，何をすればよいかわかっているとしても，決定的な能力不足のために実現できないことに気づいた場合など，自己意識の高まりは，みじめな自分の姿を目の前に突きつけることになります。このような状況では，以下に述べるような「自己意識状態からの逃避」「自己意識状態へのとらわれ」「自己愛的同一化」という行動がよくみられます。青年期の問題行動のいくつかは，こうした観点からも理解することができます。

①**自己意識状態からの逃避**

自己嫌悪や不安な状態から抜け出すための一つの方法は，その原因である自分から目をそむけることです。しかし，自己への意識が高まっているため，自然と自分のことばかりに思いが至ってしまう場合には，何か特別な手段を用いて無理にでも注意を自分から引き離す必要があります。この時期，非行グループへ加わること，スリリングな体験を求めること，過剰なスポーツやアルバイト活動，バーチャル・リアリティへのめり込むなどの行為には，意識的にも無意識的にも，注意を外的環境に向けざるをえない状況に身をおくことによって，自己意識状態から逃避

トピック 4-2

自己へのこだわりと恐怖症

自己改善への過剰な執着は，解決不能な課題や問題へ固執し続けるといった状態をもたらしますが，青年期の病理的心性のなかにも，自己への過剰なこだわりを見出すことができます。

たとえば，対人恐怖症も思春期を中心に発生することが多い神経症の一つですが，その下位分類である赤面恐怖，自己視線恐怖，醜形恐怖，自己臭恐怖などは，いずれも自己の外見的，対人的特徴に対して了解不可能なこだわりを示すもので，これを改善するために多大な労力とエネルギーを使うという点で一定の特徴を示しています。

これらは完全であることを求めるあまり，自分の欠点へのこだわり，つまり自己不全感が強くなっていて，それがさまざまな対人恐怖症として表出されていると考えることができます。自己不全を人から見られるのが恥ずかしいわけで，他者が自分に向けている態度，目線などに過敏に反応する点で共通しています。赤面恐怖についていえば，普通は恥ずかしいから顔が赤くなるのですが，神経症の場合は，顔が赤くなるから恥ずかしい，人前に出られないと考えます。自己臭恐怖の場合は，自分でその臭いをかいだことも確認したこともないのに自分の身体から臭いが出ているという確信をもつのです。視線恐怖は，自分の視線が必要以上にある人の方にいってしまう，真横にいる人の姿が視界の中に入ってしまうといった訴えをします。

その他，神経性無食欲症といって，自己の体型に対して特殊な執着を示し，絶食や嘔吐といった極端な形でスリムな身体を求めたり，維持しようとしたりする病理も思春期以降あらわれやすいのですが，このような症状も自己へのとらわれという点で先の対人恐怖と共通した特徴がみられます。

鍋田ら（1988）は，さまざまな神経症状を示す青年期のクライエントを調べていますが，対人恐怖，拒食症のクライエントはともに，一般の同年齢集団に比べて，他者の価値基準に迎合した自己制御傾向が顕著に強いことを見出しています。すなわち，彼らは他者の評価基

> 準にもとづいて自己を評価し，不適切な部分を修正するという一連のプロセスを活性化させているため，自己へのきわめてマニアックなこだわりをもち，欠点や望ましくない部分から目をそらすことができない状態にあると考えられます。

したいという気持ちがくみとれる場合があります。

②自己意識状態へのとらわれ―自己改善への過剰な執着

先に述べた自己からの逃避行動は，必ずしもすべてが問題であるとはいえません。その方法が社会的に逸脱さえしなければ，心理的なバランスを取り戻すためにも逃避は一種の心の安全弁として機能してくれるはずですが，しかし，問題となる部分が，理想自己において中核的な意味をもつ場合，この逃避が安全弁として働かなくなり，解決不能な課題にいつまでも固執しつづける状態に陥ることがあります（トピック4-2）。

③自己愛的同一化

そこそこの能力，技能，容姿をもちながらも周囲からの承認や共感が得られない時，満たされない自己愛は，社会から注目を集める人，アイドル，といった理想化された対象への同一化へと向けさせることになります。自分がなしえない夢を実現している人や集団との同一化により得られる快感が傷ついた心を癒し，自己像の回復をもたらします（第3章，トピック3-3参照）。

引用文献

東　洋　1994　日本人のしつけと教育―発達の日米比較に基づいて―　東京大学出版会
Bellah, R. N., Madsen, R., Sullivan, W. M., Swider, A., & Tipton, S. M.　1985　*Habits of the heart. Individualism and commitment in American life*. University of California Press.（島薗　進・中村圭志訳　1991　心の習慣―アメリカ個人主義のゆくえ　みすず書房）
Coopersmith, S.　1967　*The antecedents of self-esteem*. W. H. Freeman.
Erikson, E. H.　1959　*Identity and the life cycle*. International Universities Press.（小此木啓吾訳編　1973　自我同一性　誠信書房）
Fairbairn, W. R. D.　1952　*Psychoanalytic studies of the personality*. Routledge & Kagan Paul.（山口泰司訳　1995　人格の精神分析　講談社学術文庫）
Festinger, L.　1954　A theory of social comparison processs. *Human Relations*, **7**, 117-140.
Gendlin, E. T.　1961　Experiencing : A variable in the process of therapeutic change. *American Journal of Psychotherapy*, **15**, 233-245.（村瀬孝雄編訳　1966　体験過程と心理療法　ナツメ社）
平石賢二　1990　青年期における自己意識の構造―自己確立観と自己拡散感からみた心理学的健康―　教育心理学研究, **38**, 320-329.
Jacobson, E.　1964　*The self and object world*. International Universities Press.（伊藤　洸訳　1981　自己と対象世界：アイデンティティの起源とその展開　岩崎学術出版社）
James, W.　1890　*Principles of psychology*. Henry Holt.
Markus, H.　1977　Self-schemata and processing information about the self. *Journal of Personality and Social Psychology*, **35**, 63-78.
Markus, H., & Kitayama, S.　1991　Culture and the self: Implication for cognition,emotion, and motivation. *Psychological Review*, **98**, 224-253.
Mead, G. H.　1934　*Mind, self, and society*. University of Chicago Press.
鍋田恭孝・菅原健介・片山信吾・川越裕樹　1988　自己意識からみた神経症とその周辺(2)―神経症化しやすい自己意識のかたよりと性格傾向について　精神医学, **30**(2), 1297-1304.
Rogers, C. R.　1951　*Client-centered therapy*. Houghton Mifflin.（伊東　博訳編　ロジャーズ全集第8巻　パーソナリテイ理論　岩崎学術出版社）

Sullivan, H. S.　1953　*Conceptions of modern psychiatry.* W. W. Norton.（中井久夫・山口　隆訳　1976　現代精神医学の概念　みすず書房）

高田利武　1993　青年の自己概念形成と社会的比較――日本人大学生にみられる特徴――　教育心理学研究, **41**, 339-348.

高野陽太郎・纓坂英子　1997　"日本人の集団主義"と"アメリカ人の個人主義"――通説の再検討――　心理学研究, **68**(4), 312-327.

Tesser, A.　1988　Toward a self-evaluation maintenance model of social behavior. In L. Berkowitz（Ed.）, *Advances in experimental social psychology*, **21**, 181-227. Academic Press.

Walker, A. M., Rablen, R. A., & Rogers, C. R.　1960　Development of a scale to measure process changes in psychotherapy. *Journal of Clinical Psychology*, **1**, 79-85.（伊東　博訳編　1966　サイコセラピィにおけるプロセスの変化を測定するスケールの発展　ロジャース全集　第4巻　第9章　岩崎学術出版社）

White, R. W.　1963　*Ego and reality in psychoanalytic theory : A proposal regarding independent ego energies.* International Universities Press.（中園正身訳　1985　自我のエネルギー　新曜社）

第5章

学習による行動習慣の獲得

第1節　行動の研究

　ダーウィン（Darwin, C.）による『種の起源』の出版は19世紀中頃（1859年）のことです。そしてその世紀の終わり頃には，自然淘汰の結果としての環境への適応による生物の進化という考え方が，一般に受け入れられるようになりました（今田, 1962）。20世紀の前半には，連合という考え方を背景として，心理学の興味は学習の問題を前面に押し出す準備がととのっていたのです。

　心理学が学問として成立したのはヴント（Wundt, W.）が心理学の実験室を開設した1879年だと考えられていますが，その後心理学が発展する一つのきっかけになったのはなんといってもワトソン（Watson, J. B.）による行動主義という考え方でしょう。行動主義は，ワトソン以後批判や修正が行われていますが，「行動」という概念はこれから述べることがらを理解するためのキーワードになると思いますので，そのことを少し考えておきましょう。

1. 意識から行動へ

　ヴントは心を「意識」としてとらえ，「内観」という方法で研究しようとしました。内観というのは，自分の意識の状態を自分で観察し，それを記録したり報告したりするということです。またヴントは，当時対象を分析することによって輝かしい成果を収めつつあった自然科学，とくに物理学や化学にならい，意識を分析することによって心的要素を探求し，心の本質に迫ることができると考えました。たとえば，ミックスジュースを飲んだときの味覚の状態を被験者に報告させることによって，それを要素（たとえば甘味や苦味や冷たさなど）に分解し，再び組み立て直すことによって，ミックスジュースを飲んだときの味覚を再現できれば，それが意識の本質だと考えたのです（Atkinson et al., 2000／2002）。この立場を構成主義といいます。

　このような考え方を批判したのがワトソンです。ワトソンはヴントが扱おうとした意識は個人の主観的体験であり，学問としては成り立たないと考え，意識ではなく，心の働きとしての行動を研究することを主張しました。彼は複雑な行動はすべて条件づけの結果であると主張し，刺激と反応の関係を厳密に研究することが心理学の目的だと考えました

自然淘汰
　環境に最も適応した個体が生存し，その子孫が繁殖するため，次第に環境に適応する形で進化するというダーウィンの考えのこと。現在では遺伝子レベルでの突然変異による進化という考え方が中心となっています。

意識
　見たり，聞いたり，感じたりする直接的な心的経験の総体のことを意識といいます。

(Watson, 1930)。このように，内観によって意識を研究するのではなく，客観的に観察可能な行動を研究対象とすることによって，研究対象が人間だけではなく，動物にまで広がりました。先に述べたように，当時は，すでにダーウィンによる進化論の考え方が受け入れられつつあり，心理学の研究対象を意識に限定しさえしなければ，また方法として内観を用いさえしなければ，人間と動物の共通点と相違点を明らかにすることによって，人間の心の働きをより深く理解することができるようになります。彼のこの考え方は急速に受け入れられ，心理学の発展の原動力になりました。

しかしワトソンの行動主義的な考え方は，研究方法の厳密性を求めるあまり，筋や腺の活動の精密な研究に向かっていきました。このような流れに対して刺激と反応の間にあって，刺激を受けとめ，反応を産出する主体としての生活体という概念を取り込むことによって新行動主義が成立したのです。

2. 学習の定義

学習とは，生活体が，自分を取り巻く環境のなかにあって，環境と相互作用を繰り返しながら，「経験によって行動の基礎過程に生じる比較的永続的な変化」と定義します（今田, 1996）。この定義は，生活体の行動の変化のすべてが学習によるものではないことを示しています。生活体の行動はさまざまな原因で変化します。「疲労」もその一つです。また感情の起伏に影響されて私たちの行動は多かれ少なかれ変化します。しかし，これらの行動の変化はいずれも永続的ではなく，疲労は，休憩をとることによって，もとの行動パターンが再びあらわれるという観点で学習と区別されます。同じように感情の高ぶりがなくなれば行動はもとに戻ります。このように一時的に行動が変化するのは学習といいません。同様に「成熟」のように個体そのもののもっている遺伝的な性質が時間の経過にともなってあらわれてくることによって行動が変化するのも学習という概念からは除外されます。

一方，実際の行動には変化がない場合にも学習が成立している可能性があります。こうすればこうなるということがわかっていても，実際には何もしないことがしばしばありますが，これは行動そのものではなく，その基礎過程に変化がおきているという意味で学習が成立していると考えられます。

さらにもう一つ大切なことは，この定義は「価値」を含まないため，社会的に望ましい方向への変容ばかりでなく，社会的に望ましくない行動の変容も学習という概念のなかには含まれる点です。このことは行動療法（第6節）という考え方の基礎となる重要な点です（今田, 1996）。

第2節　条件づけ理論

1. 古典的条件づけ

イヌに，メトロノーム，ブザーやベルのように人工的な刺激を提示し

た後，餌を与えるということを繰り返し続けると，やがてそのイヌは餌が与えられなくても，メトロノーム，ブザーやベルの音に対して唾液を分泌するようになります。唾液分泌を外から観察できるように特殊な手術を施したイヌを被験体として，条件反射の体系的研究を行ったのはパブロフ（Pavlov, I.P.）です。人工的な刺激としてどのようなものを使うかは別にして，おそらく人類はこのような現象を大昔から知っていたといっていいと思います。しかしそのことを，大脳活動の目に見える指標として体系的に記述したのはパブロフでした。

①古典的条件づけの形成

イヌの口の中に左右3対ある唾液腺の開口部の一つを，手術によってほおの外に形成します。そうすると手術による傷が癒えた後は，イヌのほおの部分を外から観察するだけで唾液分泌の様子がわかるようになります。

このような処理をしたイヌを訓練して，図5-1に示したような実験装置に馴らします。動物は拘束されることを嫌いますので，イヌを装置に馴らすために最初は実験装置の上で餌を与えることから始めます。実験装置の上でおとなしく餌を食べるようになったら，前足のみにハーネスをつけた状態，後足もハーネスに固定した状態といったように少しずつ拘束の度合いを高めていきます。こうした手順によってイヌは装置の上でおとなしくしているようになります。

このような訓練を施し，装置に馴れたイヌを用いて実験を開始します。まず，無刺激状態での唾液の分泌量を測定します。唾液はものを食べなくても口の中に少しずつ分泌されています。この分泌のことを固有唾液分泌といい，この量に比べて，何かの操作によって唾液が増えたかどうかを議論するのです。

次にメトロノームの音を聞かせます。このメトロノームの音は，訓練が進むにつれて，特定の条件下で反応を引き起こすようになる刺激という意味で「条件刺激（conditioned stimulus; CS）」とよばれます。メトロノームの音などという刺激はイヌの生活のなかには通常はあらわれないものですから，それを初めて提示されたときにイヌは「おや，これはいったいなんだ」という疑問をもつに違いありません。もちろんモーガンの公準（より下等な心的過程で説明し得るものを，より高等な心的過程の結果であると解釈してはならない）に照らせば，このような擬人的な解釈は慎まなくてはなりませんから，イヌのこのような反応を「定位反応（orienting response; OR）」とよぶことにします。この反応は何度も繰り返しているとやがて生じなくなることが知られています。このように定位反応が刺激にさらされつづけることによって消失する現象は「慣れ（habituation）」とよばれ，学習の一種と考えられています。

CSとしてのメトロノームの音を何度か反復して提示し，ORがみられなくなった段階で，CSを提示し始めてから少しあとに餌を与えます。CSが提示され始めてから餌が与えられるまでの間に

イヌを装置に馴らすために
このようなプロセスは後に述べる「慣れ」というプロセスに基礎をおいています。

唾液が増えたかどうかを議論する
生き物をあつかう心理学の領域では，測定した反応の絶対量だけで問題について議論できることは少ないのです。ここで述べているように，基準になる何かと比較することで，操作の効果の有無を判断します。このような「比較の基準になる条件」のことを「対照条件（統制条件，control条件）」とよびます。

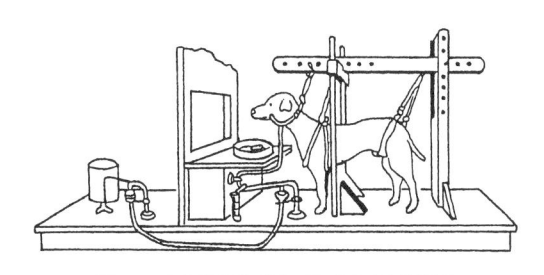

図5-1 古典的条件づけに用いられる実験装置
（古武・新浜，1956）

は，顕著な唾液分泌はみられませんが，餌が与えられてそれを食べ始めると唾液分泌が始まります。このような唾液分泌は餌が口に入ることによって生じる生得的な反応であり，これを「無条件反応（unconditioned response；UR）」といいます。また UR を生起させるような刺激を「無条件刺激（unconditioned stimulus；US）」とよびます。イヌが餌を食べ終わり，唾液分泌が元の状態に戻るのを待って 1 試行を終了します。

適当な間隔（たとえば 1 分程度）をおいて，再び CS を提示し，新しい試行を開始します。このような試行を何試行か繰り返して 1 日の実験を終了します。イヌが空腹でなくなると実験がうまくいかないからです。

このようにして実験を続けると，CS であるメトロノームの音を提示し始めてから，US である餌を提示するまでの間の唾液分泌量が増大するようになります。CS と US の間隔が短いときには，唾液分泌量の増加を観察することが困難ですから，CS だけを提示し，US の提示を省略

トピック 5-1

定位反応と慣れ

定位反応（OR）の生起とその慣れのプロセスは，パブロフによって注目されました。その後この問題はソコロフ（Sokolov, E. N.）によって，条件づけの枠組みのなかで知覚や認知の過程を研究するための位置づけを与えられました。さらにソコロフの研究がきっかけとなって，注意，知覚，認知，学習などのテーマとの関連で研究が深まっていきました。

本文で述べたように定位反応は新しい刺激に対して出現します。刺激のもっている「新しさ」という性質は，「新奇性」とよばれます。生活体は初めて出会った新奇な刺激が何であり，自分にとってどのような意味をもっているかを分析し，その刺激に対してどのように反応することが適切かを判断します。刺激が反復して提示されると，このようなプロセスが何度も繰り返され，その刺激に関する情報が生活体のなかに蓄えられます。このような，刺激について蓄積された情報を，ソコロフは「刺激の神経モデル」とよびました。新しく提示された刺激は，既存の神経モデルと照合され，何か違ったところ（新奇性）があると OR が解発され，新奇性がなければ，OR は解発されず，慣れが生じます。したがって，刺激を経験した回数が多いほど，また刺激提示間隔が短いほど，慣れは生じやすくなります。このような OR の性質は，本文で述べた定義から明らかに学習といえます。

さらに，刺激に対して生活体が慣れを示すという点では，第 6 節で述べる，行動療法における消去のようなメカニズムを考えなくても，不適応行動が慣れによって減少するという説明も可能かもしれません。系統的脱感作において，不安階層表のなかで，不安を喚起する力の弱い場面から強い場面へと徐々に不安を消去していく手続きとよく似た刺激事態を用いて，定位反応の変化の過程を実験的に検討した研究（Suzuki & Miyata, 1978）では，音刺激の強度を，（小さな定位反応しか生じないような）小さなところから始めて，試行が進むにつれて，少しずつ強度の大きな音刺激を提示すると，最終的な強い音刺激に対する定位反応は，最初から毎試行強い音刺激を提示した条件に比べて，明らかに小さくなっています。

定位反応の研究では，刺激を反復提示し，それに対する反応を測定するのですが，この単純な手続きは私たちに多くのことを教えてくれます。

するという方法で条件づけの進行の様子を調べます。このような，USを与えないことによって条件づけの進み具合を調べる方法を「テスト試行」とよぶことがあります。先に述べた固有唾液分泌と比較して増加した唾液分泌が，CSに対して出現した「条件反応（conditioned response; CR）」としての唾液分泌ということになります。

②強化，消去，自発的回復

条件反応を形成するために，メトロノームのような条件刺激に引き続いて，唾液分泌を引き起こす餌のような無条件刺激を提示する手続きを「強化（reinforcement）」とよびます。

古典的条件づけはCSとUSを提示する時間関係，すなわち強化が与えられる時間関係によって，同時条件づけ，延滞条件づけ，痕跡条件づけ，逆行条件づけという種類に分けられます。

同時条件づけでは，CS提示開始直後にUSが提示され，両者が同時に終結します。このような時間関係ではCS提示とほとんど同時にCRがみられます。

延滞条件づけは同時条件づけのようにCS提示直後にUSが与えられるのではなく，CS提示後ある程度時間がたってからUSが提示され，CSとUSが同時に終結する手続きをさします。このような時間関係では，CRはCS開始後US提示時期に近くなってあらわれます。

痕跡条件づけはCSを一定時間提示した後，間隔をあけてUSを提示する手続きです。逆行条件づけはUS提示後にCSが提示される手続きです。この手続きでは，CSとUSの時間関係が逆になります。逆行条件づけの手続きによっては一般に条件づけは成立しないことが知られています。

条件形成のためにCSをUSで強化する段階を獲得過程とよびます。獲得過程の後に，USで強化せず，CSだけを反復して提示し続けると，CRは徐々に弱くなり，ついには生じなくなります。これを消去とよびます。しかし，消去した後，時間をあけて（たとえば1日後）再びCSを提示すると，弱いながらもCRが見られます。これを自発的回復とよびます。この現象は消去がCSとUSの関係を消してしまうのではなく，CSとUSの関係をブロックする積極的なプロセスであることを示唆するという点で重要です。

③般化，分化と高次条件づけ

先に述べたような手続きで条件反応を形成した後，条件刺激としてそれまで無条件刺激で強化したものとよく似ているが，どこか違った刺激を提示するとどうなるでしょうか。たとえば1000Hzの純音をCS，餌をUSとして，イヌに唾液条件づけを行ったあと，CSとして800Hzとか1200Hzといった，それまでのCSと少しちがった刺激を提示するのです。このとき被験体はCRを示しますが，あらわれるCRの量は，餌で強化された1000HzのCSに対するものより少なくなることが知られています。このように，それまで強化されてはいないけれど，もとのCSとよく似た刺激に対してもCRが生じる現象を般化といいます。よく似た刺激に対してはとりあえずそれまでの反応様式でもって反応しておくことが，生存のためのエネルギーの節約になるということだろうと

テスト試行
それまで提示されていたUSが提示されなくなるという事態変化は，ORを引き起こします。ただし唾液分泌の場合には，ORは分泌を抑制する方向に働くので，テスト試行で唾液分泌がみられたら，それは条件反応と考えられます。

思われます。

あるCSはUSで強化するが，別のCSはUSで強化しない（しばしば，強化されるものをCS⁺，強化されないものをCS⁻と表記します）ということを何度も繰り返していると，被験体はどの刺激に対しても同じようにCRを示すことによる無駄を排して，強化されるCSに対してのみCRを示すようになります。このように強化される刺激か，強化されない刺激かを区別することを分化とよびます。

さらに，強固に条件づけられたCRを，新しいCSに対して，USの代わりに提示することによっても条件づけが可能です。この現象を第2次条件づけといい，このような手続きを繰り返すことによって形成される条件反応を一般に高次条件反応とよびます。

2. オペラント条件づけ

パブロフの実験で用いられた被験体は，条件刺激の提示を知ることによって，無条件刺激の到来を予測することができるようになったわけです。これはいってみれば刺激と刺激の関係を学習したということがいえるでしょう。これに対して，被験体が自ら環境に働きかけた結果どのような事態が起こったかということを学習するタイプの条件づけがあることが知られています。

①ソーンダイクと問題箱

パブロフの条件反応の研究より数年早く，アメリカでソーンダイク（Thorndike, E. L.）が，問題箱とよばれる装置を用いて，動物の自発的行動の研究を開始していました。

彼はこの箱の中に空腹のネコを閉じ込め，箱の外に置いた餌を取るために，ネコがどのようにして箱から脱出するかを詳細に観察しました。ネコは，餌を取るためにいろいろな行動を試みては失敗することを繰り返しますが，そのうち偶然に扉を開けることに成功し，装置の外に置いてある餌を食べることに成功します。このように箱に入れられてから扉を開くのに成功し餌を食べるまでの一連の行動をひとまとまりと考え，これを1試行とすると，試行を繰り返すごとに，役に立たない無駄な行動が減っていき，餌を獲得するために役立つ行動が生起するまでの時間が短くなります。ソーンダイクはこのような学習を試行錯誤学習とよびました。そして経験によって刺激あるいは刺激事態と行動の間の結合が強くなると考え，効果の法則（law of effect）という概念で説明しようとしました。効果の法則というのは，行動の直後に生活体を満足させるような行動は，その刺激（刺激事態）とより強く結合するという考え方です。

②スキナーとオペラント条件づけ

ソーンダイクの実験事態を単純化して，被験体が環境に働きかけることによって成立する学習を系統的に分析しようとしたのはスキナー（Skinner, B. F.）です。古典的条件づけでは，被験体は，ある事象と別の事象（メトロノームの音とそれに引き続いて与えられる餌）との関係を学習しましたが，これから述べるオペラント条件づけでは，被験体は，ある反応とそれにともなって生起する事象の関係を学習します。図5-2

高次条件反応

美しい女優や男優に対しては快の情動が引き起こされます。これは条件づけによるものです。このようなタレントがコマーシャルに登場するのは，商品をCSとして，それらの人物が登場することによって視聴者のなかに引き起こされるCRとしての快の情動を利用した高次条件反応と考えることができます。

スキナー，B. F.

スキナーはここで述べるオペラント条件づけの原理を，プログラム学習やティーチングマシンなどに応用する研究もしました。

に示したのは考案者であるスキナーの名を
記念してスキナーボックスとよばれている
実験装置です。いろいろなタイプのものが
ありますが，基本的には，被験体が働きか
けるための仕組み（この図では被験体が押
すレバー，ハト用のものでは，ハトがつつ
く窓）と，働きかけた結果によって被験体
に報酬を与えるための仕組み（餌皿や給水
口），被験体の行動をコントロールするた
めの刺激（光や音など）を提示する仕組み
から構成されています。

1　照明
2　スクリーン
3　レバー
4　給水ノズル
5　餌受け皿

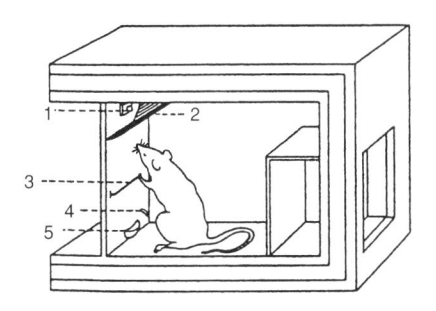

図5-2　ネズミ用のスキナーボックス（岩内, 1986）

　この装置の中に空腹なシロネズミを入れると，被験体は餌を探して装
置の内部を探索し，その被験体がもっているさまざまな行動を示します。
このように被験体が自発する数々の行動をオペラント反応とよびます。
そのうち，たまたま後足で立ち上がり，前足をレバーにかけてそれを押
すというひとまとまりの行動が生じることがあります。レバーを押すと
餌が出てくるような仕組みになっていますから，ここで被験体は餌にあ
りつけるわけです。もちろん被験体は空腹ですからその餌を食べます。
最初のうち被験体には自分の行動と餌の関係がわかりませんから，餌を
食べた後，また同じように装置の中を探索し続け，さまざまな行動を示
します。そのうちレバーを押すという行動が再び偶然に生じ，その結果
として餌を獲得します。このような経験を繰り返していると，レバー押
し行動が生じる間隔が少しずつ短くなります。

　このような学習のタイプをオペラント条件づけとよび，被験体が自発
するさまざまなオペラント反応のうちの特定のもの（この場合はレバー
を押す行動）の生起頻度が高くなります。ここでオペラント反応の生起
頻度に影響を与える操作を強化とよび，強化の効果をもつものを強化子
といいます。

③強化のスケジュール

　目的としているオペラント行動が生起するたびに強化するスケジュー
ルを連続強化といい，強化されない試行を含むスケジュールを部分強化
といいます。部分強化では連続強化にくらべて消去に時間がかかります。
これは「消去抵抗が高い」というように表現されます。このような「強
化の与え方」はオペラント条件づけの重要な変数であり，強化のスケジ
ュールとして整理されています。

　一定の比率で強化される，いいかえれ
ば，何回かオペラント行動が自発するた
びに強化されるものを固定比率（FR）ス
ケジュール，強化が与えられる比率が変
動するものを変動比率（VR）スケジュー
ルといいます。強化が比率ではなく，時
間間隔に依存し，一定時間間隔後最初に
生じるオペラント反応が強化されるスケ
ジュールを固定間隔（FI）スケジュール，

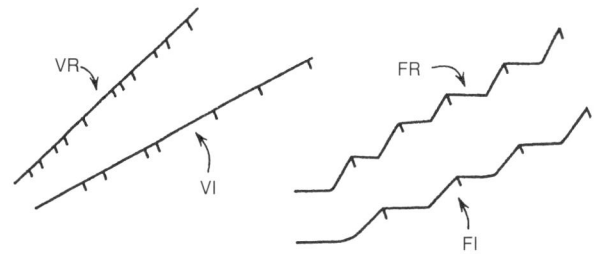

図5-3　基本的なスケジュールの反応パターン（篠原, 1998）
曲線上の短い線は強化子の提示を示す

この時間間隔が変動するものを変動間隔（VI）スケジュールといいます。これらのスケジュールはオペラント条件反応の生起に影響します。FRやVRのように強化が比率に依存して与えられる条件では，決められた割合に達したときに強化が与えられるわけですから，被験体は連続して反応を続けます。一方FIやVIのスケジュールでは連続して反応しても強化を得るために役に立つわけではありません。そのため反応の生起頻度はFRやVRに比べると低くなります。とくにFIでは決められた時間が経過した後の最初の反応が強化されるため，強化された直後には反応が休止するという現象が見られます。これらの特徴を図5-3に示します。

第3節　学習性無力感

オペラント条件づけの研究で用いられる装置はさまざまですが，その中にシャトル箱とよばれる装置があります。これは仕切りで2つの部屋に分けられた一方に被験体を入れ，床から与えられる電撃から逃避したり，その電撃を回避したりする学習実験に用いられます。

セリックマン（Seligman, M. E. P.）はイヌを被験体として用い，与えられる電撃の強さも時間も同じで，ただその電撃を与えられた後，電撃から逃避できるかできないかという点だけが異なった2群を，電撃を経験せずただ先の2群と同じ時間実験装置に拘束された対照群と比較しました。対照群以外の2群の間には，電撃を受ける回数や強さには差がなく，ただ，一方は自分が頭を動かすことによって電撃を終結でき，他方は，何をしても自分では電撃を終結できないという点だけが異なっているのです。このような処理をした翌日，シャトル箱での逃避/回避訓練を実施しました。その結果，対照群も，自分で電撃を終結できた群も，ともに通常の学習が成立しましたが，第1日目に，逃避できない電撃を経験した群の被験体の学習成績だけが極端に悪かったことが報告されています。セリックマンはこの現象を，逃れられない電撃を経験することによって，行動することが何の意味ももたないため，結果として行動しないことを学習したのだとして，学習性無力感（learned helplessness）とよびました。

この問題は動物実験にとどまらず，人間の行動へと研究が進められています。そこでは人間に固有の，自分の失敗経験の原因を何に求めるか（原因帰属）という認知的な観点にかかわるパーソナリティの問題として扱われています（今田, 1996）。

第4節　社会的学習理論

これまで述べたタイプの学習はいずれも被験体が「実際に何かをする」ことによって学習するものでした。これに対して実際に経験せず，他者の行動を見ているだけで学習が成立する場合があります。バンデューラ

（Bandura, A.）がこのようなタイプの学習について報告しています。図5-4はバンデューラがモデリングによる学習を説明するために示したものです。

図5-4のように，モデリングでは「注意過程」「保持過程」「運動再生過程」「動機づけ過程」とよばれる，学習のための4つの下位過程が考えられています。

　①注意過程

観察学習が成立するためには，モデルの行動にどのように注意を払うかということが大切です。この過程を注意過程とよびます。注意過程に影響する要因は大きく3つに分けられます。第1は，学習者をとりまいている，あるいは学習者が所属している集団の行動特性の要因です。第2は，モデルの示範行動のもっている機能的な価値やモデルの魅力という側面です。そして第3は，学習者自身がそれらをどのように受けとめるかという，いわば個人のレベルの情報処理能力にかかわる部分です。このように所属している集団のなかで，自分が目にする行動のうちのあるものに注意を払うことによって学習が成立するのです。

　②保持過程

注意過程で被験者が注目した行動パターンを，なんらかの形で処理して，自分のなかに記憶しておく過程です。モデルの行動を自分の行動として効率よく取り込むためには，それを記憶しておく必要があります。記憶にはイメージ化と言語化が関与しています。さらにこれらの記憶はリハーサルを繰り返すことによって，学習は促進されます。いってみればモデルの示範行動を自分に置き換えてイメージのなかで，あるいは言葉によって繰り返すプロセスです。

　③運動再生過程

ここでは，保持されている過程が実際の運動として再現されます。ただし，この過程は一度で達成されるわけではありません。一般にはモデリングによって獲得した新しい行動を実際に遂行しながら，さらに細部に焦点を当ててモデルを観察することを繰り返し，行動の精度を高め，学習を進めるのです。

> **モデルの魅力**
>
> 子どものしぐさやふるまいが親に似るのは，子どもにとって親が非常に魅力的なモデルだからです。幼児や小学校低学年の子どもが，担任の先生の影響を強く受けるのも同じメカニズムが働くと考えられます。

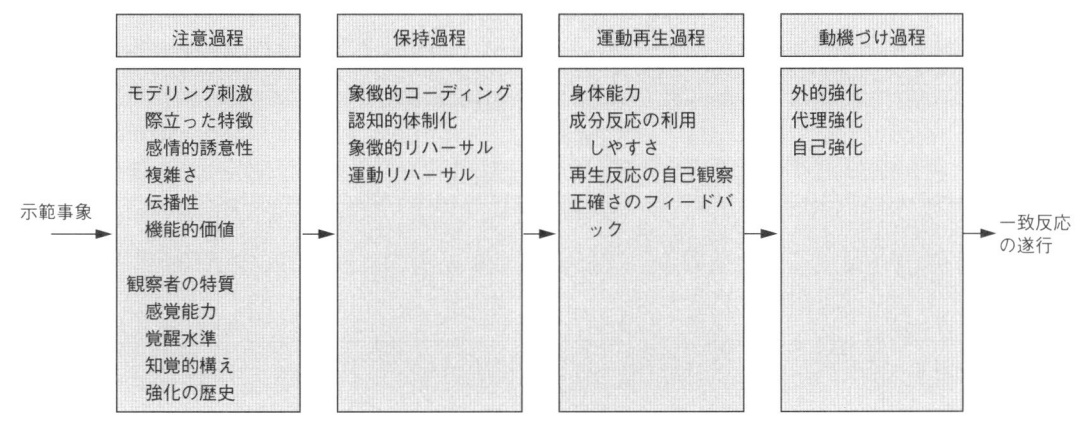

注意過程	保持過程	運動再生過程	動機づけ過程
モデリング刺激 　際立った特徴 　感情的誘意性 　複雑さ 　伝播性 　機能的価値 観察者の特質 　感覚能力 　覚醒水準 　知覚的構え 　強化の歴史	象徴的コーディング 認知的体制化 象徴的リハーサル 運動リハーサル	身体能力 成分反応の利用 　しやすさ 再生反応の自己観察 正確さのフィードバック	外的強化 代理強化 自己強化

示範事象 → … → 一致反応の遂行

図5-4　社会的学習理論における観察学習の過程（Bandura, 1979）

④動機づけ過程

モデリングは以上のように進行しますが，注意され，保持された過程のうち，学習者が，実行することに意味がある，価値があると考えたものだけが再現されます。習得された行動すべてが実行されるのではありません。学習されてはいるけれど実際には実行されない行動がたくさんあります。意味のある行動を維持し，罰や無用な行動を避けるという動機づけにかかわる過程です。

第5節　行動主義理論からみたパーソナリティ

すでに述べたように，行動主義は，ヴントを批判したワトソンによって基本的な考え方が提示されました。彼の立場は，「刺激と反応」の関係によって生活体の行動を記述することです。ワトソン以後のさまざまな修正の結果として，「刺激－生活体－反応」という図式が用いられるようになりましたが，行動主義の立場は，あくまでも刺激と反応の関係によって行動を記述することでした。このことをよく示しているのは「パーソナリティというのは，私たちの習慣の体系の最終産物に過ぎない（Watson, 1968, p.337）」というワトソンの言葉です。彼は，パーソナリティを，誕生後生活のさまざまな場面で獲得された習慣の総和と考え，図5-5に示したようなパーソナリティの説明をしています。

行動主義からのパーソナリティへのアプローチで最も重要なことは，行動の個人差を説明するために人格とかパーソナリティというような構成概念をもちこまないところです。精神分析の立場にしても，現象学的なロジャーズ（Rogers, C.）の立場にしても，基本的には人格という，反応の主体となる構成概念を仮定します。それに対して行動主義の立場ではそのような構成概念を認めないところが重要です。ここでは，パーソナリティは，個人の刺激－反応の全体像というように理解します。こ

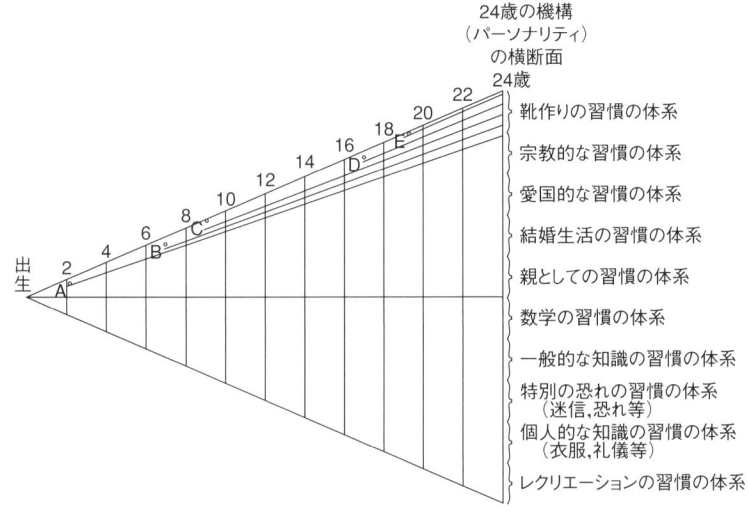

図5-5　ワトソンによるパーソナリティの概念（Watson, 1968）

の点は，ワトソンだけでなく，スキナーも同じです。

ところで現在ではさまざまな人格理論があります。それらの多くは，何らかのかたちで，具体的な行動パターンを測定し，それによってパーソナリティを記述しようとします。このような手続きは一見行動主義的なアプローチのように思えますが，行動主義的なアプローチであるかどうかは，測定しているものが行動的であるかどうかというところにあるのではなく，説明のために人格という構成概念を必要とするかどうかという点にあります。厳密な議論をすれば，個人内の行動の一貫性や，個人間の行動の差異を説明するために，「人格」という構成概念を導入する理論は行動主義的アプローチであるとはいえないのです。

第6節　行動療法

学習研究の成果を異常行動の修正に用いようとする動きが1900年代の中頃から盛んになり，行動療法という言葉が使われるようになりました。不適応行動を学習されたものであると考え，それを消去したり，適切な行動を学習し直したりするという立場に立っています。フロイトが創始した精神分析を基礎とする心理療法では，異常行動や不適応行動の原因を無意識のうちにある不安や葛藤，あるいは幼児期の心的外傷体験に求めますが，行動療法の立場では，無意識の世界に原因を求めたりせず，あくまでも不適応行動，すなわち症状そのものを問題にします。このため，行動療法は，原因が除去されない対症療法だという批判があります。行動療法は，図5-6に示したようなさまざまな技法が開発されています。それぞれの技法の基礎にある原理から，レスポンデント技法（古典的条件づけに基礎をもつもの）とオペラント技法に大別されます。

一方これを，問題になる症状の側から考えると，不適応行動は，学習が不足して，適切な行動がとれない場合（欠損型）と，学習が過剰で余分な行動が行われる場合（過剰型）とに分類して考えることができます。学習が不足している欠損型の場合には，条件づけによって新しく，必要な行動を学習することによって，また学習が過剰に行われている過剰型の場合には，それを消去することによって，行動を適応的に変化することを考えるわけです。

学習の不足している場合の例として夜尿を考えてみましょう。夜尿は，睡眠中に生じる尿意がうまく覚醒反応を引き起こさないことによって生じると考えられます。したがって，学習の目標は，膀胱の膨張という内的刺激

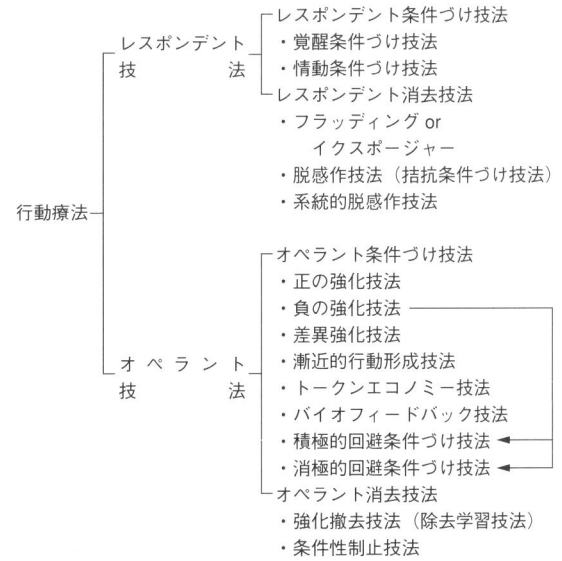

```
行動療法 ┬ レスポンデント技法 ┬ レスポンデント条件づけ技法
         │                    │  ・覚醒条件づけ技法
         │                    │  ・情動条件づけ技法
         │                    └ レスポンデント消去技法
         │                       ・フラッディング or
         │                         イクスポージャー
         │                       ・脱感作技法（拮抗条件づけ技法）
         │                       ・系統的脱感作技法
         │
         └ オペラント技法 ┬ オペラント条件づけ技法
                          │  ・正の強化技法
                          │  ・負の強化技法
                          │  ・差異強化技法
                          │  ・漸近的行動形成技法
                          │  ・トークンエコノミー技法
                          │  ・バイオフィードバック技法
                          │  ・積極的回避条件づけ技法
                          │  ・消極的回避条件づけ技法
                          └ オペラント消去技法
                             ・強化撤去技法（除去学習技法）
                             ・条件性制止技法
```

図5-6　行動療法の技法の分類（久野, 2000）

筋肉の弛緩反応

自分にとって大切な場面や困難な課題に直面すると私たちは無意識のうちにリラックスするために肩を上げ下げしたり，首を回したりしますが，これらも筋肉の弛緩が不安と拮抗することを利用していると考えることができます。

(CS) に，覚醒反応が条件づけられることです。ここにあるメカニズムは次のように考えられます。排尿が始まった瞬間には膀胱の膨張という内的刺激が存在するはずです。これがうまく覚醒を引き起こせば，夜尿にいたる前に目がさめてトイレに行くことが可能になるはずです。そこで排尿が始まった瞬間にそれを感知してベルやブザーが鳴る装置を工夫し，このベルやブザーの音 (US) に対する無条件反応 (UR) としての覚醒反応を引き起こします。これを何度も繰り返すことによって，膀胱の膨張，つまり尿意がCSとなって，目がさめるという条件反応が生起するのです。ただしこのような治療のメカニズムを，覚醒反応の条件づけではなく，夜間の排尿を停止するというオペラント条件づけによって説明する見解もあります（久野，2000）。

学習の過剰な場合として，病的な不安による行動異常の変容を考えましょう。このような場合に用いられる方法の一つが，系統的脱感作とよばれる技法です。この技法はウォルピ (Wolpe, T.) によって考案されました。この技法では不安反応を消去するために，不安と拮抗する筋肉の弛緩反応を条件づけます。あらかじめクライエントとの面接のなかで作成された不安階層表にしたがって，もっとも弱い不安を喚起する場面をイメージし，それに対する不安が生じたら，あらかじめ訓練しておいた筋弛緩によりその不安を消去します。何度か反復して，その階層の刺激による不安が喚起されなくなったら，次の階層に移ります。この段階では第1の階層に対する不安が消去されたうえに，その効果が般化し，第2の階層に対する不安は，もともと喚起されていたものより弱くなっています。このようにして順次不安を消去していきます。これ以外に，現実脱感作とよばれる，イメージではなく，現実場面で治療する方法もあります。

引用文献

Atkinson, R. L., Atkinson, R. C., Smith, E. E., Bem, D. J., & Nolen-Hoeksema, S.　2000　*Hilgard's introduction to psychology*（13th ed.）Wadsworth.（内田一成監訳　2002　ヒルガードの心理学　ブレーン出版）

Bandura, A.　1977　*Social learning thory*. Prentice-Hall.（原野広太郎監訳　1979　社会的学習理論―人間理解と教育の基礎―　金子書房　p.26.

今田　寛　1996　現代心理学シリーズ3　学習の心理学　培風館

今田　恵　1962　心理学史　岩波書店

岩内一郎　1986　学習　原岡一馬（編）心理学概論　ナカニシヤ出版　pp.37-47（p.42）.

古武弥正・新浜邦夫　1956　条件反応　共立出版　p.11.

久野能弘　2000　条件づけの臨床的応用　今田　寛（編）学習の心理学　放送大学教育振興会　pp.89-102（p.91）.

篠原彰一　1998　学習心理学への招待　サイエンス社　p.65.

Suzuki, T., & Miyata, Y.　1978　The analysis of the incremental stimulus intensity effect upon habituation of the human skin resistance response. *Japanese Psychological Research*, **20**, 45-49.

Watson, J.B.　1930　*Behaviorism*（rev. ed.）Norton.（安田一郎訳　1968　行動主義の心理学　河出書房新社）

第Ⅲ部
ライフ・サイクルとパーソナリティ発達

第**6**章

愛着の発達

第1節　愛着の起源と機能

　乳幼児期の子どもは家族を中心としたさまざまな人との関係のなかで育ちます。ここでは愛着という概念を中心に，その発達をみていきます。

　愛着（attachment）とは，子どもが親密な人に抱く情緒的絆を意味します。ボウルビー（Bowlby, 1969）は「危機的な状況や潜在的な危機にそなえて，特定の対象との近接を求め維持しようとする個体の傾性である」と定義しました。

　かつて，親子の絆は飢えや渇きなど乳児の生理的欲求を親が充足するために，乳児は親に依存的となり徐々に形成されていくと考えられていました。これは親子の緊密な絆が最初から備わっているものではなく，二次的に派生してくるという意味で二次的動因説とよばれています。しかしこれら二次的動因説をゆるがしたのが比較行動学の愛着に関する一連の研究です。

1．初期経験

　比較行動学者のローレンツ（Lorenz, 1952）は，カモが孵化して初めて目にする動体（通常は母鳥）を追尾する習性から，離巣性鳥類の発達には刻印づけ（imprinting）という学習システムがあることを解明しました。刻印づけは，親の追尾行動や配偶者の選択にみられ，臨界期とよばれる早期の限られた時期にのみ生じる，急速で非可逆的な学習です。一度刷り込まれたら修正がきかない，あるいはその時期を逃せば後に適切な刺激を受けても学習できないと考えられています。

　このような臨界期の考え方を人間の発達にあてはめることはできませんが，音韻獲得や視覚などの知覚発達に関しては刺激経験に敏感な時期があるといわれています。このように人生早期に生じてその後の心身発達に多大な影響をもたらす経験は初期経験とよばれ，人間の発達に関する考え方にも大きな影響を与えました。

2．社会的隔離飼育

　ハーロウ（Harlow, 1958）は，生後まもないアカゲザルの子どもを母ザルから離して隔離飼育実験を行いました。針金製と布製の2種類の母

臨界期
　臨界期には2つの意味があります。まず絶対的臨界期で，これはその特定の時期しか学習が不可能という時期で，動物にはこのような臨界期があります。もう一つは相対的臨界期で，その特定の時期に学習することが最大の効果をもつという時期。発達可塑性に富む人間の場合は相対的臨界期ですが，むしろ敏感期とよんだほうが適切です。

ホスピタリズム
　ホスピタリズムは施設児にみられるさまざまな発達障害をさします。まず20世紀初頭，問題になったのは，身体面でのホスピタリズムで，①食欲不振，顔面蒼白，②低身長，低体重，③罹病率や死亡率の高さ，があります。これは刺激の乏しさによる成長ホルモンの分泌不良にともなう身体発育不全で，近年，施設児にはほとんどみられません。次いで1940年代に注目されたのが，より年長の施設児にみられる精神面でのホスピタリ

ズムで，①言語や知能の遅滞，②習癖の頻度の多さや施設児に特有な習癖（ヘッドバンキング，ヘッドロッキング），③人間関係や性格面での問題（人と温かい関係がもてない，人を信頼できない，人になれなれしすぎる），があります。これらは施設環境（画一的な環境・設備や単調な生活）や施設養育（母性的養育の不足，養育者の博愛主義や平等主義）に特有な問題が考えられます。ただ今日では施設環境や養育の改善や充実が図られたため，精神面でのホスピタリズムも激減しました。むしろ最近，問題視されているのは家庭養育児，とくに虐待された子どもにみられるマターナル・デプリベーションです。

児童虐待(child abuse)

親または親に代わる保護者により，児童に対して加えられた身体的暴力，ネグレクト（保護の怠慢ないし拒否），性的虐待，心理的虐待などの行為をさします。「貧困社会型」（社会病理としての虐待，嬰児殺し，人身売買など）と「文明型」（精神病理，家族病理としての虐待，離婚，育児ノイローゼなど）に分類されることもあります。現代は，親の未熟や孤立，被養育体験など親に問題がある文明型のケースが多いといわれています。

親模型を作り子ザルの行動を観察したところ，子ザルは哺乳や温度に関係なく肌触りのよい布製の母を選び，それを活動拠点として探索行動を行いました。これらの結果から子ザルにとって空腹を満たすよりも接触による慰めや安心感の方が重要であることがわかりました。

さらに，子ザルを一定期間群れから社会的に隔離する影響について調べたところ，6ヵ月以上隔離した子ザルは群れに戻しても仲間を恐れ情緒的に異常行動を示し，社会的な関係をもつことができませんでした。また，たとえ出産しても満足に子育てができませんでした。これらの影響は隔離期間と関係があり，短いほど徐々に適応できましたが，長くなると適応状況は悪くなりました（Harlow & Harlow, 1970）。

これらはサルのことですが，愛情希求と食欲などの生理的欲求とは別次元であること，母への愛着が仲間関係や異性との愛情関係の土台となること，これまでは生得的と考えられていた母性は本能ではないことなど，多くの新しい知見が得られました。

3. マターナル・デプリベーション

20世紀初頭の戦渦のなか，養護施設に収容され親との接触を絶たれた子どもに，身体発達の遅れ，知的遅滞，無関心，微笑みやあやしに対する無反応が多くみられることが報告されました。これらの現象は当時の保育者の手が足りない施設の入所児に特有であったため，ホスピタリズム（hospitalism：施設病）とよばれました。

WHOの要請でこのホスピタリズムの影響を研究したボウルビーは，乳幼児の精神的健康は母親との関係が親密かつ継続的で，両者が満足と幸福感に満たされるような状態にあると述べました。そして，その関係の欠如をマターナル・デプリベーション（maternal deprivation：母性的養育の剥奪）とよび，乳幼児の発達に身体的，知的，情緒的，社会的に悪影響を及ぼすと指摘しました。この剥奪には，①乳幼児期に平均的な愛着関係が形成されないこと，②応答性の悪いゆがんだ世話や虐待を受けること，③確立された関係を喪失すること，の3種類があげられています。時代背景は異なりますが，現代の児童虐待にも質的に通じるものがあるといえます。

第2節　愛着を育むための乳児の発達基盤

1. 乳児の潜在的な能力

近年まで，乳児は未熟な存在で生まれてくるため，受身で無力なものと考えられていました。しかし，乳児には生得的にさまざまなシステムが組み込まれており，非常に有能で自律性があることがわかってきました。

たとえば新生児でも視覚・聴覚・嗅覚・味覚・触角の五感は十分に機能しています。とりわけ聴覚は胎児の時から発達しており，新生児でもいろいろな音を聞き分けることができます。とくに人の話し声には敏感で，物理音や母音の連続音には反応しませんが，話し言葉にじっと耳を

傾けます。乳児に，マザリーズ（母親語）とよばれる抑揚やリズムがはっきりとした高い声の言葉かけをすると，手足をばたばたと動かして反応します。

　また新生児は共鳴動作といって，口をあけたり舌を出したりする他者の表情をまねすることができます（図6-1）。これはまねをしようという乳児の意思から生じるのではなく，視覚刺激を受容し身体運動で共鳴する力が乳児にはあり，その姿と考えられています。

　生後10週には養育者の喜び，悲しみ，怒りの表現に対して，それぞれ別の反応をすることが観察されました（Haviland & Lelwica, 1987）。母親が喜びを表現すると乳児も喜んだ表情や発声をし，怒りの場合には怒っているようにみえる反応を示しました。また悲しみの表現には，乳児は唇を吸ったり指しゃぶりをして不快な状態から気持ちをなだめるような行動を示しました。これらは大人の情動が乳児に伝わっていることを示し，情動伝染（emotional contagion）とよばれています。

　ファンツ（Fantz, 1963）の実験からは，生後まもなくからいろいろな図形パターンのなかでも人の顔を好んで注視することが見出されました（図6-2）。人の顔への選好注視は5，6ヵ月頃になると減少し，その後は笑顔で声かけをしてくれる目の前の人物への関心を増大させていきます。

　これら乳児の能力は生得的に組み込まれたシステムとして発現し，乳児に対する大人のかかわりを引きだすという重要な役割を果たしていることがわかってきました。

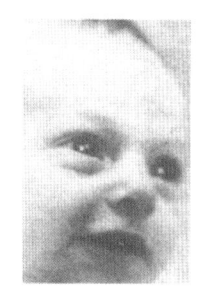

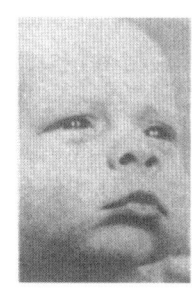

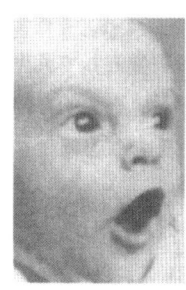

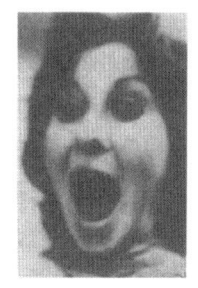

図6-1　新生児の表情と模倣
（Field et al., 1970）

2. 情動的コミュニケーション

　乳児がはじめて意味のある言葉を発するようになるのは1歳を過ぎるころです。しかし，乳児は生後まもなくから周囲の人と情動を介して活発にコミュニケーションをしています。

　最初，乳児は「泣き」でしか自分の要求を伝えられません。そして，満足でその要求が満たされたこと示します。しかし，2ヵ月頃になると，乳児はあやされたり微笑みかけられると，自発的に微笑するようになります。これを社会的微笑といいますが，微笑のほかにも自発的に発声したり注視するなど情動的な交流のレパートリーは急速に増えます。社会性の目覚めとよばれるこの時期，乳児のかわいらしさは増し，大人からのかかわりはますます増えます。

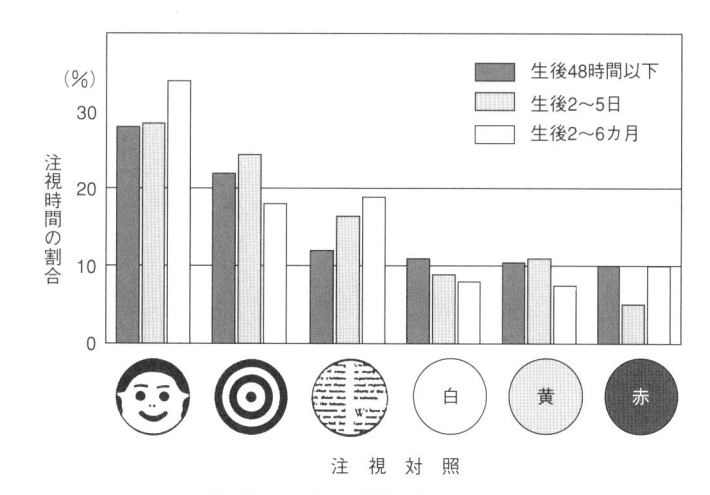

図6-2　図形パターンに対する乳児の好み（Fantz, 1961, 1963）

　7から9ヵ月頃になると，養育者との間で視線や注意の共有ができる

微笑の発達

微笑は人間が進化の過程で獲得したコミュニケーション手段で，動物は微笑みません。微笑の発達は，①生理的微笑，②誘発的微笑，③社会的微笑，④選択的微笑，に分けられます。まず生理的微笑は生後2週間までの新生児が眠っている時（レム睡眠時）にみられ，外界の刺激と関係のない脳神経の活動にもとづく生理的反応です。「天使の微笑」ともいいます。次いで3週間頃から視覚刺激，4週間頃から聴覚刺激に誘発されて微笑みます。2ヵ月頃からは人の働きかけだけに微笑む（社会的微笑）ようになり，6ヵ月頃からはよく知っている人やよく世話をしている人にだけ微笑み（選択的微笑），初めての見知らぬ人には不安や警戒を示します。なお3ヵ月頃が最も愛想よく，人に微笑むので3ヵ月微笑，8ヵ月頃は人見知りが最も強いので8ヵ月不安とよびます。

図6-3 視覚的断崖（Gibson & Walk, 1960）

ようになります。たとえば「あれをごらん」と親が指さす目標物を乳児は目で追えるようになります。そして養育者の顔を見返すことで，それが養育者の意図と合っているかどうかを確認しようとする様子がみられるようになります。さらに情動も共有できるようになります。たとえば「いないいないばあ」をする時，「いないいない」のところでは乳児は次に起こることを待つように少し身構えていますが，「ばあ」と大きな声とともに相手の笑みがあらわれた途端，乳児も満面の笑みでうれしさと開放感を味わっています。このようなやりとりを通して，乳児は他者の存在に気づき，他者とともにある自分に気づき，情動を共有する楽しさや安心感といった間主観的な体験を積み重ねていくのです。

満1歳前後になると，子どもにとって意味があいまいな対象への評価や態度，行動を母親の表情や声などによる情動的情報を参考にして決定するようになります。たとえば図6-3のような視覚的断崖（Gibson & Walk, 1960）のこちら側にあるおもちゃを取りに来るかどうかを母親の表情を見て判断するような現象は社会的参照（Social referencing）とよばれ，乳児が他者のあらわす情動に一方的にまきこまれるのではなく，分析的に他者の情動を理解するきざしを意味します。

一方養育者は乳児が生まれた時から，乳児の情動表出に対して，いま子どもはこんな状態ではないかと感情をくみ取り，表情やしぐさで調子を合わせます。これは情動調律（affect attunement）といいます。情動のやりとりは，大人と子ども双方からの働きかけを通して成立し促進されていきます。そして，この情動的コミュニケーションが愛着形成の基盤となります。

トピック 6-1

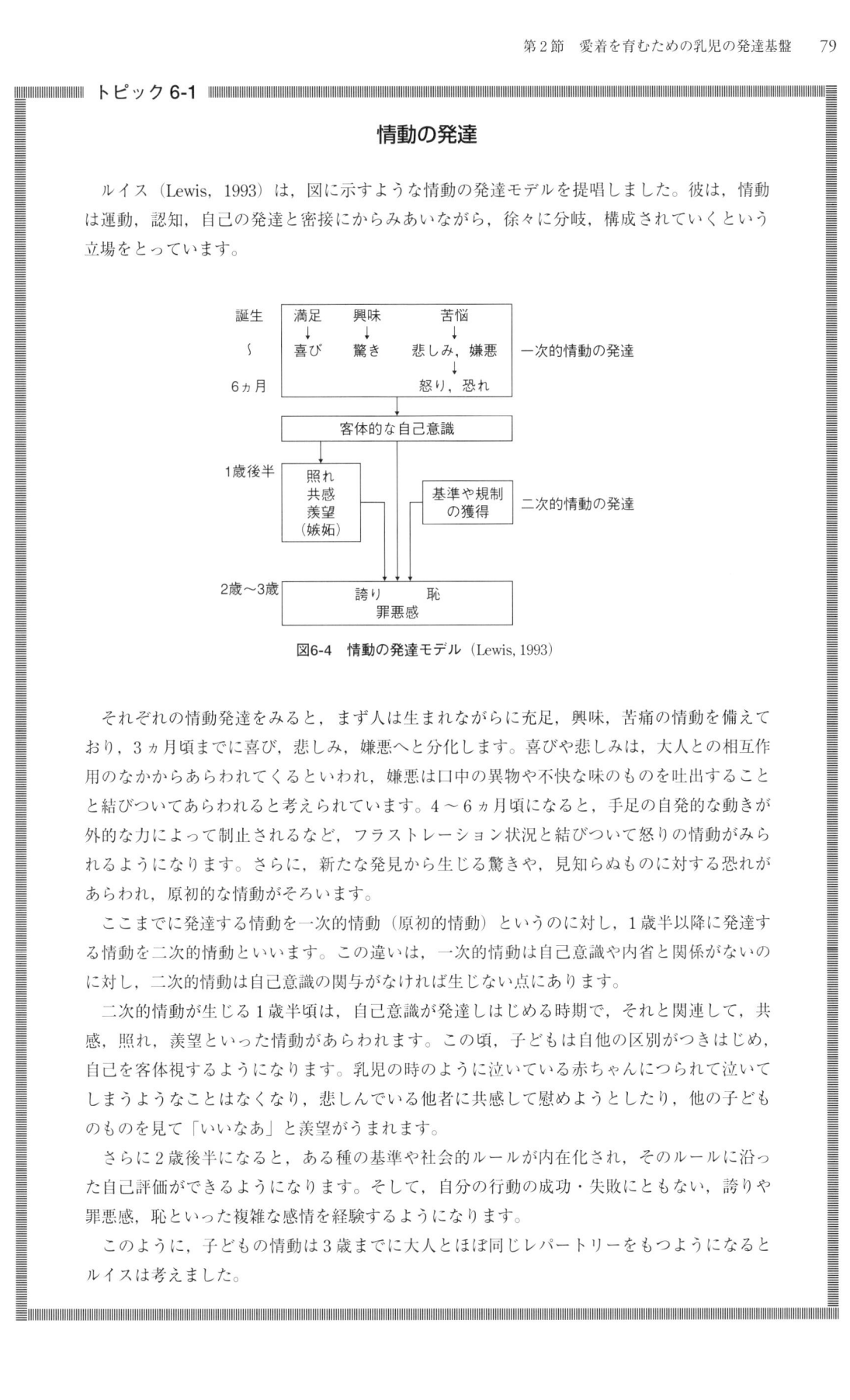

情動の発達

　ルイス（Lewis, 1993）は，図に示すような情動の発達モデルを提唱しました。彼は，情動は運動，認知，自己の発達と密接にからみあいながら，徐々に分岐，構成されていくという立場をとっています。

```
誕生     満足  興味   苦悩
 〜       ↓   ↓    ↓
         喜び  驚き   悲しみ, 嫌悪      一次的情動の発達
6ヵ月                 怒り, 恐れ

         ┌──────────────────┐
         │   客体的な自己意識   │
         └──────────────────┘
1歳後半   ┌────┐   ┌──────┐
         │照れ │   │基準や規制│
         │共感 │   │の獲得    │    二次的情動の発達
         │羨望 │   └──────┘
         │(嫉妬)│
         └────┘
2歳〜3歳   誇り    恥
          罪悪感
```

図6-4　情動の発達モデル（Lewis, 1993）

　それぞれの情動発達をみると，まず人は生まれながらに充足，興味，苦痛の情動を備えており，3ヵ月頃までに喜び，悲しみ，嫌悪へと分化します。喜びや悲しみは，大人との相互作用のなかからあらわれてくるといわれ，嫌悪は口中の異物や不快な味のものを吐出することと結びついてあらわれると考えられています。4〜6ヵ月頃になると，手足の自発的な動きが外的な力によって制止されるなど，フラストレーション状況と結びついて怒りの情動がみられるようになります。さらに，新たな発見から生じる驚きや，見知らぬものに対する恐れがあらわれ，原初的な情動がそろいます。

　ここまでに発達する情動を一次的情動（原初的情動）というのに対し，1歳半以降に発達する情動を二次的情動といいます。この違いは，一次的情動は自己意識や内省と関係がないのに対し，二次的情動は自己意識の関与がなければ生じない点にあります。

　二次的情動が生じる1歳半頃は，自己意識が発達しはじめる時期で，それと関連して，共感，照れ，羨望といった情動があらわれます。この頃，子どもは自他の区別がつきはじめ，自己を客体視するようになります。乳児の時のように泣いている赤ちゃんにつられて泣いてしまうようなことはなくなり，悲しんでいる他者に共感して慰めようとしたり，他の子どものものを見て「いいなあ」と羨望がうまれます。

　さらに2歳後半になると，ある種の基準や社会的ルールが内在化され，そのルールに沿った自己評価ができるようになります。そして，自分の行動の成功・失敗にともない，誇りや罪悪感，恥といった複雑な感情を経験するようになります。

　このように，子どもの情動は3歳までに大人とほぼ同じレパートリーをもつようになるとルイスは考えました。

第3節　愛着の発達形成と個人差

1. 愛着の発達プロセス

　ボウルビー（1969）は愛着行動を，泣き・微笑・発声の「発信行動」，注視・後追い・接近の「定位行動」，よじ登り・抱きつき・しがみつきの「能動的身体接触行動」に分類しました。そして愛着の発達は下記に示す4つの段階を経て，行動レベルの近接から表象レベルの近接へと移行していくと考えました。

　①人の弁別をともなわない定位と発信（誕生〜3ヵ月頃まで）：人の弁別ができないため，誰に対しても同じように追視，微笑，発声，泣き，つかむなどの愛着行動を示します。

　②特定の人に対する定位と発信（6ヵ月頃まで）：人の弁別ができ始め，日常生活でよくかかわってくれる人（たいていは母親）に対して，頻繁に微笑や発声を示します。

　③発信，移動による特定の人への接近の維持（2, 3歳頃まで）：人の弁別がさらに明確になり，特定の人に対する愛着行動が顕著になります。また，ハイハイや歩行による移動が可能になるため愛着行動のレパートリーも多様化します。一方，見知らぬ人に対する恐れと警戒心は強くなり，人見知りや分離不安が生じるようになります。母親を安全基地として，母親から情緒的補給を受けながら探索行動を行います。

　④目標修正的協調性の形成（3歳以降）：愛着対象と自分についての内的作業モデルが安定した形で機能するようになり，愛着対象が近くにいなくても必ず自分のところへ戻ってきてくれる，何かあれば助けてくれるという確信がもてるようになります。同時に，他者の感情や動機を洞察し，相手の行動目的や計画を理解するようになります。自分の行動を合わせたり修正することが可能となり，協調的な関係が形成されるようになります。

　内的作業モデル（internal working model）とは，自分は愛され助力してもらえる価値ある存在なのかという自己に関する主観的確信と，他者や外的世界は自分の求めに応じてくれるのかという他者に関する主観的確信からなる表象モデルのことです。ボウルビーはこの内的作業モデルを通して，人は時々の危機的状況に対処し，心身の恒常性を保持していくと考えました。つまり，何歳になっても，自分は信頼されうる人物であり，きっと自分のことを理解し支えてくれるだろうと確信することで，人は危機を乗り越えられると考えたわけです。この内的作業モデルは乳幼児期に形成され，その後の経験によって修正を繰り返しつつ徐々に安定性を増していくと考えられています。

2. 愛着の測定と個人差

　愛着の個人差を測るために，エインズワースら（Ainsworth et al., 1978）はストレンジ・シチュエーション法（strange situation procedure：以下SSP）という独自の方法を開発しました（図6-5）。こ

れは実験室で乳幼児を親から分離したり，見知らぬ人と対面させるなど新奇な状況（strange situation）を設定し，母親との分離後や再会時にみられる分離抵抗，近接希求，探索活動の様子から子どもの愛着の質を探るものです。

エインズワースは，このSSPから子どもの愛着の質を3つのタイプに分類しました。表6-1は各タイプの①子どもの特徴，②母親の養育態度，③子どもの仲間関係の特徴，および④成人の愛着の特徴をこれまでの研究をもとにまとめたものです。

これら3タイプの他に，被虐待児の愛着研究からDタイプ（無秩序型：disorganized）が見出されました（Crittenden & Ainsworth, 1989）。このタイプの子どもは効果的でない方法で母親への接近を求め，その行動に整合性や一貫性がありません。たとえば，母親に接近し始めたものの途中で立ち止まり床にひっくり返って泣き出したまま近づくことができないなどです。

一般的にBタイプは安定型で，A，Cタイプは不安定型ととらえられていますが，いずれも個性の範囲で病理性を示唆するDタイプとは区別されています。

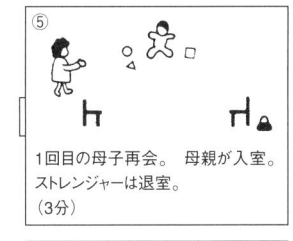

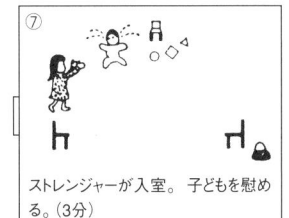

図6-5　ストレンジ・シチュエーションの8場面（繁多, 1987）

3. 愛着形成に影響を与える要因
①養育者の要因
ボウルビーは愛着の質を規定する重要な要因は，養育者の子どもの状態や欲求をどれくらい敏感に察知できるかという敏感性と，子どもが示す種々のシグナルや行動にどれくらいに適切に反応しうるかという応答性であると仮定しました。これにもとづき，エインズワースが家庭内の母子相互作用を観察した結果が表6-1「②母親の養育態度の要因」です。敏感性と応答性は，子どもにとって相手が情緒的に利用可能かどうかという意味から情緒的利用可能性（emotional availability）とよばれています。Bタイプの親は情緒的利用可能性が高く，行動が一貫しているため予測が立てやすい特徴があります。

②子ども自身の要因
生まれたばかりの乳児にも，泣きやすさや，苦痛の感じやすさ，ストレス耐性など，気質という個人差があります（トピック6-2参照）。この生得的な気質も愛着の個人差に影響をあたえると考えられています。

たとえばAタイプの子どもは怖がりやすい傾向が低く，人より物に高い関心をよせる傾向が高いといわれています。一方，Cタイプの子ど

表6-1 愛着タイプとその特徴

	①子どもの再会時の特徴	②母親の養育態度の特徴	③子どもの仲間関係の特徴	④成人の愛着パターンの特徴
Aタイプ（回避 avoidance 型）	親との分離時に泣いたり混乱を示すことがなく、再会時に母親を避ける。親を安全基地として利用することがほとんどない。	子の働きかけに対して全般に拒否的にふるまうことが多い。愛着シグナルを適切に受けとめてもらえないので、子は愛着の表出を抑えるかあまり近づかないようになる。	仲間に対してネガティブな情動をもって攻撃的・敵対的にふるまうことが多いため、仲間から拒否され孤立する傾向が高い。	愛着軽視型（dissmissive）自分の人生における愛着の重要性や影響力を低く評価するタイプ。表面的には親を理想化し肯定的に評価するが、親との思い出を具体的に語ることがほとんどない。
Bタイプ（安定 secure 型）	分離時に多少の泣きや混乱を示すが、再会時は親に身体的接触を求め、容易に落ちつく。親を活動拠点（安全基地）として積極的に探索行動を行うことができる。	子の要求に敏感かつ応答的で、その行動は一貫しているため予測しやすい。子は、親は必ず自分を助けてくれるという確信をもち、強い信頼感をよせているため安定した愛着パターンをみせる。	コミュニケーションスキルにたけており、ポジティブな情動をもって働きかけることが多いため、仲間からの人気が高くなる傾向がある。共感的・向社会的行動も相対的に多い。	自律型（autonomous）過去の愛着関係が自分の人生や現在のパーソナリティに対してもつ意味を深く理解しているタイプ。幼児期の愛着体験を良い面も悪い面もありのまま、一貫した整合性のある形で語ることができる。
Cタイプ（両価 ambivalent 型）	分離時に非常に強い不安や混乱を示す。再会時は身体的接触を求める一方、親を叩いたり怒りを示し両価的にふるまう。親から離れられず、親を安全基地として安心して探索行動を行うことができない。	子の要求に対して応答のタイミングが微妙にずれるなど、一貫していないことが多い。子は予測がつきにくく、つねにアンテナをはりめぐらせ愛着シグナルを送り続けることで親の関心を引きとめようとする。	他児の注意を過度に引こうとしたり衝動的かつフラストレーションに陥りやすい性質がある一方で、他児に対して受身・従属的態度をとるため、無視されたり攻撃されることが相対的に多い。	とらわれ型（preoccupied）自分の愛着の歴史を首尾一貫した形で語ることができず、過去に親が自分にした行動に強いこだわりをもちつづけているタイプ。葛藤にみちた幼児期の愛着体験をとめどなく語る。

もは怖がりやすく、ぐずりやすい傾向があります。気質だけが愛着を規定するわけではありませんが、結果として気質はそれぞれのタイプに特徴的な行動を導きやすくするといえるでしょう。

③愛着形成の全体像

養育者と子どもの要因について述べましたが、愛着形成のメカニズムは一つの要因だけが作用するものではありません。愛着は、養育者の働きかけと乳児の気質が相互規定的に作用し形成されます。

たとえば、子どもに反応性があり積極的にシグナルを送っていても、母親がそれを敏感に察知できなければ、その反応性は顕在化されないかもしれません。逆に母親に感受性が備わっていても、子どもの反応性が極端に低ければ、結果として応答性が低くなってしまうでしょう。相性という言葉がありますが、親子の特性の組み合わせによっては、同じ特性をもっていても結果は異なってきます。

さらに、母親の養育行動の質は、周囲からの情緒的サポートと、幼い時の養育体験と考えられています。このように考えると愛着形成の全体像は、数々の要因が複雑に作用しており、後述する親子をとりまく環境、地域、社会、文化を含むより大きな視点からとらえる必要がありそうです。

4. 愛着のネットワーク

近年，わが国も働く母親の増加により，乳児期から保育所や保育ママなど親以外の人物の手で育つ子どもが増えてきました。このような複数養育の乳児の場合，愛着関係はどのように形成されるのでしょう。

愛着対象の発達には2つの考えがあります。一つは，ボウルビーが提唱した，最初の一人の愛着対象との内的作業モデルを基盤として，その後の対人関係が徐々に組織化されるという漸成説です。しかしこの説では，最初の対象との関係が良好でない場合，一生取り返しがつかないことになります。

それに対して，主要な愛着対象との関係が重要であることは認めながらも，子どもは複数の人物と愛着関係を形成し，それぞれの人に対して独立した内的作業モデルを構築するというのが，社会的ネットワーク理論です。この場合，主要な対象との愛着が不安定なものでも，他に安定した関係があれば補完されると考えられます。つまり，母親との愛着が不安定でも，父親や保育者との愛着関係が安定したものであれば，安定した内的作業モデルを構築できるというわけです。

現在はこの愛着の社会的ネットワーク理論が支持されています。アメリカの長期縦断的な保育所養育の研究によると，保育所通所と家庭養育で愛着の差は検証されませんでした（NICHD, 1997）（トピック6-3参照）。つまり，子どもの育ちにとって重要なことは，子どもと一緒にいる時の大人のかかわり方なのです。これは，親でも保育者でも同じで，子どもに対して敏感に応答的にかかわる傾向が高ければ，子どもは安心感を得やすくなります。

5. 愛着の連続性とその後の発達への影響

早期の愛着関係はその後の対人関係に影響を及ぼすと考えられています。なぜなら親に対して形成した内的作業モデルをもとに，子どもは親以外の人間関係の予測を立て，自分の行動のプランニングを行うようになると考えられているからです（Bowlby, 1973, 1980）。表6-1のなかの③子どもの仲間関係の特徴には，愛着タイプと子どもの仲間関係に関する研究から得られた知見が示されています（Jacobson & Wille, 1986）。いずれのタイプも，愛着対象に近接した時の経験を下敷きに，仲間との関係のあり方が決まります。

さらに成人後の人間関係や恋愛関係，そしてわが子との関係にも早期の愛着関係が関連することが指摘されています。成人の愛着の質を評価するために，成人愛着面接（adult attachment interview : AAI）が開発されました（Main & Goldwyn, 1984）。これは幼児期の愛着体験をインタビューし，その語り方から成人の愛着を評価するものです。成人の愛着パターンは，自律型，愛着軽視型，とらわれ型の3タイプに分類され（表6-1④），それぞれ子どもの愛着タイプの安定型，回避型，両価型に対応しています。子どもの愛着タイプのDタイプに対応する未解決型（unresolved）も見出されました。このタイプの特徴は，過去の外傷体験や愛着対象の喪失に対していまだに葛藤した感情をもつ，あるいは喪の過程から抜けていないことです。

保育ママ

家庭保育員，家庭保育所ともよばれ，地方自治体が行っている子どもの日常的ケアにあたる制度の通称。保育ニーズの多様化にともない，従来の認可制度以外の子育ての推進策として活用されています。同様の職種にベビーシッター，保育サポーターがあり，認可施設で働く保育士や児童生活支援員なども含めて，子どもは多様な大人からケアを受ける機会が増えています。

喪の作業（mourning work）

悲哀の仕事ともいい，死別など対象喪失にともなう愛惜や悲嘆の苦しみを乗り越えていく心の過程のことを意味します。キャプラン（Caplan, G.）は，悲哀の過程を①対象喪失を予期する，②対象を失う，③無感覚・無感動になる，④怒り，否認が繰り返される，⑤対象喪失を最終的に受容断念する，⑥対象を自分から放棄する，⑦新たな対象の発見・回復の7つの段階に分類しました。

> **トピック 6-2**
>
> ## 乳児の気質
>
> 　生後まもなくから観察できる子どもの行動上の個人差を「気質（temperament）」といいます。気質は生得的なもので，ある程度の期間持続し一貫性を保ちますが，環境要因との相互作用で変化もします。この発達初期にみられる行動特徴である気質がどのように変化していくのか，1950年代後半からいくつかの縦断研究が行われています。
>
> 　最初に研究を開始したのが，トマスら（Thomas et al., 1970）による『ニューヨーク縦断研究』です。親を対象とした面接から，乳児の日常場面での行動スタイルについて9つの気質特性（表）と，それら9特性の組み合わせから
> ①扱いやすい子どもたち（easy）
> ②扱いにくい子どもたち（difficult）
> ③エンジンのかかりにくい子どもたち（slow to warm up）
> のような3つの気質タイプを提唱しました。
>
> 　気質の特性次元に関しては，いまだ最終的な結論は出ていませんが，特性によって連続性の程度が異なることなどがわかっています。
>
> 　また，トマスらは気質的特徴とその後の問題行動や精神疾患といった不適応の発現との関連を詳細にケース検討し，子どもの気質的特徴とおかれた環境との「相性」によって，環境に適応的な発達と不適応的な発達が具現化していくとする環境適合理論（goodness of fit model）を提唱しました。
>
> 　現在でもトマスらの流れをくんだ発達研究は広く世界中で行われており，日本においても1980年代に開始された菅原らの縦断研究が現在も続行中です。
>
> **表6-2　9つの気質の次元**（Thomas et al., 1970）
>
> | 気質カテゴリー | 内容 |
> |---|---|
> | 活動水準 | 活動している時間とじっとしている時間の割合 |
> | 周期の規則性 | 空腹や排泄，睡眠や起きている時間の規則性 |
> | 接近－回避 | 未知の人や新しい物事への反応 |
> | 順応性 | 子どもが環境の変化に適応する難易度 |
> | 反応の強さ | 反応の激しさ。その質や内容には無関係に |
> | 刺激に対する閾値 | はっきり見分けのつくだけの反応をひきおこす刺激の強さ |
> | 気分の質 | 友好的，快活で嬉々とした行動と不機嫌で意地の悪い行動との対照 |
> | 散漫性 | どの程度の刺激で行動の変化が起こるか |
> | 注意の範囲と持続性 | ある行動にかけた時間と，その行動に関して気分転換の効果 |

　ボウルビーは愛着行動を「ゆりかごから墓場まで」の生涯を通じての人間性の特徴であると述べました。しかし，初期に形成された愛着の質が，生涯絶対に変化しないわけではありません。虐待など過去に不安定な愛着しかもてなかった親のなかには，安定した表象モデルをもち，子どもとの間に安定した愛着関係を形成している人も多くいます（Grossmann & Grossmann, 1991）。

　そのメカニズムはメタ認知モニタリング（自分自身の思考のプロセスに焦点を合わせる能力）にあると考えられ（Main, 1991），過去の記憶をどう解釈し統合しているかという構造的整合一貫性が，現在の関係性のあり方に関連しています。つまり，外傷となるようなつらい経験をし，

> **トピック 6-3**
>
> ## 早期保育と家庭養育
> ### ―米国 NICHD 早期保育研究の成果について―
>
> 　アメリカの国立小児保健・人間発達研究所（NICHD）のフリードマンら（Friedman, S.L. et al.）のグループは，1991 年から縦断的な早期保育研究を 1,364 人の乳児とその家族を対象に開始しました。現在，米国では 6 歳未満の子どもをもつ母親の 62％が家庭外で働いており，その多くが出産後 3～5 ヵ月で仕事に復帰するという現実があります。そのため子どもたちの多くは乳児の頃からさまざまな保育を経験しながら育ちます。この研究はそのような養育環境が子どもの認知，言語発達や社会性の発達に及ぼす影響を検討し，興味深い結果を得ています（NICHD, 1997）。
>
> 　まず，乳児期の長時間保育が愛着関係に及ぼす影響を検討し，その結果，生後 15 ヵ月時点では保育を受けること自体は乳幼児の母親への愛着の安定性に影響がないことが明らかになりました。それよりも母親の心理的適応性や敏感性が愛着の安定性に影響を与えていることがわかりました。ただし，子どもへの感受性が低い母親に限ってみると，保育時間が長くなると愛着形成が不安定になる傾向が認められました。
>
> 　次に保育の質の影響を，子どもの心を読みとる保育者の能力や働きかけの積極性などで検討しました。その結果，質の高い保育は母子関係を改善する効果があり，子どもへの感受性の低い母親に限ると，むしろ保育を利用している方が，保育を利用せず専業で子育てをしている母親よりも，良好な母子関係を結べていることが明らかになりました。
>
> 　また，子どもの認知能力や言語発達，社会性に関しては，質の高い保育を受けている子どもは，母親のみで育てられている子どもに比べて，わずかながら認知，言語発達がまさっていました。社会的問題行動も 2 歳時点では長時間保育の子どもにやや報告が多いものの 3 歳時点ではその差はなくなり，協調性は保育を受けている子どもの方が受けていない子どもよりもまさっていました。
>
> 　結論として，母親が専業で子育てしている子どもと，長時間保育を受けている子どもの間に大きな差異はみられませんでした。全般的に家族の特徴や親による育児の影響は，保育者の影響よりも大きいことが認められましたが，子どもへの感受性が低い母親に関しては質の高い保育が補う可能性を示唆していました。この縦断研究は現在も続けられており，早期保育のより長期の影響を解明する糸口となるでしょう。

安定した愛着が形成されなかったとしても，過去についてすべてを客観的にとらえなおし，自分史として語れるまでに内省が統合されたならば，内的作業モデルは変容する可能性があるということです。

第 4 節　乳幼児期の発達を支えるために

1. 環境のなかで育つ子ども

　子どもはさまざまなシステムや関係性，文脈（context）のなかに存在しており，同時にその環境と相互作用しながら育ちます。ブロンフェンブレンナー（Bronfenbrenner, 1979）は発達への影響をより広い視点

生態学(ecology)
　生態とは生物の生活形態のことで，生態学は生物と環境との相互作用として生息の仕方や行動の特質を明らかにする学問のことを意味します。その後，人間と環境との関係にも応用され，単に行動と特定の環境要因との因果関係を追究するのではなく，その行動の背後にある文脈を含めて理解していくようになりました。

からとらえる必要性を主張し，発達の生態学的環境を4つの水準に分類しました。すなわち，①マイクロシステム（個体が直接経験する環境。家族，学校など），②メゾシステム（複数のマイクロシステム間の相互関係。家庭と学校など），③エクソシステム（個人が直接的能動的に参加しているわけではないが影響のある間接的な外部システム。親の会社の人間関係など），④マクロシステム（信念や，情報など諸システムの一貫性を生む背景。日本という社会や文化，歴史など）で，これらが入れ子構造をなして互いに関連しあっていると考えました。

　たとえばひとくちに家族の影響といっても，親やきょうだい，個々の成員の影響もあれば（マイクロシステム），家族と幼稚園や近隣との関係（メゾシステム），育児観など父親が職場から受ける影響（エクソシステム），3歳児神話など日本の家族観（マクロシステム）もあります。社会のなかで育つということは，これら多層的なシステムの影響を受けざるをえないわけです。それゆえ，一人一人の子どもの環境は，きょうだいでも異なり，相互作用によって生み出される結果も2つとして同じものはないでしょう。子どもの発達を考える時，子どもをとりまく環境は欠かすことのできない視点となります。

2. 子どもの関係性を支える

　愛着に限らず他のパーソナリティや認知能力，社会性，心理的適応などの諸側面も，他者と相互交渉する過程のなかで発達していきます。乳幼児期の主要な他者は親であり，その関係性の質が子どもの発達に重大な影響を与えます。ここで重要なのはあくまでも子どもが家族と一緒に過ごしている時の相互交渉の質，夫婦関係など家族内の調和であり，家族構成や婚姻関係，母親の就労，主夫，里親などの形態は質と関係がありません。また，関係の質は量を意味せず，子どもと過ごす時間は長ければよいというものでもありません。

　乳幼児と親の相互交渉に望ましい要因は2つあります。一つは，敏感性や応答性，温かさなど養育者の特性です。とくに子どもの個性に対する敏感性は，発達が双方向の交渉によるという意味において重要です。これらの特性は親性の資質ともいえ，個人の特性に帰するものですが，教育や周囲の支援によって向上することが保育者の研究などにより認められています。

親性
　親として育ちゆく命である子どもを愛しみ育もうとする心性のことを意味します。父性・母性が生物学的性差を基盤とした特性であるのに対し，親性はナーチュランス（養護性）を基盤として，性差や生物学的親かどうかに関係なく個人の特性として発達します。

　もう一つは相互交渉する関係を支える関係，つまり子育てネットワークのようなものです。ネットワークの利点は2つあります。一つは愛着形成のネットワークのように子どもに直接働きかけるものです。子どもはいろいろな人と異なる関係を築いて別のものを吸収します。もう一つの利点は，親をサポートすることによって親の子どもへのかかわりを変えるという間接的なものです。

　かつての日本の子育ても，拡大家族や近隣の密な関係によってネットワークが構成され，子どもも親もそのネットワークに支えられ育まれていたのではないでしょうか。

3. さいごに

これまで述べてきたように，子どもの人格や社会的発達にとって養育者との間に安定した関係を築くことはとても大切なことです。私たちには次世代を育成する使命がありますが，次世代の健全なパーソナリティの発達には乳幼児期の安定した愛着形成は欠かせません。しかし，その責任は母親一人の手にゆだねるのではなく，地域で，そして社会で子どもを育てるという視点が必要です。現代の日本では，子育てを支えることが子どもの健全な発達の要件といえるかもしれません。

引用文献

Ainsworth, M. D. S., Blehar, M. C., Waters, E. , & Wall, S.　1978　*Patterns of attachment: Psychological study of the strange situation*. Lawrence Erlbaum.
Bowlby, J. 1969　Attachment and Loss, Vol.1: *Attachment*. Basic Books.（revised edition, 1982）
Bowlby, J. 1973　Attachment and Loss, Vol.2: *Separation*. Basic Books.
Bowlby, J. 1980　Attachment and Loss, Vol.3: *Loss*. Basic Books.
Bronfenbrenner, U.　1979　*The ecology of human development*. Harvard University Press.
Crittenden, P. M. , & Ainsworth, M. D. S.　1989　Child maltreatment. In D. Cicchetti, & V. Carlson（Eds.）, *Theory and research on the cause and consequences of child abuse and neglect*. Cambridge University Press.
Fantz, R. L.　1961　The origins of form perception. *Scientific American*, **204**, 66-72.
Field, T. M., Woodson, R., Greenberg, R., & Cohen, D. 1982　Discrimination and imitation of facial expressions by neonates. *Science*, **218**, 179-181.
Gibson, E. J., & Walk, R. D.　1960　The "visual cliff". *Scientific American*, **202**, 2-9.
Grossmann, K. E., & Grossmann, K.　1991　Attachment quality as an organizer of emotional and behavioral responses in a longitudinal perspective. In C. M. Parkes, J., Stevenson-Hinde, & P. Marris（Eds.）, *Attachment across the life*. Routledge. pp.93-114.
繁多　進　1987　愛着の発達―母と子の心の結びつき　大日本図書 p.79.
Harlow, H. F.　1958　The nature of love. *American Psychologist*, **13**, 673-685.
Harlow H. F., & Harlow, M. K.　1970　The young monkeys. In P. Cramer（Ed.）, *Readings in developmental psychology today*. CRM Books. pp.58-63.
Haviland, J. M., & Lelwica, M.　1987　The induced affect response: 10-week-old infants' responses to three emotion expressions. *Developmental Psychology*, **23**, 97-104.
Jacobson, J. L., & Wille, D.E.　1986　The influence of attachment pattern on developmental changes in peer interaction from the toddler to the preschool period. *Child Development*, **57**, 338-347.
Lewis, M.　1993　The emergence of human emotions. In M. Lewis, & J. M. Haviland（Eds.）, *Handbook of emotions*. Guilford Press. pp.223-235.
Lorenz, K. Z.　1957　*Instinctive behavior*. International Universities Press.
Main, M. 1991　Metacognitive knowledge, metacognitive monitoring, and singular（coherent）vs. multiple（incoherent）models of attachment: Findings and directions for future research. In C. M. Parkes, J. Stevenson-Hinde, & P. Marris（Eds.）, *Attachment across the life cycle*. Routledge. pp.127-159.
Main, M., & Goldwyn, R.　1984　Predicting rejection of her infant from mother's representation of her own experience: Implications for the abused-abusing intergenerational cycle. *Child Abuse & Neglect*, **8**, 203-217.
NICHD Early Child Care Research Network　1997　The effect of infant child care on infant-mother attachment security: Results of the NICHD study of early child care. *Child Development*, **68**, 860-879.
Peth-Pierce, R.　2000　*The NICHD study of early child care*. NICHD.（小林　登訳　2000　乳幼児保育に関するNICHDの研究　子育てのスタイルは発達にどう影響するのか　チャイルドリサーチネット）
Thomas, A., Chess, S., & Birch, H.　1970　The origin of personality. *Scientific American*, **223**, 102-109.

第7章

社会性の発達

第1節　社会性の発達

1. 対人関係の拡大

　ハヴィガースト（Havigahurst, 1972）は，児童期の発達課題の一つに「同世代の者とやっていくこと」をあげています。すなわち，児童期は，仲間とのつきあいのなかで協力すること，友だちをつくり，敵と折り合うことを学ぶ時期と考えられます。エリクソン（Erikson, E. H.）もまた，仲間や友だちをつくることが児童期の発達課題の一つであるとしています。このように児童期は仲間関係や友人関係を広げることが求められる時期であり，この時期の経験から社会性の発達も促されます。

　しかし，社会性の発達は児童期から始まるわけではありません。児童期に社会性の発達が円滑にすすむためには，乳幼児期における養育者との関係が重要な意味をもちます。なかでも6章で取り上げた，一人もしくは複数の養育者との間に成立する愛着関係が大切です。養育者との愛着関係の成立は，いわゆる「安全の基地」ができることによって情緒が安定するだけでなく，人間関係の基礎を形成することにもなります。そして，養育者という特定の人との関係から，仲間関係や友人関係というバろいろな人との関係に対人関係は広がっていきます。

2. モデリング

　他者の行動を観察し，その行動を手本にして学習することをモデリング（modeling）といいます。子どもが社会性を発達させるうえでモデリングは大切で，3節で取り上げる思いやりの心の発達にも，モデリングが有効であるといわれています。子どものモデルの対象となるのは，養育者や教師，友だち，場合によっては，テレビの登場人物やインターネットの情報なども考えられます。子どもはこれらのモデルから，社会で適応した生活を送るためのさまざまな行動様式や価値観などを学び，社会性を発達させます（第5章，第4節参照）。

3. 社会的スキルの獲得

　社会性を発達させることは，社会的スキルを獲得する過程と考えることもできます。社会的スキルとは「対人関係を円滑にはこぶための技能」です（菊池, 1988）。社会的スキルには，あいさつをする，話を聞く，質

問をするなどの簡単なものから，謝る，感情を表現する，他人を助ける，非難を処理するなどの複雑なものまであげられます。社会的スキルが対人関係を円滑にはこぶための技術であるがゆえに，このスキルの獲得には人とのかかわりが欠かせません。仲間関係や友人関係が広がる児童期には，簡単な社会的スキルの獲得からスタートし，しだいに複雑なスキルを獲得することになります。

第2節　子どもたちの遊び

1. 遊びとは

　子どもの社会性を伸ばすうえで，子ども同士の「遊び」が重要であることは多くのメディアで取り上げられているとおりです。次項で取り上げるとおり，理論的にも社会性の発達に「遊び」が重要であることは指摘されています。しかし，「子どもの遊びは減った」「子どもの遊びが昔とは変わった」といわれるように，子どもたちの遊ぶ声，子どもたちの遊ぶ場所などは年々減少しているように感じます。

　ところで，「遊び」とはどのように定義されるのでしょうか。堀野・濱口・宮下（2000）は，「遊び」を以下の3つの観点から定義しています。

　①遊びとは知的好奇心によって開始される。遊びはその活動をすること自体が目的である（明確な目標をもって行われるものではない）。

　②遊びによって，快い感情は喚起され，不快な感情を抑えることができる。

　③遊びは，人間の運動発達，認知発達，社会-情動的発達のうえに成立するものであるが，これらの諸機能の発達を促進するものでもある。

　この定義から考えると「遊び」は社会性の発達以外にも重要な意味があるといえます。運動面は，とくに屋外の遊びによって発達し，認知面は，新しい遊びを考え出したり，遊びを通じて空想を広げたり，遊びのルールや役割を理解することによって発達し，情動面は，遊びによるさまざま感情の表出によって発達すると考えられます。

2. 遊びの発達

①ピアジェの考え方

　ピアジェ（Piaget, J.）の認知発達の考え方に沿って遊びの発達過程をみると，表象的な思考の獲得が一つのキー概念となります。簡単にいうと，表象とは「具体的なモノが目の前になくとも，そのモノをイメージし，目の前にあるかのように思い浮かべることができること」を意味し，およそ18ヵ月から表象は可能となると考えられています。

　①表象的な思考の獲得以前

　　機能的遊び：身体の諸感覚や身体運動そのものを楽しむ遊びです。遊びのなかに思考は関与しません。

　②表象的な思考の獲得以後

　　劇的遊び：ふり遊びやごっこ遊びが含まれます。たとえば，父親や

知的好奇心

　知的好奇心は2つに区別されます。一つは拡散的好奇心といい，はっきりとした方向性をもたず，幅広く情報を求める傾向です。もう一つは特殊的好奇心といい，特定の特殊化された情報を求める傾向です。前者は，興味の幅を広げ，知識のバランスをとり，後者は，興味の理解を深め，知識の一貫性を高めます。

ピアジェの認知発達

　子どもの思考の発達には，感覚運動期（誕生から1歳半ないし2歳前後），前操作期（1歳半ないし2歳前後から6歳前後），具体的操作期（6歳前後から11歳前後），形式的操作期（11歳前後以上）の4つの段階があります。表象的な思考は前操作期に可能となります。

母親さんの行動を模倣したり，漫画のキャラクターになりきり遊ぶことなどがあげられます。

構成的遊び：より現実的になったふり遊びやごっこ遊びです。たとえば，砂場でお団子やケーキを作るといった製作的な遊びや，できる限り実物に近い漫画のキャラクターの服装や持ち物を使った遊びが例としてあげられます。

具体的操作期（およそ6歳から11歳）に入った子どもでは，遊びのルール（規則）を決め，そのルールに沿った遊びができるようになります。しかし，遊びのルールを決めるといっても，子どもたちが独自に新たなルールを創り出すことができるのは，小学校の中学年以降です（堀野・濱口・宮下, 2000）。

②パーテンの考え方

パーテン（Parten, M. D.）は，友だちとのかかわりのなかでの遊びの変化をとらえ，以下の6点に分類しています。

①ぼんやりとしている遊び：はっきりした遊びのテーマがなく，モノや自分の体を触ったりしています。（1～2歳）

②ひとり遊び：他の子どもとかかわることはなく，他の子どもとは違った遊びをしています。（2～3歳）

③傍観遊び：他の子どもの遊びをただ単にながめています。（3歳頃）

④平行遊び：友だちのそばで同じような遊びをしていますが，お互いの交流はありません。（3～4歳）

⑤連合遊び：友だちと一緒に遊んでいますが，各自のイメージの世界で遊んでいるだけで，はっきりしたルールや役割分担はありません。（3～5歳）

⑥協同遊び：はっきりした遊びのテーマや役割分担があります。（5～6歳）

③堀野・濱口・宮下の考え方

堀野・濱口・宮下（2000）は，幼児期から児童期前期にかけての遊びにみられる社会性の発達課題として，次の2点を指摘しています。

①自分の能力を追求しながら達成感・有能感をもつこと。

②他の子どもとイメージを共有しながら構成的遊び，劇的遊びができるようになること。

上記の2点は，それぞれパーテンとピアジェの研究結果を踏襲しており，遊びにみられる社会性の発達には，運動技能の向上と表象的思考の発達が重要な役割をになっていることを指摘しています。

3．子どもの遊びの様子

ここでは，調査資料をもとに，今の小学生の「遊び」について，いつ，どこで，誰と，どんな遊びをしているのかについて検討し，子どもの「遊び」と社会性の発達について考えてみたいと思います。

①放課後の時間の使い方と遊び場所

まず，小学生の子どもたちは放課後に友だちと遊んでいるか，また，どこで遊んでいるのかをみてみましょう。

深谷・深谷（2001）が2001年5・6月に行った，小学4年～6年生

を対象とした調査において，「きのう，学校から帰って友だちと遊びましたか」「あなたも入れて，全部で何人の友だちと遊びましたか」「だいたい，どこで遊びましたか」の3点についてたずねています（表7-1）。表7-1から，家に帰ってから友だちと遊んだ子どもの割合が，遊んでいない子どもよりも若干少ないこと，自分も含めて4人までの友だちと遊んだ子どもの割合が7割を越えていること，室内で遊んだ子どもの割合が7割近くいることがわかります。

また，深谷・深谷（1999a）の調査においても，いつも遊んでいる場所に，自分の家（56.8％）や友だちの家（46.3％）をあげる子どもが多く，放課後に家の中で遊ぶことを好むという結果が得られています。

以上の結果から，2人に1人の子どもが家に帰ってから友だちと遊んでいますが，その遊びは少人数で，しかも室内が多いという，子どもの様子がうかがえます。

表7-1 放課後の遊び（深谷・深谷，2001より一部改変）

(％)

		全体	男児	女児
きのう，学校から帰って友だちと遊びましたか	遊んだ	43.7	51	36.8
	遊ばなかった	56.3	49	63.2
あなたも入れて，全部で何人の友だちと遊びましたか	2人	27.1	23.2	32.6
	3人	23.9	22.0	26.6
	4人	21.3	24.2	17.1
	5人	11.1	13.6	7.7
	6人	6.2	5.3	7.4
	7人以上	10.4	11.7	8.6
だいたい，どこで遊びましたか	外で遊んだ	31.0	31.4	30.5
	外と室内で遊んだ	28.8	28.5	29.1
	室内で遊んだ	40.2	40.1	40.4

次に，放課後，学習塾やおけいこごとに通っている様子をみてみましょう。

深谷・深谷（2001）の調査において，1週間の放課後の予定をたずね，それを「学習塾」「おけいこごとやスポーツクラブ」「予定なし」の3項目に分類しています。この結果，曜日によって異なりますが「学習塾」へ通っている割合は1割強（2.7％～19.4％の範囲），「おけいこごとやスポーツクラブ」へ通っている割合は3割弱（22.6％～32.8％の範囲），「予定なし」の割合は6割弱（53.8％～63.5％）でした。類似した調査が小学5・6年生を対象として1998年10月にも行われており（深谷・深谷，1999a），「学習塾」（3割弱），「おけいこごとやスポーツクラブ」（2割）に通っている割合には若干の違いがみられますが，「予定なし」の割合は5割で，おおむね同様の数値でした。

同調査では，学習塾やおけいこごとが楽しい理由もたずねています。この項目で最も回答の割合が多かったのは「新しい友だちが増える」という選択肢でした（「とてもそう思う」48.6％，「わりとそう思う」28.6％）。

これらの結果から，2人に1人の子どもは学習塾やおけいこごとやスポーツクラブに通っていることがわかります。しかし，学習塾やおけいこごとに通うことは，勉強がわかるようになったり，得意なことが増え

表7-2 学校が終わってから遊ばないとき×家の中・家の外が好き（深谷・深谷,1999a）
(%)

	家の中が好き		家の外が好き
遊ぶ時間がないとき	50.9	<	58.7
塾や習いごとがあるとき	48.0	<	58.7
疲れているとき	37.0	>	18.5
宿題や勉強があるとき	19.1	<	32.6
なんとなく遊びたくないとき	23.0	>	12.0
遊ぶ相手がいないとき	24.3	>	7.5
学校でいっぱい遊んできたとき	8.1		6.5

学校が終わってから遊ばないときに「よくある」と回答した子どものみ対象

たりするだけでなく，新しい友だちを作る場にもなっているようです。
　次に，放課後に遊ばない理由は何かをみてみましょう。
　深谷・深谷（1999a）の調査において，「学校が終わってから，遊ばないときはどんなときですか」とたずねています。この項目に対して「よくある」と回答した割合は，「遊ぶ時間がないから」と「塾や習いごとがあるとき」がそれぞれ最も多く54％，次いで「疲れているとき」が30％，「宿題や勉強があるとき」が24％と続きます。
　上記の項目に「よくある」と回答した子どもが，「あなたは，家の中と家の外でどちらで遊ぶのが好きですか」とたずねた項目にどのような回答を示しているのか集計しています（表7-2）。その結果をみると「遊ぶ時間がない」「塾や習いごとがあるとき」「宿題や勉強があるとき」の選択肢に「家の外が好き」という回答の割合が多く，「疲れているとき」「なんとなく遊びたくないとき」「遊ぶ相手がいないとき」の選択肢に「家の中が好き」という回答の割合が多くみられています。
　これら結果から，学校が終わってから遊ばない理由として，学習塾や習いごとなどで遊ぶ時間がないことや，疲れて遊ぶ元気がないことなどが浮かび上がってきます。また，家の外で遊びたいと思っているのは，学習塾や習いごとに時間がとられ仕方なく遊べない子ども，一方，家の中で遊びたいと思っているのは，遊ぶ時間はあるが，遊ぶこと自体に興味が起こらないので子ども，という様子がうかがわれます。
　次に，2002年4月から始まった，学校週5日制によって，友だちとの遊びに変化がみられたのかをみてみましょう。
　深谷・深谷（2003）が2003年11月に行った，小学4～6年生を対象とした調査において，「お子さんは，毎週土曜日が休みになって，次のような時間はどのように変わりましたか」と親にたずねています。「とても増えた」「やや増えた」を合計した割合をみると，「テレビゲームをしたりマンガを読んだりしている時間」（66.1％）が最も多くみられました。次いで「友だちと外で遊ぶ時間」（56.3％），「おけいこごとやスポーツクラブに行く時間」（24.8％），「塾などで勉強する時間」（11.1％）でした。この結果から，ゲームやマンガに費やす時間が増えているだけでなく，友だちと遊ぶ時間も増えていること，一方，学習塾やおけいごごとなどに費やす時間の増加は少ないことがわかります。
　最後に，子どもたちの遊び場所についてみてみましょう。
　深谷・深谷（2001）の調査において，「あなたが住んでいるところは，

どんなところか」とたずねています。この項目に対して「とてもそう」「わりとそう」を合計した割合は，「いつも子どもが集まっている場所がある」が62.5％（「とてもそう」29.7％，「わりとそう」32.8％，以下同），「子どもの遊び場がたくさんある」が60.5％（16.6％，43.9％），「山や川など自然が少ない」が20.5％（2.9％，17.6％）でした。この結果から，山や川などの自然は地域差があると思われますが，子どもが集まる場や遊び場は少なくないことがわかります。

②遊びの仲間

子どもたちは，放課後に誰と遊ぶことが多いのでしょうか。

深谷・深谷（1999a）の調査において，「あなたはふだん，誰と遊ぶことが多いですか」とたずねています。この項目に対して「決まった友だちと遊ぶことが多い」が最も多く59.5％，次いで「いろんな友だちと遊ぶことが多い」が28.7％，「1人で遊ぶ」が11.8％でした。

また，同調査では「あなたは，どんな友だちとよく遊びますか」もたずねています。この項目に対して「よく遊ぶ」「ときどき遊ぶ」を合計した割合は，「学校の同じクラスの友だち」が最も多く93.2％（「よく遊ぶ」75.5％，「ときどき遊ぶ」17.7％，以下同），次いで「学校の同じ学年の友だち」が71.2％（39.3％，31.9％）でした。一方，「塾や習いごとの友だち」は27.4％（10.7％，16.7％），「スポーツ教室の友だち」は20.0％（10.0％，10.0％）でした。

「決まった友だち」が複数か単数かを上記の質問から読み取ることはできませんが，この「決まった友だち」とは，いわゆる「ギャング集団」（トピック7-1参照）に近い友だちと考えられるのではないでしょうか。また，放課後，学習塾や習いごとなどに時間が費やされるとはいえ，一

トピック7-1

ギャング集団

小学校の中学年くらいからみられる，友だちだけからなる集団をさします。主な一般的特徴は，①6，7人からなり，②同性の集団で，③凝集性が強く，閉鎖的，④集団のリーダーが存在し，各自の役割も決まっており，⑤自分たちだけが知っている秘密の場所や秘密の言葉・サインをもっている，という点です。

この集団での遊びによって，子どもたちは情緒のコントロールの仕方や集団活動でのルールなどを学び，対人関係能力を向上させると考えられます。しかし，現在では上記のような特徴を備えたギャング集団は消滅しつつあるとの指摘もあります。

深谷・深谷（1999a）の結果で，いろいろな友だちと遊ぶという回答が3割弱みられましたが，仲の良い友だちの人数は何人くらいいるのでしょうか。

深谷・深谷（2001）の調査において，仲良しの友だちの人数をたずねている項目があります。この項目に対して「10人以上」の回答がもっとも多く53.7％，次いで「3〜5人」が19.5％，「6〜7人」が13.4％と続きます。内閣府政策統括官（総合企画調査担当）が2000年9月に小学4〜6年生を対象に行った「青少年の生活と意識に関する基本調査」においてもほぼ同様の結果が得られています（「10人以上」が37.8％，「4〜5人」が24.7％，「6〜9人」が19.8％）。

緒に遊ぶ友だちは学習塾や習いごとで一緒になる友だちではなく，学校の友だちが9割を占めていることがわかります。

トピック 7-2

子ども同士のけんか

友だちとの間でけんかを経験することは，子どもが社会性を身につけるうえで大切なことだと考えられています。けんかには友だちを傷つけるというマイナス面もありますが，自分の意思や気持ちを伝え，友だちの意思や気持ちも理解するというプラス面も多いのです。

深谷・深谷（1999b）が行った，小学4年～6年生を対象とした調査によると，1980年の調査結果と比べて，けんかを体験した割合が増えています。しかも性別や学年別に分析した結果では，男児のけんか体験の割合は女児のそれよりも高く，学年があがるにつれてけんかを体験した割合が増加する傾向がみられています（表7-3）。

同調査では，現代の子どもは，友だちとの深いかかわり合いやぶつかり合いを避ける傾向があるといわれていますが，感情のぶつかり合いであるけんかの体験は増加傾向にあります。しかし，対人関係能力の未熟さ，キレやすさ，感情的な耐性の欠如，攻撃的な傾向などがあらわれているとみることもでき，かつては，学年が上がるにつれて子どもたちの対人関係のスキルが向上し，けんかまで至らずに，互いの問題を解決する力をつけていたのではないだろうか，と危惧される点をあげています。

表7-3 けんか体験 （深谷・深谷, 1999b）

(%)

		何度もある	1,2度ある	1度もない	4年	5年	6年
けとばしたこと	1980年	26.8	45.4	27.8	28.6	26.6	25.2
	1999年	41.9	36.2	21.9	38.9	41.2	45.3
泣かせてしまったこと	1980年	33.8	51.3	14.9	39.1	31.4	30.9
	1999年	40.3	46.0	13.7	37.2	41.7	41.7
ひっぱたいたこと	1980年	31.8	42.0	26.2	33.7	29.0	32.9
	1999年	38.5	37.5	24.0	33.6	37.7	43.7
とっくみあいをしたこと	1980年	23.8	41.2	35.0	26.2	24.6	20.3
	1999年	28.5	36.6	34.9	27.2	27.0	31.1
棒などでたたいたこと	1980年	3.7	20.1	76.2	4.5	2.3	4.3
	1999年	11.1	21.4	67.5	10.0	9.8	13.3

学年の割合は「何度もある」と回答した子どものみ対象

③遊びの内容

家の中で遊んでいる子どもが7割以上を占めていたことから，まず，家の中ですることをみてみましょう。

深谷・深谷（1999a）の調査において，「（学校が終わってから，）家の中で，次のようなことをしますか」とたずねています。この項目に対して「よくする」と回答した割合は，「テレビを見る」が最も多く69.9％，次いで「マンガや雑誌を読む」が53.5％，「ごろごろしたりのんびりする」が41.3％，「テレビゲームをする」が35.7％，「家の人と話をする」28.7％と続きます（他11項目）。「テレビゲームをする」と「家の人と話をする」には性別による違いがあり，前者は男児に多く，後者は女児に多くみられます。

では,「(学校が終わってから,)家の外で,次のようなことしますか」という項目に対する回答はどうでしょうか。この項目に対して「よくする」と回答した割合は,「友だちとしゃべる」が最も多く35.7％,次いで「ボールで遊ぶ」が25.9％,「自転車に乗ってうろうろする」が17.1％,「ペットと遊ぶ」が14.3％,「おにごっこやかくれんぼをする」は13.3％と続きます(他11項目)。「おにごっこやかくれんぼをする」以外の項目に性別による違いがあり,「おしゃべり」と「ペット」は女児に多く,「ボール」と「自転車」は男児に多くみられます。

以上の結果から,家の外ですることは相手を必要とする遊びが多く,家の中ですることには相手を必要としない遊びが多いといえます。また,家の外ですることは,家の中ですることよりも「よくする」という割合が低く,さらに,「友だちとしゃべる」や「自転車に乗ってうろうろする」など身体を動かして遊ぶという印象は少ないように思えます。

同調査では,「周囲に走り回って遊べるような場所が少ないこと,お互いに習いごとなどで忙しく,一緒に外で遊ぶ仲間を見つけにくいこと,外に出なくても快適な自分の部屋があることなどが考えられる」また,「家の中では『何もせずのんびり』タイプと『見て楽しむ』タイプの遊び,家の外では,やはり『何もせずのんびり』タイプと『ぶらぶら』タイプの遊びがあり,これらの遊びは従来の遊びの分類には入りにくい新しい遊びではないか」と報告しています。

ところで,同調査では,伝承的な遊びや,遊び体験についてもたずねています。伝承的な遊びについてたずねた項目に対して「たくさんある」「わりとある」を合計した割合は,「おにごっこ」が最も多く69.6％,次いで「かくれんぼ」が62.7％と続きます(図7-1)。

遊び体験についてたずねた項目に対して「たくさんある」「わりとある」を合計した割合は,「真っ暗になるまで外で遊んだこと」が36.8％,

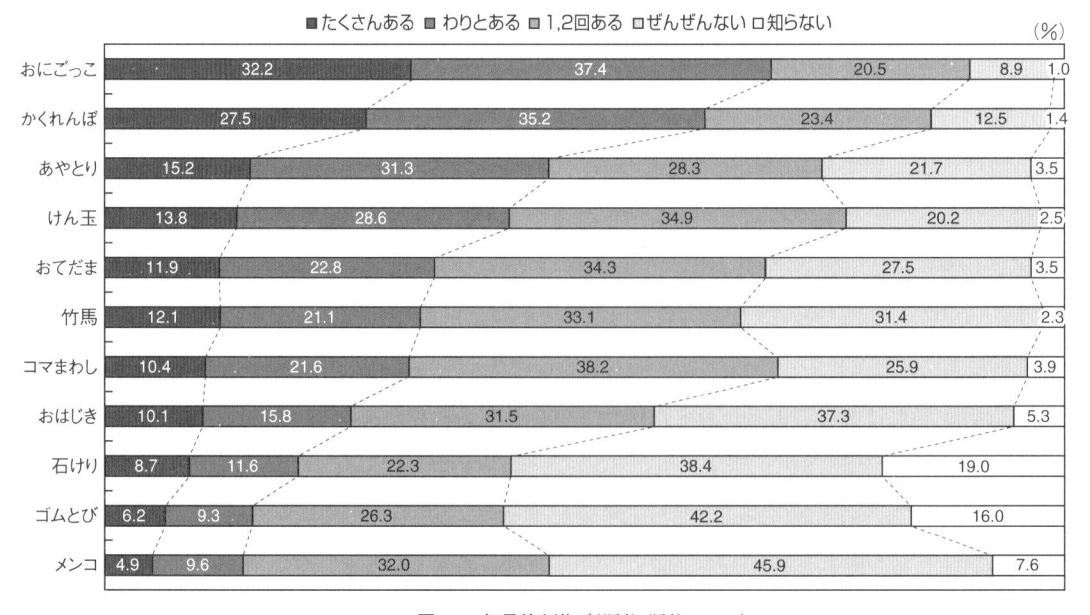

	■たくさんある	■わりとある	■1,2回ある	□ぜんぜんない	□知らない
おにごっこ	32.2	37.4	20.5	8.9	1.0
かくれんぼ	27.5	35.2	23.4	12.5	1.4
あやとり	15.2	31.3	28.3	21.7	3.5
けん玉	13.8	28.6	34.9	20.2	2.5
おてだま	11.9	22.8	34.3	27.5	3.5
竹馬	12.1	21.1	33.1	31.4	2.3
コマまわし	10.4	21.6	38.2	25.9	3.9
おはじき	10.1	15.8	31.5	37.3	5.3
石けり	8.7	11.6	22.3	38.4	19.0
ゴムとび	6.2	9.3	26.3	42.2	16.0
メンコ	4.9	9.6	32.0	45.9	7.6

図7-1 伝承的な遊び(深谷・深谷, 1999a)

「木に登ったこと」が34.3％,「自分や仲間だけの秘密の場所を持ったこと」が31.1％でした（図7-2）。

以上の結果から，昔から行われている伝承的な遊びも，まったく忘れ去られたわけではないことがうかがわれます。平素からこれらの遊びをしているかは明らかではありませんが，「ふだん家の外ですること」という項目の回答に「おにごっこやかくれんぼ」が上位にあることから，伝承的な遊びの一部については，今も子どもの遊びとして受け入れられているのではないでしょうか。一方，遊び体験に対しては，「まだなんとか生きのびている」と同調査では報告しています。しかし，図7-2の数値を高いとみるか，低いとみるかは議論の余地があるところです。治安や安全という観点から考えると，真っ暗になるまで遊ぶことや，木登りやどろんこ遊びをすることには不安が残ります。しかし，これらの遊び体験は，いわゆるギャング集団によって体験する遊びが多く，ギャング集団での体験が子どもの社会性の発達に大切であるという考えにそえば，問題も残ります。

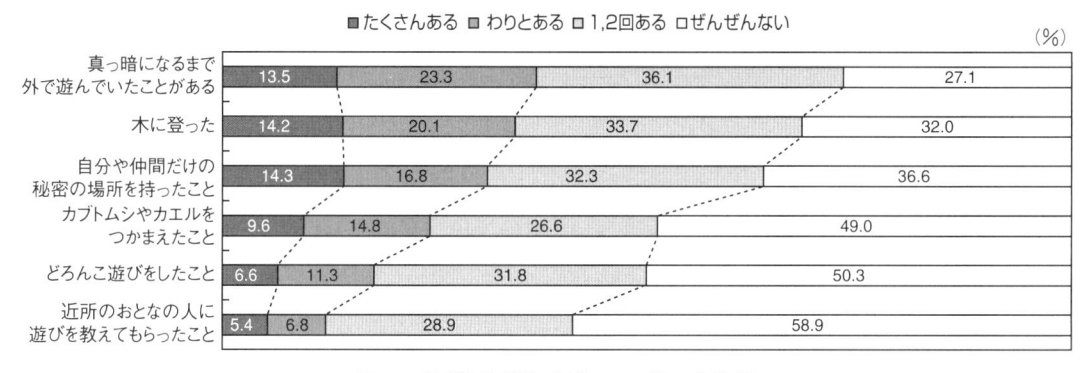

	たくさんある	わりとある	1,2回ある	ぜんぜんない
真っ暗になるまで外で遊んでいたことがある	13.5	23.3	36.1	27.1
木に登った	14.2	20.1	33.7	32.0
自分や仲間だけの秘密の場所を持ったこと	14.3	16.8	32.3	36.6
カブトムシやカエルをつかまえたこと	9.6	14.8	26.6	49.0
どろんこ遊びをしたこと	6.6	11.3	31.8	50.3
近所のおとなの人に遊びを教えてもらったこと	5.4	6.8	28.9	58.9

図7-2　遊び体験（深谷・深谷, 1999aより一部改変）

④ まとめ

小学生の放課後の様子をみてきましたが，これら結果を悲観的にみれば，学習塾や習いごとに時間がとられ，友だち同士で遊ぶ機会は少なく，ギャング集団はなくなり，社会性の発達を促すどころの状況ではないといえるでしょう。逆に，楽観的にみれば，2人に1人の子どもは仲の良い友だちと遊んでおり，子どもが遊べる場所も少ないとはいえず，学校週5日制によって遊ぶ機会も若干は増えている。室内で遊んでいることが多く，遊びの内容に活発さを感じることができないが，社会性の発達を促す機会はあるといえるでしょう。

伝承的な遊びや昔ながらの遊びには，知的能力，運動能力，人間関係能力を同時に向上させる遊びが多く，これらの遊びが子どもの社会性を発達させるためによいことは明らかです。しかし，時代は進んでいますし，子どもを取り巻く環境もすぐに変化してしまいます。伝承的な遊びや昔ながら遊びがよいというのは簡単ですが，回顧主義にとらわれるのではなく，現在の子どものおかれている状況や，今の子どもたちの遊びや遊び方のなかに，社会性を育てる方略を探していくことが必要ではないでしょうか。

トピック7-3

9歳の壁（峠）

　もともとは聴覚障害の子どもに対する教育で用いられてきた言葉です。言語発達を促すために，できるかぎり早期から言語指導を始めるのですが，小学校3，4年生で学力が伸び悩んでしまいます。この伸び悩みの現象をさします。しかし，この壁（峠）は，障害をもたない子どもたちにもみられます。

　児童期は，ピアジェの認知発達段階でいう，具体的操作期から形式的操作期に移行する時期です。抽象的な思考が徐々に可能になり，目の前に具体的にモノはなくても抽象的にいろいろなことを考えることができるようになってきます。子どもたちの思考に大きな変化が訪れているうえに，学校での学習内容もむずかしくなり，9歳の壁（峠）が生じてしまうのです。児童期は，エリクソン（Erikson, E. H.）の心理社会的発達理論によると「勤勉性対劣等感」の危機が生じるとされ，この時期のつまずきは有能感や劣等感と関連し，人格発達のうえでも影響が大きいと考えられます。

第3節　思いやりの心を育てる

1.「思いやり」とは何か

　「思いやり」の研究は，1980年代に入り，向社会的行動の研究として盛んに行われてきました。向社会的行動（prosocial behavior）とは，反社会的行動の対語として考えられています。アイゼンバーグ（Eisenberg, 1992）によると，向社会的行動とは「援助行動や，分与行動，他人を慰める行動といった他者に利益となるようなことを意図してなされる自発的な行動」と定義されています。向社会的行動を起こす動機には，罰を回避することや，具体的な報酬や社会的承認を得ること，あるいは罪悪感などのマイナスの内的状態を少なくすることなどがあげられます。

　ところで，共感性は向社会的行動の前提条件と位置づけられています。平井（1999）は，「思いやり」を「相手の立場にたって相手の気持ちをくむ心」と定義し，「思いやり」の心を育てることは「共感」する心を育てることとして考えています。すなわち，「思いやり」を，相手の行動を知覚したり，理解したりし，判断をするという知的レベルではなく，相手の気持ちに共感し，共感するがゆえに行動が自発的に引き起こされる感情レベルものと考え，研究を進めています。

反社会的行動
　非行や犯罪など，社会的な約束を破ったり，規則に違反したりする行動。

共感性
　共感性の定義には，他者の考えや視点を理解するという認知的要素と，他者と同じ感情を共有するという情動的要素とがあります。これら2つの要素のどちらを強調するかによって，さまざまな定義がなされています。

2.「思いやり」の発達

　アイゼンバーグは幼稚園児から大学生を対象とした研究の結果から，向社会的道徳判断の発達段階を明らかにしました（表7-4）。向社会的道徳判断とは，向社会的な行動が要求される葛藤場面（表7-5）を示し，提示された場面によって誘発される道徳的な判断（理由づけ）をさします。

表7-4からわかるように、向社会的道徳判断は、年齢の増加とともに変化をしますが、判断と行動との間に明確な関連があるという研究結果は得られていません。

表7-4　向社会的道徳判断の発達（Eisenberg, 1992より）

レベル1：快楽主義的・自己焦点的志向
道徳的な配慮よりも、自分に向けられた結果に関心をもっている。他者を助けるか助けないかの理由は、自分に直接得るものがあるかどうか、将来お返しがあるかどうか、自分が必要としたり好きだったりする相手かどうか（感情的な結びつきのため）、といったことによる。 （小学校入学前および小学校低学年で優勢な様相）
レベル2：要求に目を向けた指向
たとえ他者の要求が自分の要求と相対立するものでも、他者の身体的物理的、心理的要求に関心を示す。この関心は、ごく単純な言葉で表明されるもので、自分のことを考えたうえでの役割取得（トピック7-4参照）、同情を言葉によって表わすこと、罪責感のような内面化された感情への言及、といった形跡ははっきりみられない。 （小学校入学前および多くの小学生で優勢な様相）
レベル3：承認および対人的指向、あるいは紋切り型の指向
良い人・悪い人、良い行動・悪い行動についての紋切り型のイメージ、他者からの承認や受容を考慮することが、向社会的行動をするかどうかの理由として用いられる。 （小学生の一部と中・高校生で優勢な様相）
レベル4a：自己反省的な共感指向
判断は、自己反省的な同情的応答や役割取得、他者の人間性への配慮、人の行為の結果について罪責感やポジティブな感情などを含んでいる。 （小学校高学年の少数と多くの中・高校生で優勢な様相）
レベル4b：移行段階
助けたり助けなかったりする理由は、内面化された価値や規範、義務および責任を含んでおり、より大きな社会の条件、あるいは他者の権利や尊厳を守る必要性への言及を含んでいる。しかし、これらの考えは明確に強く述べられるわけではない。 （中・高校生の少数とそれ以上の年齢の者で優勢な様相）
レベル5：強く内面化された段階
助けたり助けなかったりする理由は、内面化された価値や規範、責任性、個人的および社会的に契約した義務を守ったり社会の条件をよくしたりする願望、すべての個人の尊厳、権利および平等についての信念にもとづいている。自分自身の価値や受容した規範に従って生きることにより、自尊心を保つことにかかわるプラスあるいはマイナスの感情も、この段階の特徴である。 （中・高校生の少数だけに優勢な様相で、小学生にはまったくみられない）

表7-5　向社会的葛藤場面（年少の子ども用）（Eisenberg, 1992より）

ある日、ジョンが庭で遊んでいると、見知らぬ子がいじめっ子にからかわれているのを見ました。まわりには、だれも大人がいません。ジョンが見ていると、1人の男の子が、もう1人の子を怒らせようとして何回も押し倒しています。ジョンは庭で楽しく遊ぼうとしていたところですし、その子を助けようとすればいじめっ子はジョンまでいじめるかもしれません。（登場人物の性別は、聞き手の子どもの性別に一致させる）

3.「思いやり」の心を育てる

　生まれたばかりの新生児にも共感能力があるという研究結果が報告されており、人は生まれつき「思いやり」の基盤を備えていると考えられます。しかし、「思いやり」は社会的な行動の一つであることから、や

■■■■■ トピック7-4 ■■■■■

役割取得能力（日本道徳性心理学研究会, 1992より）

　役割取得能力とは，相手の立場に立って心情を推しはかり，自分の考えや気持ちと同等に他者の考えや気持ちを受け入れ，調整し，対人交渉に生かす能力をさします。セルマン（Selman, R. L.）は，役割取得能力の発達について，以下の5つの段階を提案しています。

段階0：未分化で自己中心的な役割取得（約3～6歳）
　他者の単純な感情を理解できるが，自己の視点と他者の視点を，時として混同する。他者が自分と違った見方をしていることがわからない。

段階1：分化と主観的な役割取得（約5～9歳）
　他者の思考や感情が自分とは異なることに気づく。しかし，この段階の子どもは他者の感情や思考を主観的に判断して，他者の視点に立って考えることができない。

段階2：自己内省的／二人称と二者相互の役割取得（約7～12歳）
　他者の視点に立って自分自身の思考や感情を内省できる。しかし，双方の視点を考慮し，関係づけることはできない。

段階3：三人称と相互的役割取得（約10～15歳）
　それぞれの個人が自己と相手を対象としてみることができる。そして第三者の視点から自己と他者の思考や感情を調整できる。

段階4：広範囲の慣習的－象徴的役割取得（約12歳～大人）
　自己の視点を社会全体や集団全体をみる視点と関連づけることができる。

はり人とのかかわりのなかで育つもの・育てるものと考えるべきではないでしょうか。そこで，「思いやり」の心を育てるには，子どもの周りにいる養育者や教師がどのように子どもに接すればよいのか，平井（1999）を参考にして考えてみたいと思います。

　①気持ちを受け止めくれる経験をしていること
　「思いやり」の心を育てるには，養育者が「思いやり」の気持ちをもって子どもに接することが必要です。すなわち，子どもの立場に立って，子どもの気持ちをくみ，子どもの気持ちを受け止めることが必要です。これは，生まれたばかりの赤ちゃんが示す泣きや笑いに対して適切に対応することから始まり，抱っこなどのスキンシップ，さらに第一次反抗期での自己主張への対応へと続きます。子どもは養育者から「思いやり」のある対応を受けることによって，情緒は安定し，養育者からの温かい気持ちを感じ取れるようになり，ひいては思いやりの心が子どもに芽生えてきます。このとき，気をつけなければならないのは，子どもの気持ちを受け入れることであり，子どもの物理的・金銭的な要求を受け入れるというのではありません。子どもが甘えて親から離れないなど，子どもからの精神的な要求はできるかぎり受け入れます。

　②情緒的に訴えること。叱らないこと
　「思いやり」の心を育てるには，困っている相手の気持ちに気づかせることです。子どもの運動能力や言語能力が発達するにともない，養育者を困らせる行動は増えてきます。しかし，養育者を困らせるようなこ

とをしたときに，叱らずに情緒的に訴えることによって，困っている相手の気持ちに気づくようになります。「止めなさい！」ではなく「悲しいなぁ」「困るなぁ」と言ってみるのはどうでしょうか。

③けんかは「思いやり」の心を育てるよい機会

幼児期になると友だちやきょうだいとの間にけんかがみられるようになります。けんかは子どもの自己主張が強くなり，それぞれの欲求がぶつかり合うことで生じます。しかし，幼児期の子どもは，自己中心的な思考の時期ですから，まだ相手の気持ちを十分に理解することはできません。このような場合，養育者はけんかをしている双方の言い分をよく聞き，双方の気持ちを理解することに努め，さらにそれぞれの気持ちを相手に伝えてあげます。子どもは自分の気持ちを理解してもらえ安心感だけでなく，相手の気持ちも次第に理解できるようになり，「思いやり」の心が育ってきます。

④お手伝いや動物の飼育経験

「思いやり」の心を育てるには，お手伝いや動物の飼育のような経験が有効です。お手伝いを通して，自分が役に立っているという達成感を感じるだけでなく，仕事への理解や協力することの意味を学びます。また，動物の飼育を通して，自分が仕事を任されているという責任感や充実感を経験できるだけでなく，弱いものへのやさしさやいたわる気持ちが育ってきます。

このとき子どもへのフィードバックは忘れないようにします。すなわち，お手伝いに対する感謝の気持ちを言葉や行動で表現することや，動物の気持ちを代弁することによって，子どもに「思いやり」の心が育ってきます。

⑤養育者同士が思いやること

「思いやり」の心を育てるには，子どもに対してだけでなく，養育者同士も「思いやり」をもって接する必要があります。子どもは養育者の様子を見て「思いやり」の心を学び，養育者をモデルとして「思いやり」の心を身につけていきます。

自己中心性
ピアジェが示した，幼児期の子どもの思考の特徴。自分の視点と他者の視点が未分化な状態をさす。幼児期の子どもは自分が見ているもの（考えていること）を，他者も同様に見ている（考えている）と思っています。ただし，他者の視点があることに気づいていないだけであり，我がまま，身勝手というような自己中心的性格をさしているのではありません。

引用文献

別冊PHP 第72号　1992　特集「思いやり」の育て方「やさしい性格」の育て方　pp.36-45.
Eisenberg, N.　1992　*The caring child*. Cambridge: Harvard University Press.（二宮克美・首藤敏元・宗方比佐子訳　1995　思いやりのある子どもたち―向社会的行動の発達心理―　北大路書房）
深津時吉・会津　力・小杉洋子　1998　社会的行動―新しい社会―　発達心理学―乳児期から児童期までの発達のすがたをとらえる―　ブレーン出版　pp.120-146.
深津時吉・会津　力・小杉洋子　1998　社会的行動　発達心理学―乳児期から児童期までの発達のすがたをとらえる―　ブレーン出版　pp.194-206.
深谷昌志・深谷和子（監修）　1999a　子どもたちの遊び　モノグラフ・小学生ナウ　vol.19-1.
深谷昌志・深谷和子（監修）　1999b　子どもは変わったか　モノグラフ・小学生ナウ vol.19-3.
深谷昌志・深谷和子（監修）　2001　子どもの放課後　モノグラフ・小学生ナウ　vol.21-3.
深谷昌志・深谷和子（監修）　2003　「完全学校週5日制」と小学生　モノグラフ・小学生ナウ　vol.23-1.
Havighurst, R. J.　1972　*Developmental tasks and education* (3rd ed.) David McKay.（児玉憲典・飯塚裕子訳　1997　ハヴィガーストの発達課題と教育　川島書店）
平井信義　1999　スキンシップで心が育つ　企画社

平井信義・帆足英一(編著) 1999 思いやりを育む保育 新曜社
堀野 緑・濱口佳和・宮下一博 2000 遊戯行動(遊び)の発達 子どものパーソナリティと社会性の発達 北大路書房 pp.130-145.
堀野 緑・濱口佳和・宮下一博 2000 向社会的行動の発達 子どものパーソナリティと社会性の発達 北大路書房 pp.160-173.
菊池章夫 1988 思いやりを科学する 川島書店
村井潤一・小山 正・神土陽子 1999 子どもの遊びと認知発達―象徴的世界の形成― 発達心理学―現代社会と子どもの発達を考える― 培風館 pp.31-51.
村井潤一・小山 正・神土陽子 1999 子どもの発達と学校 発達心理学―現代社会と子どもの発達を考える― 培風館 pp.74-88.
日本道徳性心理学研究会 1992 役割取得理論 道徳性心理学 北大路書房 pp.173-190.
日本道徳性心理学研究会 1992 向社会性理論 道徳性心理学 北大路書房 pp.249-262.
内閣府政策統括官(総合企画調整担当) 2001 第2回青少年の生活と意識に関する基本調査(概要)
祐宗省三・堂野恵子・松崎 学 1983 思いやりの心を育てる―幼児期からの人間教育― 有斐閣

第*8*章

アイデンティティの形成と病理

第1節　エリクソンの理論

1. ライフ・サイクルと人生課題

　エリクソン（Erikson, 1959）は，発達を生まれながらに備わっている素因が環境との相互作用によって，その働きをあらわす過程ととらえています。この考え方を漸成説（epigenesiss）といいますが，その素因のあらわれる順序はあらかじめ決まっていて，先に出現した素因が土台となって後続の素因が出現してくるとするのが特徴です。そして彼はフロイト（Freud, 1904）の心理性的発達論を基礎にした心理社会的発達図式（表8-1）を発表していますが，これは人間が社会的存在であることを重視する立場から，自我の発達過程を対人関係の枠組みのなかでとらえ直したものでした。誕生から死に至るまでの人生をライフ・サイクル（life cycle）とよび，8つに分けられた各発達段階には，各段階で解決，達成しなければならない人生課題（life task）が設定されています。これらの課題は主として身体的成熟と社会的能力の発達によりもたらされるもので，各発達段階での課題を順次，タイムリーに解決，達成していくことで，健康なパーソナリティが形成されていくのです。そして各発達段階はその課題を達成するうえで最適の時期（臨界期）でもあり，その時期を外すと達成が困難になるという意味で，新たな発達課題と直面することは，それが達成できるか否かという危機的状況をもたらすことになります。

　表8-1の右下がりの対角線にそった二重線に囲まれたところが，各発達段階ごとの人生課題で，この対角線欄が各段階における心理・社会的危機の継起を示しています。この表にあるように，人生課題はつねに社会環境に対する同調的（syntonic tendencies）要素と失調的（dystonic tendencies）要素とが「対（versus）」になって発生してきます。これらの対比される2つの要素は対立的であっても，片方だけが形成されるというものではありません。つまり自己の内に，同調傾向の要素だけを発達させて，片方の失調傾向の要素をまったく排除してしまうというものではないのです（Erikson, 1982）。人間は他者とかかわり，成長するなかで，これらの相対立する要素を内に抱えていくものであり，たとえば，人生最初の心理・社会的危機は，「基本的信頼対基本的不信」ですが，重要な他者，つまり母親とのかかわりのなかで，母親への信頼

同調的要素
　ここでいう同調とは環境に調和した情緒反応を示すことであり，したがって同調的要素とは一般に好ましいと考えられ肯定的に受け取られるものであり，失調的要素とはその反対のもののことです。

表8-1 エリクソンによる漸成的発達図表 (Erikson, 1959, 1982を合成)

		1	2	3	4	5	6	7	8
I 乳児期	希望*	基本的信頼 対 基本的不信				一極性 対 早期的な自己分化			
II 早期児童期	意志*		自律性 対 恥・疑惑			両極性 対 自閉			
III 遊戯期	目的性*			自主性 対 罪悪感		遊戯同一化 対 空想同一化			
IV 学童期	効力感*				勤勉性 対 劣等感	労働同一化 対 同一性喪失			
V 青年期	忠誠心*	時間展望 対 時間拡散	自己確信 対 自己嫌悪感	役割実験 対 否定的同一性	達成期待 対 労働麻痺	同一性 対 同一性拡散	性的同一性 対 両性拡散	指導性の分極化 対 権威の拡散	イデオロギーの分極化 対 理想の拡散
VI 若い成人期	愛情*					連帯 対 社会的孤立	親密 対 孤立		
VII 成人期	はぐくみ*							生殖性 対 停滞性	
VIII 成熟期	知恵*								総合 対 絶望・嫌悪

*各発達段階で発生し,発達する人格的活力

感を増大させるばかりではなく,母親への不信感を少なからず経験し,形成していくわけです。もちろん,相対的に,不信感よりも信頼感の方がより多く獲得されることが,健全に成長していくうえで必要ですが,危険に対処する構えを形成するという意味では,不信感も獲得されていることも大切になってきます。

またエリクソンは,人間は人生の困難や不幸,病気と戦い,克服していく力を生まれながらにしてもっていると考えています。いかなる苦難に遭遇しようとも,生き生きと,はつらつとした姿で生きる人にみることができる力ともいえます。この生まれながらの力,強さ,あるいは精神力のことを人格的活力(virtue)とよび,幼児童期に発達する活力の元型として「希望」「意志力」「目的性」「効力感」,青年期の活力として「忠誠心」,そして成人期の中核的活力として,「愛情」「はぐくみ」「知恵」をあげています。これらは心理社会的な危機や認知的成熟の過程と関連しながら,順次,発生し,発達するもので,互いに関連しながら,一つの大きな活力へと統合されるのです。

2. 発達段階の諸相

①乳児期

フロイトは乳児期を口唇期とよび,乳児が口で乳房を吸うことの意義を示しましたが(Freud, 1904),エリクソンはこの時期の行動を感覚器官に与えられる刺激は何でも「取り入れる」という器官様式としてとらえました。この「取り入れ」は,乳児の主な行動様式でもあり,外界を何でも「取り入れ」ようとするのです。そして母親が乳児の欲求を正しく認知して適切な刺激を与えてやれば,乳児が自分の欲求を満たされる

器官様式
各発達段階特有な発達上の課題の解決にかかわる様式は,その本来の起源となった器官や区域から別な器官や区域へと般化され,その段階にふさわしい個体の行動様式となります。

ことで，ますます「取り入れる」態度を強くしていくのです。このように乳児が取り入れたいものを母親が敏感に察知して，与え，その与えるものが乳児にとって取り入れたいものと合致する時，乳児は母親への信頼感を獲得し，ひいては，自分が存在する世界そのものを信頼するようになります。しかし，取り入れたものが乳児にとって不快なものであるような状況が続けば，この「取り入れ」の行動様式はくずれ，外界への開かれた姿勢は維持されなくなるわけです。

さて，対象の永続性の概念が成立し，発達してくると，自分の欲求が即座に満たされなくとも，やがて満足を得られるという感覚も成立してきます。これこそ自分がいる世界への信頼感であり，未来への予測がなりたち，「待つ」ことができるようになるのです。エリクソンはこの時期の子どもは，人格的活力としての「希望」が発生し，発達するとしています（Erikson, 1982）。この希望は，求めるものは必ず得られるという確固とした信念のようなものでもあり，信頼と不信の葛藤状態に陥っても，希望をもって生きられるのです。「希望」は以降の発達で形成される他の人格的活力の基本的要素といえます。

②早期児童期

この時期はフロイトの発達論では肛門期にあたり，「自律性 対 恥・疑惑」が人生課題となります。器官様式は排泄と保持です。排泄のしつけ，トイレット・トレーニングを通して，子どもはこの２つの対立的な運動機能をもつ肛門括約筋を調節することを学習していくわけです。しつけのなかで，子どもの意志と親の意志とがぶつかりあうことになり，成功すれば自分で自分の行動を状況に応じて統制することができるという気持ちをもつようになって，自律性の感覚が獲得されていきます。

しかし，失敗は，人に見せたくないものを見られてしまったとか，物事をうまくやれなかったという恥の感覚を強く形成します。言い換えれば強烈に自己を意識すること，葛藤を含む現実を統制できないのではないかという自己疑惑，自己不全を発達させてしまうのです。この時期，発達する人格的活力は「意志力」とされ，子どもは自分で自由に物事を選択していく意志，決断力を発達させます。

③遊戯期

フロイトの発達論では男根期にあたり，「自主性 対 罪」が人生課題となります。これまで，男女に違いがみられなかった器官様式が分化してくるのが特徴です。エディプス・コンプレックスの過程で男子は父親と，女子は母親との同一化（identification）をはたし，それぞれ侵入性，包括性が促進されます。そして，好奇心の発揮や，環境に対して対応していくための内面的規則（概念・推理力・道徳心・良心）の発達にともない，自主性の獲得が課題となってきます。

この課題が達成されない場合，超自我の働きに支配されることになり，つねに罪悪感にしばられて，子どもは家庭という葛藤の場から出ていくことが困難になるとされます。この時期，自主性と罪悪感の好ましい割合の獲得により，子どもは自分を評価し自分の行動について予測性をもつことができるようになり，自らを方向づける力としての「目的性」という人格的活力を発達させていきます。

対象の永続性
　ピアジェによると，乳児は生後８ヵ月くらいになると対象物を実体性をもつ永続的な存在としてとらえ，見えなくなったり，触れなくなってもそれが存在し続けていることを理解しているといいます。

トピック 8-1

基本的不信感と迫害不安

　東中園と北山（1999）は，アイデンティティが形成されていく基盤として，心の最深部に生命エネルギーの扉を開ける役割をになう基本的信頼感と基本的不信感が封印されているといいます。分裂病（統合失調症）になる人たちの基本的不信感は，とくにたけだけしいものであるため，アイデンティティをゆるがすような出来事があると，つながりが切れてしまい，その不信感は心から外へ飛び出して，外界の対象のなかに入り込んでしまうというのです。その時，乳児と同じように，まったく無力な状態となり，外界の対象が不安や恐怖をもたらすものと感じられるために，人とのつながりは切れ，自分の心の諸部分のつながりも切れて，やがては生命エネルギーとのつながりも切れてしまうというのです。

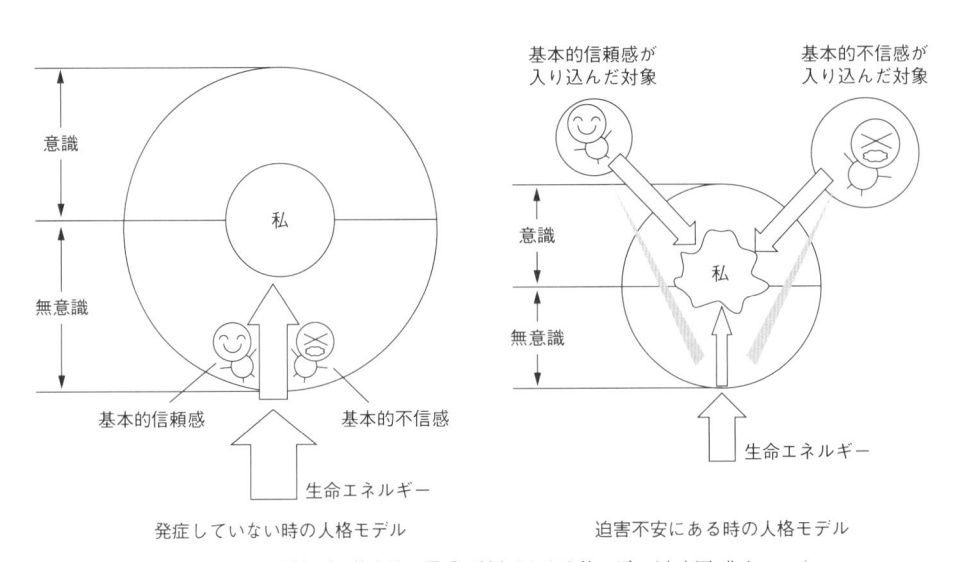

図　基本的信頼感と基本的不信感が封印された人格モデル（東中園・北山，1999）

④学童期

　フロイトの発達論では潜在期にあたり，人生課題は「勤勉性 対 劣等感」となります。エネルギーは主として外界に向けられ，発散されることになり，生産的な活動へと結びついていく時期です。新たな経験を通して好奇心を満足させるとともに，思考力が発達して，知的な活動をはじめ生産的な活動に従事して，それを達成することによって生産の喜びを獲得していきます。しかし，これに失敗し，生産性の感覚を獲得できない場合，子どもの心に劣等感が生じてきます。劣等感は自分が目標を達成しえなかったという自己評価の結果であり，子どもは自分の評価にこだわり，すべての仲間や道具の世界との同一化を断念してしまい，生産性の感覚をそこなうことになります。

　とくにこの時期芽生える価値意識が，自己概念の形成に強い影響力をもち，生涯を通じての自我の中核的部分を形成するとされます。そして，この段階での生産性の感覚の獲得により，子どもは将来的に向けて自分が価値のある能力を獲得しつつあるという確信を得るのです。この時期

道具の世界との同一化
　道具の世界の無機的な法則に自分自身を適応させ，生産的な状況に熱心に没頭する一生産単位となることができるようになること。つまり，「物を生産すること」によって認められることを学ぶことです。

に発生する人格的活力が「効力感（competency）」であり，問題解決において自分で道具や知的能力を駆使しながら，遂行していける自信とでもいえるものです。しかし，この段階での相次ぐ課題達成の失敗は，永続的な劣等感情を生み，傷ついた自己概念を形成することになります。

⑤青年期

フロイトの発達論では性器期にあたりますが，心理・社会的なレベルでは，それまでつちかってきた自分自身というものを，あらためて問い直すとともに，将来に向けての方向性，役割を選択しなければならない段階だといえます。この時期の人生課題は「アイデンティティ（identity）対 アイデンティティ混乱（confusion）」であり，エリクソンはアイデンティティの確立のなかで，自分が選択した役割，イデオロギーなどにエネルギーを注ぎこむこと（傾倒 commitment）を意味する「忠誠心」という人格的活力が発達するとしています。

アイデンティティの形成そのものは，青年期に始まるわけでも，終わるわけでもありません。その大半が生涯にわたって続く無意識的な過程であって，その始まりは，幼児期前期における自己是認にまでさかのぼることになりますが（Erikson, 1959），青年期はアイデンティティの確立に向けての意識的な努力が始まる時期ともいえるわけで，アイデンティティ確立への道を歩めない時，青年はアイデンティティ混乱に陥ることになります。

⑥若い成人期

青年期の次の段階をエリクソンは若い成人期とよんでいますが，この段階の人生課題は，「親密さ 対 孤立」です。親密さとは，自分自身についてのより確実な感覚がもてること（アイデンティティの感覚）により，相手に呑みこまれてしまうといった自己喪失への不安や恐怖を抱くことなく，他者との融合関係を築ける能力です。この親密さの発達により，選ばれた結合としての結婚を可能にするわけです。しかし，自己喪失を恐れるあまり，親密な関係を回避し続けると，深刻な孤独感にとらわれることになり，やがて自分のことにのみ夢中になり自己に埋没することになります。この段階で発達する人格的活力は，無私の気持ちで，互いに尽力しあえる「愛情」とされます。

⑦成人期

成人期は「生殖性 対 停滞」が人生課題となります。エリクソンによれば，この段階になると，自分たちのパーソナリティとエネルギーを，共通の子孫を生み出し育てることに結びつけたいという願いをもつようになるとされます。生殖性とは，そのような願望を基盤に拡がっていく発達のことを意味していて，次の世代の確立と指導に対する興味・関心であることから，生殖性と名づけられています。しかし，生殖性の獲得に失敗すると，表面的な親密さをただ強迫的に求めるような状態，つまり「偽りの親密さ」への退行が生じて，それは停滞の感覚の浸透と人間関係の貧困化をともなうとされます。

この段階で発達する人格的活力は「はぐくみ」であり，それは愛や必要のため，また偶然によって生み出されたものへと拡がる関心です。成熟した成人というものは，この「はぐくみ」という特性があることで，

アイデンティティの確立に向けての意識的な努力
　青年は以前の自分をより確固とした自分にするために役割実験を繰り返すことになります。この意識的な努力を青年が十分に行えるようにするために与えられるものが心理社会的モラトリアムです。

教えねばならない，与えねばならないという義務感，責務にともなうアンビバレンスを克服できるとされます。

⑧成熟期

人生最後の段階は「自我の統合 対 絶望，嫌悪」が人生課題となります。自我の統合とは，自分自身の一回限りの人生や，その人生において欠くことのできない重要な人物を受け入れることで達成される状態です。自分の人生は自分自身の責任以外の何ものでもないという事実を受け入れ，自らの人生への尊厳を感じるとともに，そのことの相対性にも気づいているのです。しかし，このような自我の統合性の欠如，喪失は絶望という形で，そしてしばしば無意識的な死の恐怖という形であらわれます。この絶望は，また別の人生をやり直す，あるいは統合への別の道をさぐるには，もう時間がなくなってしまったという感情を意味していて，それは人や社会制度への嫌悪，慢性的な不快感などとしてあらわれるとされます。

この人生の最終段階で発生する人格的活力は「知恵」です。知恵とは諸機能の衰えにもかかわらず，統合された経験を維持し，他者へ伝えようとする努力のことであり，後世への遺物を遺すため，来たるべき世代の要求にこたえる力であり，しかも遺すべき知識，そのものが絶対のものでないことを自覚していることとされます。それこそが，人生の最終段階において，死と直面しながら，生そのものへの執着のない関心のあり方とされます。

3. アイデンティティの概念

先に述べたように，アイデンティティの確立は青年期の人生課題であると同時に，人生全体を通しての課題でもあります。このアイデンティティという言葉は，今日心理学のみならず社会学やさまざまな分野で広く用いられていますが，その意味はなかなか難解であり，次に述べるよ

トピック 8-2

日本人的アイデンティティ

エリクソンの示したアイデンティティ概念は，その基盤としての自我，確固たる個の確立を尊重する西洋的近代自我に根ざしたものでした。しかし，日本人の自我はそのような西欧的自我とは異なったものといわれます。たとえば，自我のあり方について，河合（1984）によれば，欧米人が「個」として確立された自我をもつのに対して，日本人の自我は，欧米流の「自我」概念とは意味合いの異なるものであり，つねに自他との相互関係のなかに存在し，「個」として確立されたものではないといわれます。また，鑪（1990）は日本人は話の場では「人との関係意識」を排除できないために，他人とは区別された，独立した責任主体としての自己，独立した人格という自覚はないといいます。このように基盤としての自我についての意味が異なるため，エリクソンのアイデンティティ概念をそのまま日本文化に移すことには問題があり，日本人のアイデンティティの問題を考える時，この点を抜きにして論ずることはできないのです。また他者との関係性という観点からすると，日本人の一般的なアイデンティティのあり方と欧米女性のアイデンティティとの間に類似したものがあるという指摘もあります（岡本，2002）。

うに多義的です。まず第一に確固とした自己意識，すなわち自分自身の連続性，一貫性の感覚です。第二に，対人関係，つまり他者との連帯性のうえに成立するものであり，自己認識と他者からの認識が一致しているという相互性の知覚です。第三に，社会・文化との関係，すなわち，所属する社会の価値観と違和感なく存在できていて，その社会のなかで確固とした自分の居場所を定められるという確信です。これらを整理すると，アイデンティティには，大きく分けて，個人的アイデンティティ，集団的アイデンティティともよべるような，個人的な側面と社会的な側面の2つからとらえることもできます。

　鑪（1990）は，このようなアイデンティティ概念の多義性について，自分を中心にして，次に自分をとりまく家族，次に家族をとりまく集団，さらに集団をとりまく社会，国家，文化というように，いくえにも描かれる同心円を描いた場合，それぞれの層にアイデンティティという言葉をのせることができると述べています。性アイデンティティ，家族アイデンティティ，集団アイデンティティ（○□株式会社で働いている自分，○○大学に在学している自分），職業アイデンティティ（○○という仕事をしている自分）など，多種多様な側面があるわけで，また国民アイデンティティ（たとえば日本人アイデンティティ）や，人種アイデンティティ，（たとえば白人アイデンティティ，ユダヤ人アイデンティティ）などもあるでしょう。

第2節　アイデンティティ達成過程の諸相

1. アイデンティティ地位の概念とその測定

　マーシア（Marcia, 1966）は，アイデンティティ達成の程度を半構造化された面接を用いて測定する方法を考案しています。一見するところ，アイデンティティを達成しているように思える人についても，そこに至る過程には差があり，このアイデンティティ達成の過程に注目して，それを評価する「心理・社会的基準」として，危機（crisis）と傾倒の2つを取り上げました。表8-2は，職業とイデオロギーの2つの領域での，危機の経験の有無と現在の傾倒の有無から分類される4つのアイデンティティ地位（status）を示したものです。

職業とイデオロギーの2つの領域
　マーシア自身は半構造化面接で，職業，宗教，政治の3領域を質問していますが，無藤がこの方法を用いて日本人を対象に調査をした時，日米国民の関心領域の違いから宗教，政治をイデオロギーに変更しました。

表8-2　アイデンティティ地位（Marcia, 1966）

アイデンティティ地位	危機の有無	傾倒の有無
アイデンティティ達成	すでに危機を体験している	傾倒している
モラトリアム	危機の最中	傾倒しようとしている
早期完了	危機を体験していない	傾倒している
アイデンティティ拡散	危機を体験している場合も，していない場合もある	傾倒しようという動きがまったくない

①アイデンティティ達成（identity achiever）

　この地位は，それまでの人生において，危機を乗り越え，現在は何らかの職業やイデオロギーに傾倒している状態を意味します。さまざまな価値観や役割を検討し，役割実験を重ねるなかで，自分で主体的に選びとったアイデンティティをもつ人です。それゆえ，親から自立的で独立した考えをもっていますし，人生のなかで，危機に出あっても力強く克服していける人といえます。

②モラトリアム（moratorium）

　この地位は危機の最中にあり，積極的に関与しようとはしているが，できていない状態を意味します。アイデンティティ達成へ移行する前段階でもあり，この地位の人は傾倒するべき価値観や役割を積極的に模索し，自分にあったものを探し選択しようと努力している最中にあるといえます。

③早期完了（foreclosure）

　この地位は，エリクソン自身は言及しなかった現象ですが，マーシアは，それまでの人生で大きな危機を経験せずに，何らかの一定の職業やイデオロギーに傾倒を示す人たちを早期完了型と分類しました。彼らは親の価値を批判することなく，そのまま受け入れて，現在に至っている人たちです。これまでの研究では，男性より女性に多くみられたタイプで，平穏な毎日が続いている場合，一見，アイデンティティ達成地位の人たちと何ら変わらない人であるかもしれません。しかし，迷いなく人生を歩んできた人であるだけに，新たな危機に直面した時，日常とは異なる何か出来事が生じた時に，思考が硬直するなどして，対応できなくなる危険性をはらんでいるといえます。

トピック 8-3

早期完了アイデンティティは姿を消しつつあるのか

　エリクソンがアイデンティティ概念を提唱した頃のヨーロッパやアメリカ，あるいは戦争に敗れる前の日本などは，社会を構成している人や価値観が比較的固定していて，あまり大きく変化もせず，逸脱者あるいは異端といわれる人を除くと，生き方に対する共通認識が得られやすい社会であったといえます。家庭での夫婦の役割，男女の役割，仕事の上での役割も固定していて安定していました。たとえば，日本でも昭和の世界大戦以前は，育った境遇によって上級学校に行くかどうかが決められ，それにより，就く職業も決まっている傾向がありました。それ以外の方向というのはほとんど考えられなかったのです。このような時代を，鑪（1999）は「早期完了アイデンティティ」の時代とよび，決まったものを自分で受け入れるか否かで，それ以外に悩むことがなく，アイデンティティの形成は今に比べて容易であったわけです。

　しかし，現代の日本を考えますと，いわゆる価値の多様化，職業観の変化，女性の社会進出，あるいはグローバリゼーションなど，これら世の中の変化，すなわち社会全体の構造の変化や価値の変化によって，自分が何かをしようとした時，自分は何を求めているのだろうという問を自分の内側に発せざるをえなくなり，自分で何かを選択しなければならない時代となってきたのです。早期完了型アイデンティティも形成しがたい時代になってきたようです。

④アイデンティティ拡散（identity diffusion）

この地位は，それまで危機を経験していないか，あるいは危機の蔓延化により，危機そのものに真剣に取り組めなくなり，傾倒していない状態にあることを意味します。この地位の特徴は次項であらためて取り上げますが，アイデンティティの拡散，あるいは混乱した状態になると，すべてのことが一時的，暫定的なものとしか思えないとか，逆にすべてのことが可能なように思えてしまうことから，一つのことに積極的に関与できない状態になったりします。

2. アイデンティティ拡散の臨床像

エリクソンは，境界例を中心として，前統合失調症，妄想的，抑うつ的，精神病質的，その他の傾向をともなう重症の人格障害と診断される青年期症例の病理像を記述するなかで，彼らに共通してみられる兆候として，アイデンティティ拡散症状に注目しました。

表8-1のⅤ青年期の横軸には，アイデンティティ拡散状態を構成する7つの要素（失調的）が，人生課題の継起と対応させる形で示されていますが，以下にエリクソンが述べるアイデンティティ拡散の病理像のいくつかを述べてみます。

①時間的展望の拡散

時間の経過が自分にとって好ましい変化をもたらすという感覚がもてず，非常な危険が切迫しているという気持ちと，その一方で時間意識の喪失があります。生活全体の緩慢化，切迫感，死んでしまいたい願望，無気力などがその徴候です。

②自意識の過剰

いろいろな社会的役割に同時にかかわらなければならないような時に，自意識にとらわれ，何ごとにも確信がもてず優柔不断で，他人の目ばかり気づかうことになります。登校拒否やスチューデント・アパシーに陥る青年のなかには，まさに過剰な自己意識のなかで誇大化した自己像を維持すめために，学校や現実社会から逃避し，現実的な努力を放棄するといった状態になります。

③否定的同一性の選択

自分の漸進的な努力では，肯定的役割を達成し，現実感を得ることができない時，社会適応的なアイデンティティの形成を放棄して，社会的に否定的意味をもつ対象，たとえば非行グループややくざ集団などに同一化していきます。青年は同じ否定的アイデンティティを共有する集団の中で居場所を見つけ，一応の安定が図られるのです。

④勤勉さの拡散（労働麻卑）

自分の全体的な能力に対する深刻な不信感，不適合感が根底にあるとされます。それは潜在的な能力の欠如を反映しているとは限らず，むしろ実現不可能な高い自我理想を求めるところから生じる自己不全感である場合があります。勉強や仕事などの生産的な活動への意欲がなくなり，まわりから課せられたり，指示された課題に集中することが困難になります。そのため読書過剰といって，一面的な活動に病的なまでに執着して，没入します。それにより，自分から目を背け，また社会的選択

を回避することができるわけで，発達的にはエディプス期に退行した状態となり，この時期特有の葛藤状態に陥ることがあります。

　⑤**親密性の拡散（両性的拡散）**

　自分の性を受容できなかったり，人との関係が親密なものになると自分のアイデンティティが危うくなる，相手に呑みこまれてしまうのではないかという不安や緊張が生じる状態です。このような場合，相手の人に全面的に呑みこまれた状態で安定してしまうか，それとも，逆にあらゆる人と距離をとって孤立するかという結果となり，適切な対人的距離が保てなくなります。

3. アイデンティティ地位パラダイムの修正

　マーシアは，当初，4つのステイタスを明確な特徴をもつ様態としてとらえ，アイデンティティ達成の水準を示す「結果」として静態的にとらえていました（Marcia, 1966, 1970）。しかし，アイデンティティ地位の安定性を検討するための縦断的研究を行った結果，大学生の時にはアイデンティティ達成と評定された人が，6年後には早期完了と評定されるという理論的には矛盾したパターンが多く出現したため，青年期のアイデンティティ地位は可変的で，流動的な過程の途上であるというようにとらえ方を修正しました（Marcia, 1976）。これをふまえて，ウォーターマン（Waterman, 1982）は青年期から若い成人期への移行の過程でみられるアイデンティティ地位の変化の道筋について検討し，「アイデンティティ発達の連続的パターン・モデル」を示しています（図8-1）。このモデルでは，マーシアのいうアイデンティティ地位の概念が成人期以降にも適用され，危機と傾倒が成人期のアイデンティティ達成を検討するうえでも重要な基準となっています。ただ青年期にアイデンティティが達成されても，その状態がそのまま成人期にまで維持されていくとは限らず，アイデンティティ地位のレベルは達成の方向へ上昇移行したり，下位の地位へ変化する可能性のあることが示されています。このことからすると，アイデンティティは結婚，子どもの誕生，自立，更年期，退職，配偶者の死などの人生の節目に，すなわち危機を体験するたびに，問い直され，再体制化されていくといえるようです。

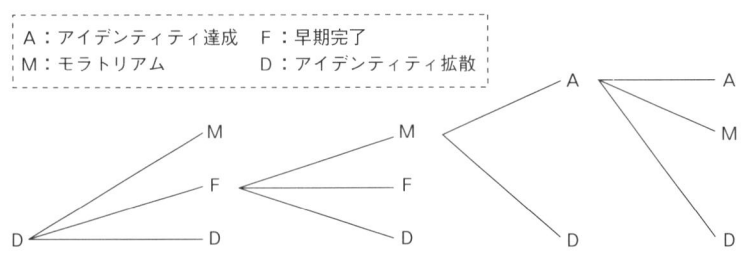

図8-1　アイデンティティ発達の連続的パターン・モデル（Wateman, 1982）

A：アイデンティティ達成　F：早期完了
M：モラトリアム　　　　　D：アイデンティティ拡散

> **トピック 8-4**
>
> ## モラトリアム人間
>
> 　小此木（1978）は，1970年代後半の若者たちのことをモラトリアム人間とよびました。モラトリアムは，もともとエリクソンの提唱した概念ですが，小此木はそれを古典的モラトリアムとよんでいます。そして，両者を次のように比較しています。
>
> 　古典的モラトリアムの心理は，①半人前意識と自立への渇望，②真剣かつ深刻な自己探求，③局外者意識と歴史的・時間的展望，④禁欲主義とフラストレーションに特徴があるといいます。それに対して，新しいモラトリアムの心理は，①半人前意識から全能感へ，②禁欲から解放へ，③修業感覚から遊び感覚へ，④同一化（継承者）から隔たり（局外者）へ，⑤自己直視から自我分裂へ，⑥自立への渇望から無意欲しらけへという特徴があるといいます。
>
> 　まさにアイデンティティ拡散の状態が一つのライフ・スタイルになっているのであり，それをモラトリアム人間とよんだのですが，彼らは，社会において当事者にならず，お客様意識で，責任をとらず，受身的で甘えを正当化するというものです。固定した価値をもたず，すべてのかかわりは一時的，暫定的であり，多くの可能性を残そうとするのです。また小此木（1984）は，彼らは社会的，文化的なアイデンティティを確立しようとせず，大人にならない精神構造のままでいる人間であるが，パーソナル・アイデンティティはそれなりに健全に機能している人間であり，さらに自己自身のエゴイズム的な自己愛を直接的な形で満たすことを生きがいとする人間であるともいいます。自己の欲望を満たすためには他人のことなど考えない人間や，職を転々として，毎日を無目的にすごす一部のフリーターが今日のメディアによく登場してきますが，彼らはモラトリアム人間なのでしょうか。

第3節　性アイデンティティ

1. ジェンダー・アイデンティティ

　性別を示す2つの次元として「性（sex）」と「ジェンダー（gender）」があります。性は染色体によって出生前に分化する生物学的事実としての性であり，解剖学や生殖のしくみなどの側面から，男性（male），女性（female）とに分けられます。一方，ジェンダーは「生まれつき」ではなく，生まれてから後に決められ分化する心理・社会的な区別のことで，家族などの人間関係によって育くまれていく側面をさし，男性性・男らしさ（masculinity）と女性性・女らしさ（femininity）とに区別されます。ジェンダーは社会，文化，時代によって異なってくるものであり，最近では男性性と女性性との差が少なくなる方向にあるともいわれます。

　ほとんどの人の場合，生物学的性とジェンダーは一致していることから，性アイデンティティ（sexual identity）はジェンダーに関するアイデンティティとほぼ同義に用いられています。ジェンダー・アイデンティティの中心には，中核となるジェンダー・アイデンティティがあり，それは自分が男であるか女であるかについての確固とした自己認知と基本的確信であり，かなり早い段階で形成されるものです。そして，社会化やしつけの過程を通じて，社会でふさわしいとされる男性役割や女性役割が獲得され，それを実行していく意識や能力としての性別役割

(gender role) が形成されます。自分自身の性に関する価値観や他者からの評価も含めたすべてのものが統合されてジェンダー・アイデンティティを形成し，行動や対人関係，生き方に大きな影響を及ぼすのですから，アイデンティティの重要な構成要素といえます。

2. 女性アイデンティティ

エリクソンは，女性の肉体構造には子どもを宿す「内的空間（inner space)」と，幼児の世話をするという生物的・心理的・倫理的傾倒とが隠されていると述べています（Erikson, 1968）。このようなことから，彼は彼の発達図式が本来，男性をモデルとしたものであり，女性の発達については，女性がどのような労働経歴をもつかにかかわりなく，男性とは別の過程があることも指摘しています。

ドノヴァン（Donovan, 1975）によると，女性が早期完了型からモラトリアムを経て，アイデンティティ達成へと至る過程においては，結婚や出産が達成へ向けての大きな力をもつとされます。また，オコネル（Oconell, 1975）は職業，結婚や出産とのかかわりから，女性のアイデンティティを伝統型（traditional），新伝統型（neo-traditional），非伝統型（non-traditional）の3タイプに分類しています。伝統型や新伝統型のアイデンティティは反映的アイデンティティ（reflected identity）といって，かなりの程度，妻として，母としての役割に規定されたものですが，非伝統型の場合はそれとは異なり，男性と同じような自我構造をもち，早い時期から個人的なアイデンティティを形成しているとされます。そして非伝統型とよばれる女性は青年期においては，他のタイプよりもアイデンティティの達成度が高いのですが，彼女たちの子どもが学齢期に達する頃になると，3つのタイプの間に違いがなくなると報告されています。

内的空間
子宮をさすことは明らかですが，そこに空間があるということは女性は女性自身のみでは完結しないことを意味し，そこに入るべきものを得たときに，完全なものになるということです。

3つのタイプ
伝統型は結婚のとき仕事をやめ，新伝統型は子どもの出産を機に仕事をやめます。非伝統型は子どもができても仕事を続ける女性で，社会生活においても男性に伍してやっていこうとします。

表8-3　成人期のアイデンティティをとらえる2つの軸(岡本, 1997)

	個としてのアイデンティティ	関係性にもとづくアイデンティティ
中心的テーマ	自分は何者であるか 自分は何になるのか	自分は誰のために存在するのか 自分は他者の役に立つのか
発達の方向性	積極的な自己実現の達成	他者の成長・自己実現への助成
特徴 (山本, 1989による)	1. 分離-固体化の発達 2. 他者の反応や外的統制によらない目的的行動（力の発揮） 3. 他者は自己と同等の不可侵の権利をもった存在	1. 愛着と共感の発達 2. 他者の欲求・願望を感じとり，その満足をめざす反応的行動（世話・思いやり） 3. 自己と他者は互いの具体的な関係のなかに埋没し，拘束され，責任を負う
相互の関連性・影響	①個としてのアイデンティティ→関係性にもとづくアイデンティティ ・他者の成長や自己実現への援助ができるためには，個としてのアイデンティティが達成されていることが前提となる ・他者の成長や自己実現への援助ができるためには，つねに個としてのアイデンティティも成長・達成しつづけていることが重要である ②関係性にもとづくアイデンティティ→個としてのアイデンティティ ・他者の役に立つことにもとづく自己確信と自信 ・関係性にもとづくアイデンティティの達成により，生活や人生のさまざまな局面に対応できる力，危機対応力・自我の柔軟性・しなやかさが獲得される	

わが国の研究としては，岡本（2002）が成人期のアイデンティティ発達の側面として，「個としてのアイデンティティ」（個の自立・確立が中心テーマ）と「関係性にもとづくアイデンティティ」（他人のための存在意義と有用性が中心テーマ）の2つをあげています（表8-3）。そして，女性のアイデンティティ発達をとらえるうえでの大切な要因として，①「関係性」，②ライフ・スタイルの相違，③ケア役割をになうこと，ケアすること，の3点をあげています。②のライフ・スタイルについては，青年期に，個としてのアイデンティティ形成に重点をおいたタイプと，配偶者選択や関係性にもとづいてアイデンティティ形成を行ったタイプに分かれるのですが，その後の成人期初期および中年期の入り口までのライフ・プロセスについては，この2つのタイプでかなり異なった特徴がみられると述べています。さらに中年期のアイデンティティ危機でも，その内容は2つのタイプでかなり異なっているとされています。

3. 性アイデンティティの障害

男性性や女性性が獲得されていく過程で，ジェンダー・アイデンティティが形成されていくのですが，なかには，性同一性障害（gender identity disorder）という状態に陥る人もあらわれてきます。この障害は，自分が身体的に間違った性に生まれたのであって，本当は今の性とは違う性が自分にとって正しい性であるとして，現在の自分の性に強い違和感や嫌悪感を抱くというものです。

そもそもジェンダー・アイデンティティは①中核ジェンダー・アイデンティティ，②性役割アイデンティティ，③性対象選択に分けられます。中核ジェンダー・アイデンティティは生物学的性に従って獲得される，自分が男であるか，女であるかという性自認で，2歳頃までに

トピック 8-5

思春期・青年期の摂食障害

思春期やせ症といって，身体的疾患が認められないにもかかわらず，極度にやせて標準体重の80％以下の体重になってしまう症状があります。ダイエットがそのきっかけとなることが多いのですが，標準体重あるいは標準体重よりやせているにもかかわらず，自分がこえすぎていて，という誤ったイメージをもっていることもあります。患者のほとんどは女性で，彼らのなかには一定期間の拒食の後，過食に転じ，拒食と過食を繰り返すケースがあります。過食の後は，食べたことへの後悔の念にかられて嘔吐したり，下剤を乱用するというケースが目立ちます。

また過食からの肥満が問題の障害もあります。先のやせ症とは，正反対のようにみえる病態ですが，これも食行動の異常という点で本質的に同じ病恨をもっていることから，これら拒食と過食の問題を摂食障害（eating disorder）としてまとめて取り扱われています。

この病因についてはさまざまな説があるのですが，有力なものに性アイデンティティの障害を指摘するものもあります。つまり，患者は意識的に，あるいは無意識的に，拒食することによって，生物学的成熟による思春期の身体的生理的変化，女性としての成熟を拒むというのです。大人への成熟を拒み，中性としての少年性のなかに永遠に生きようとしているのかもしれません。

性対象選択

　同性を性的対象として選択する場合が同性愛です。同性愛は以前，性心理障害（性的倒錯）とされていましたが，近年では自分の同性愛傾向に悩み，嫌悪を感じている人（自我異質性同性愛）のみが，性心理障害とされます。つまり異性，あるいは同性のどちらに性的魅力を感じるかは，本人の好みの問題です。ちなみに男性の4％，女性の2％は明らかな同性愛者であるといわれています。

形成されます。性役割アイデンティティは，自分の性に期待されている役割をどのように理解・認識し，どの程度，受け入れ，行動しているかということで，世間でいう男らしさ・女らしさです（第10章，4節参照）。性対象選択は異性あるいは，同性，どちらを性的対象として選択するかです。

　性同一性障害は，原因は未だはっきりしていませんが，胎児期での性ホルモン障害によって，生物学的性と反対の性に性自認してしまうと推定されます。欧米では以前から性同一性障害の人に対して，十分にカウンセリングを行い，それでもなお性転換を希望する場合，性転換手術を行います。わが国では法律によって性転換手術が禁じられていましたが，最近ようやく認められようになりました。

引用文献

Donovan, J. M.　1975　Identity status : Its relationship to Rorschach performance and to daily life patern. *Adolescence*, **10**, (37).

Erikson, E.H.　1950　*Childhood and society*. W. W. Norton（草野栄三良訳　1954　幼児期と社会　日本教文社）

Erikson, E. H.　1959　*Psychological issues. Identity and the life cycle.* International Universities Press.（小此木啓吾訳　1973　自我同一性―アイデンティティとライフ・サイクル―　誠信書房）

Erikson, E. H.　1963　*Childhood and society*（2nd ed.）W. W. Norton.（仁科弥生訳1977　幼児期と社会　みすず書房）

Erikson, E. H.　1964　*Insight and responsibility*. W. W. Norton,（鑪幹八郎訳　1971　洞察と責任　誠信書房）

Erikson, E. H.　1968　*Identity:Youth and crisis*. W. W. Norton.（岩瀬庸理訳　1973　アイデンティティ―青年と危機―　金沢文庫）

Erikson, E. H.　1977　*The life cycle completed*. W. W. Norton.（村瀬孝雄・近藤邦夫共訳　1989　ライフサイクル，その完結　みすず書房）

Erikson, E. H., & Erikson, J. M.　1982　*The life cycle completed: A review.*（expanded edition.）W. W. Norton.（村瀬孝雄・近藤邦夫共訳　2001　ライフサイクル，その完結〈増補版〉みすず書房）

Freud, S.　1904　*Drei Abhandlungen zur Sexualtheorie.* Verlag Franz Deuticke（懸田克己・高橋義孝他訳　1969　フロイト著作集5　性欲論・症例研究　人文書院　pp.7 - 94.）

東中園聡・北山　修　1999　精神病とアイデンティティ　精神病者における"私"その理解と対話（鑪幹八郎・山下　格編　アイデンティティ　日本評論社　pp.97 - 110.）

河合隼雄　1984　日本人とアイデンティティ　創元社

Marcia, J. E.　1966　Development and validation of ego identity status. *Journal of Personality & Social Psychology*, **3**, 551 - 558.

Marcia, J. E., & Friedman, M. L.　1970　Ego identity status in college women. *Journal of Personality*, **38**, 249 - 263.

Marcia, J. E.　1976　Identity six years after: A follow up study. *Journal of Youth & Adolescence*, **5**, 145 - 160.

Oconnell, A. N.　1975　The relationship between life style and identity synthesis and resynthesis in traditional, neotraditional, and nontraditional women. *Journal of Personality*, **44**, 675 - 688.

岡本祐子　1997　中年からのアイデンティティ発達の心理学　ナカニシヤ出版

岡本祐子　2002　アイデンティティ生涯発達論の射程　ミネルヴァ書房

小此木啓吾　1978　モラトリアム人間の時代　中央公論社

小此木啓吾　1984　モラトリアム社会のナルシストたち　朝日出版社

鑪幹八郎　1990　アイデンティティの心理学　講談社

鑪幹八郎　1999　アイデンティティとは何か―その原点と現点を探る　鑪幹八郎・山下　格（編）　アイデンティティ　日本評論社

Waterman, A. S.　1982　Identity development from adolescence to adulthood: An extension of theory and a review of research. *Developmental Psychology*, **18**, 341 - 358.

第9章 中年期・高齢期における パーソナリティの発達

第1節　ライフ・サイクルの変化と生涯発達的視点

1. 人口高齢化とライフ・サイクルの変化

　平均寿命が男女とも80歳を超え，人口の2割近くは65歳以上の高齢者で占められるようになったわが国では，多くの人が高齢期の生活を体験できる可能性をもつようになりました。このような人口構造的な変化に加え，私たちの生活環境の改善や身体機能の向上は，中年期，高齢期のライフ・スタイルを多様化させました。そして高齢者に対する社会的な価値観も変化するなど，人々のライフ・サイクルは大きな変貌をとげています。その顕著な例は，定年退職や子どもの自立などの役割喪失を経験してからの人生が延長されたことでしょう。また，配偶者との死別後の期間も長期化しています。これらの現象を背景に，延長された人生の後半期をいかにすごすかということに人々の関心がよせられています。

　現在では単に幸福な老い（successful aging）を実現するだけでなく，高齢になっても健康を維持し，社会活動に参加しながら生産的な生活を送るというプロダクティブ・エイジング（productive aging）が理想の老いと考えられるようになりました。個人の価値観は多様であり，一概にプロダクティブであることが人生後半の生活を充実させるとはいえませんが，多くの人は年をとっても何らかの方法で社会とのかかわりをもち続けたいと考えています。しかし，中年期から高齢期にかけては，加齢にともなう心身や環境の変化から，これまでの人生と異なる社会とのかかわり方を余儀なくされます。そのため，この時期にある人は，さまざまな体験を契機にいったん形成された自我を構築し直し，人生を再出発させるといわれます。この章では，人生後半の生活を規定するパーソナリティに焦点を当て，加齢にともなう発達の様相と中年期，高齢期の生活への適応を概観します。

2. 生涯発達的視点

　以前は高齢期を「余生」と表現するなど，高齢期が社会から引退した非生産的な時期というイメージがありました。従来の発達心理学の研究においても，誕生から青年期までを成長の時期とし，それ以降の成人期は安定期，高齢期は衰退の時期と位置づけられていました。し

ライフ・サイクル
　生物学ではライフ・サイクルは生命環と訳され，生命の発達，成長の経過が世代ごとに繰り返される循環を意味します。この概念がその後，発達心理学に取り入れられました。発達心理学では生涯発達をあらわす言葉として用いられ，世代から世代へと規則的に繰り返される人の一生における現象をライフ・サイクルといいます。

かし，人口高齢化が顕著になった 1960 年以降になってようやく，中年期や高齢期の問題が取り上げられるようになったのです。

パーソナリティ研究における生涯的視点では，人間の発達は一生を通じて完成されていくということを前提としています。生涯的視点は，生まれてから死ぬまでの生涯という全発達過程を視野に入れ，その間に起こる成長・発達・加齢といった変化は，すべて発達的であるとして理解しようとする立場です。従来の伝統的な発達観においては，主に乳児期から青年期までの時期に焦点が当てられ，発達の頂点は生まれてから成人に達するまでの時期にみられ，それ以降は衰退に向かうという認識がなされていました。しかし，このような伝統的な発達観は身体的な加齢変化から判断された誤った先入観であり，科学的な根拠は実際には示されていません。現在では，発達研究において成人期や高齢期の問題が取り上げられるようになったことで，人は生涯にわたって一貫した発達的変化をとげることが明らかにされています。このような生涯的視点にもとづいた発達の概念は，単に上昇的変化のみをさすだけではなく，下降的変化も含めたすべての変化の相互作用の結果を発達としてとらえます。そして，生涯発達的アプローチは，それぞれの人生段階における発達を体系的に把握し，各段階の関連性を探求することによって人間の発達を理解するものです。

第 2 節　中年期のパーソナリティ

1. 過渡期としての中年期

中年期は，およそ 30 代後半から 60 代まで続く期間をいいます。この時期は，職場や家庭などにおいて責任と役割をにない，社会人としての成熟が期待される安定期でもあります。

中年期男性の生活史のインタビューによってパーソナリティの発達研究を行ったレヴィンソン（Levinson,1978）は，図 9-1 のような発達図式をまとめました。成人の心理社会的発達の過程には，生活構造が築かれる発達期（安定期）と移り変わる時期（過渡期）があり，成人前期と中年期への移行期にあたる 40 歳から 45 歳を「人生半ばの過渡期」としました。これまでの人生の見直しやこれからの人生の方向づけの再構成はこの時期に取り込まれます。「中年期危機」という言葉に象徴されるように，この時期は身体的および心理的，社会的な変化を契機として，自分自身の今までの生き方や価値観に疑問や葛藤を抱くという意味での危機を内在しています。

危機は単に破綻や挫折といった否定的状況をあらわすだけではありません。人生の半ばの折り返し点

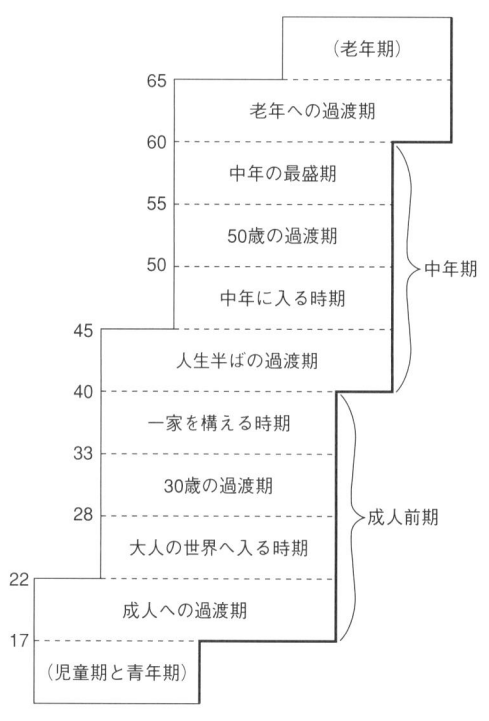

図9-1　成人前期と中年期の発達段階 (Levinson, 1978)

となる中年期には，これまでの人生で養った価値観を転換し，新たに人生の目標を再構成することが求められます。こうしたパーソナリティの発達において，危機が成長，成熟に向かわせる契機となります。

2. 中年期の危機

　中年期の生活は個人差が大きく，誰もが一様に危機を経験するとはいえません。しかしこの中年期にある多くの人々は，身体能力の低下を意識し始め，人生に限りがあることを自覚し，人生の再構築を行います。また，喪失体験をもとに，新しい価値観や社会的役割を見出し，生きがいを模索する成熟に向けての過渡期でもあります。若さの喪失による新たな身体感覚の構築や家族構成の変化にともなう夫婦関係の見直し，職業における限界感とその対処は，中年期に典型的な危機だといえます。

①若さの喪失による新たな身体感覚の構築

　中年期の特徴として身体能力の全般的な低下があげられます。この時期には生活習慣病の罹患率が高くなり，更年期障害を経験する人も少なくありません。そのため，中年期には以前はあまり意識していなかった健康状態が大きな関心事となります。身体的な変化によって，これまでの身体感覚や自己意識の再構築が求められるようになります。そして，自らの寿命に限りあることを自覚し，死を意識し始めるのもこの時期に特有の変化です。

②家族構成の変化にともなう夫婦関係の見直し

　中年期は身体的側面の変化に加え家族構成の変化も多く起こる時期です。中年世代の家族は，子どもの自立や老親の介護，死などによって，家族構成が変化します。子どもとの情緒的な関係を深め，その成長を生きがいとしてきた女性にとってはとくに，親役割の減少と終結は厳しい対象喪失の機会となります。いわゆる「空の巣症候群」（empty nest syndrome）です。子どもの自立による喪失感や取り残された孤立感を感じる程度は，夫との間に親密な関係性が育まれているかどうかによっても異なります。子育て期に子どもを中心として安定していた夫婦にとっては，子どもが自立する中年期にあらためて夫婦の関係性の見直しが求められます。中年夫婦の関係性の再構築の問題は，その後の人生の方向づけを規定する重要な要素となります。

③職業における限界感とその対処

　職業人としての中年期の生活においても危機は体験されます。中年期には創造性や生産性，社会的活動性は高まり，職業上でも働き盛りの時期をむかえます。昇進などのイベントも体験される一方で，中年世代の自殺や心身症の増加が指摘されています。その背景には，仕事以外に生きがいの対象を見出せない「ワーカホリック（仕事中毒）」の問題があります。しかも，近年の情報化の急速な進展，終身雇用制度や年功序列制度の変容など，職場環境の急激な変化への対応が中年世代の職業人に課せられ，ストレスや職場不適応の原因ともなっています。その根源的な要因は，仕事を生きがいとしてきた人々の価値観の問題があると考えられます。努力し続けることで，社会的地位や収入も上がり，それが自分や家族を幸福にするという考えが，中年期に何らかの挫折を体験する

トピック9-1

対象喪失

　ホルムスとレイ（Holmes & Rahe, 1967）は，生活のなかで起こる変化であるライフ・イベントを取り上げ，変化への適応に必要とされるエネルギーをストレスの大きさとしてとらえました。そして，表9-2に示すように，さまざまなライフ・イベントのストレス強度を数値化し測定することで，ストレス関連疾患の発生を予測しようとしました。

　評価点数が高い方がよりストレスが強いことを意味しています。この表の上位には，配偶者の死や離婚，配偶者との別居，親族の死，自分のけがや病気があげられています。心身に影響を強く及ぼすこれらの体験は，いずれも対象喪失であるといえます。対象喪失とは，愛情や依存の対象を死や別離などによって失うことをいいます。住みなれた場所を離れるといった環境の変化や役割の変化も対象喪失になりえます。また，病気や加齢による身体能力の低下は，自己の喪失を意味します。価値観や自己意識の変容によってもたらされるアイデンティティの危機も一つの喪失体験です。

表9-1　社会的再適用評価尺度の項目列（Holmes & Rahe, 1967）

ライフ・イベント	評価点数
配偶者の死	100
離婚	73
配偶者との別居	65
刑務所などへの拘留	63
親族の死	63
自分のけがや病気	53
失業・解雇	47
退職	45
家族の健康上・行動上の変化	44
仕事上の再調整（会社の合併、倒産など）	39
経済状態の変化	38
親友の死	37
転職	36
夫婦喧嘩の変化	35
150～200万円程度以上の借金	31

ことで破綻し，行きづまる状況が「上昇停止症候群」（meta-pause syndrome）です。このような状況に陥り，個人に過度なストレスとなった結果として，うつや自殺などの問題があげられます。また，女性の社会進出によって，仕事と家庭を両立させる中年女性が増加しました。これらの女性の精神的ストレスや，職業と子育てをこなすうえでの葛藤が中年女性の心身の健康にも影響を及ぼすことも指摘されています。

3. 中年期から高齢期にかけての発達課題

　中年期から高齢期におけるパーソナリティの発達段階理論は，エリクソンの心理社会的発達段階理論をもとに，とくに中年期を中心に拡張されていきました。近年では，寿命の伸長を背景として延長された高齢期を一つの発達段階としてとらえることの疑問から，中年期から高齢期の間に新しい段階が加えられる理論の必要性も示唆されています。

エリクソンの発達理論（第8章）を発展させ，人生後半のパーソナリティの発達に関する新たな理論を提唱したペック（Peck,1968）は，中年期に直面する発達危機と課題として，①知恵の尊重か体力の尊重か（体力の危機），②社会的対人関係か性的対人関係か（性的能力の危機），③情緒的柔軟性か情緒的乏しさか（対人関係の危機），④精神的柔軟性か精神的硬さか（思考の危機），の4つを示しました。また，高齢期の発達課題として，①自我分化か仕事・役割への没入か（引退の危機），②身体の超越か身体への没入か（身体的健康の危機），③自我の超越か自我への没入か（死の危機）の3つをあげました。ペックは中年期の発達課題と高齢期の発達課題は継続的にあらわれるとし，それぞれの課題が出現する時期には個人差があるとしています。

第3節　中年期・高齢期のパーソナリティの心理社会的発達

1. パーソナリティの心理社会的発達段階理論

　フロイトの自我の発達理論を発展させ，幼児期から高齢期に至るまでの人間のパーソナリティの発達を8つの段階に分けて論述したのがエリクソンの心理社会的発達段階説です。エリクソン（Erikson, 1959）は，パーソナリティは一定の生物学的なプログラムにそって社会とのかかわりあいのなかで段階的に発達すると考えました。彼は人の生涯を表9-2のような8段階に分類し，それぞれの発達段階には解決すべき課題と心理社会的な危機があることを提唱しました。そして発達課題の達成により力や徳が獲得されるとしました。

　さらに彼は，70歳以上の高齢者のインタビューをもとに高齢期のパーソナリティの発達について自身の発達段階理論を発展させました。人はライフ・サイクルの各段階において，それ以前の段階に取り組んできた心理社会的課題をその年齢にふさわしい新しいやり方で再統合するという見解です。成人期以前には，それぞれの発達課題に対して行動によって解決する試みがなされがちですが，高齢期に近づくにつれて個人的な感情による課題への取り組みが行われるようになります。また，高齢期は今まで経てきたライフ・サイクルを人生回顧（ライフ・レビュー）などによって再体験し，各段階の適応をもたらす力を

エリクソン, E. H.
　アメリカの精神分析学者。アイデンティティの発達を中心に人間の生涯にわたる心理社会的な発達段階を図式に示しライフ・サイクルの概念を提唱した。個人が人生のなかで直面する危機への対処に，パーソナリティ発達の様相があらわれることを指摘した。

表9-2　エリクソンの心理社会的発達段階理論（Erikson, Erikson & Kivnick, 1986に加筆）

発達段階	心理・社会的危機	適応をもたらす力	適応をもたらさない傾向	悪性傾向
Ⅷ 高齢期	統合性　対　絶望	英知	無遠慮	侮蔑
Ⅶ 成年期	生殖性　対　停滞	世話	過剰な拡大	拒否
Ⅵ 成年前期	親密性　対　孤独	愛	無差別	排他性
Ⅴ 思春期	同一性　対　同一性拡散	忠誠	狂信	放棄
Ⅳ 学童期	勤勉性　対　劣等感	才能	狭い技巧	不活発
Ⅲ 遊戯期	自発性　対　罪悪感	決意	残忍性	抑制
Ⅱ 児童初期	自律性　対　恥・疑惑	意志	恥知らずなわがまま	強迫
Ⅰ 幼児期	信頼性　対　不信	希望	感覚的不適応	退行

得ながらパーソナリティの統合を果たしていく，ライフ・サイクルの取りまとめの時期であると位置づけられました。

2. 中年期の発達課題

中年期の発達課題である生殖性には，自分自身が創り出した子どもや仕事，物事を次世代に伝えていくという意味が含まれます。中年期以前には，自分自身を育てていくことが関心の中心ですが，中年期になると自分が創り出したものを責任をもって次の世代に引き継ぐことに関心が向けられます。ライフ・サイクルのある時点で，人は次の世代の生活をよりよくするために，自分の能力や技術，創造性を役立てようとする意識をもちます。こうした意識が生まれるのは，自分の能力や生命に限界を認識した時です。自分の死後も物事がうまく運ぶように，自分をとりまく家族や社会への貢献をしていかなければならないと感じます。たとえば，ボランティア活動への参加や各種アドバイザー，集団のリーダーなどの責任ある職務を果たすことは，次の世代の人々に対して将来の方向づけと明るい展望を示すモデルとなります。生殖性の能力は，社会の存続にとって大切なことでもあります。

生殖性と対極にある停滞は，心理的な成長が欠けているために中年期の課題に取り組めない，もしくは取り組んでもうまく達成できないことにより生じます。成長のエネルギーを個人的満足にのみ費やし，他者を育むことには満足を得られない場合に心理的な停滞感が生じがちです。また，中年期になって，自分が社会に貢献できる能力や資質があるという自信をもてない人は，自尊心も低く，社会に影響を及ぼす意欲も乏しくなります。しかし，この感覚は永続的なものではありません。さまざまな出来事を通じて停滞の感覚が優位になったとしても，これまでの人生と現在の自己を見つめ直し今後の方向性を模索する過程で世話の能力が獲得されていきます。

3. 高齢期の発達課題

エリクソンの心理社会的発達段階理論において，高齢期の危機は統合性と絶望との間の葛藤だと説明されます。統合性とは，現在と過去と未来をつなぐ永続的な包括の感覚です。死を目前に意識した時に，自分の人生という事実を受け入れ，死に対して大きな恐怖感をもたずに立ち向かえる能力を意味します。高齢期に体験されがちな身体的能力の低下，社会関係の減少や役割喪失は，高齢者にライフ・サイクルの終わりが近いことを認識させ，変えられない過去への後悔の気持ちを生み出します。そして自分の人生を振り返り，後悔や挫折感を感じた時に，残された時間の少なさのためにやり直しができないことに気づき希望を失います。そして自分自身の人生の意味に疑問を感じるという絶望の感覚が生み出されます。このことは，避けがたい死を恐れずに受け入れるという態度を困難にさせます。こうした高齢期に抱かれがちな絶望の感覚に対し，現在の状況と生きてきた過去を連続したものととらえて包括的に理解し，その結果に満足できる能力が統合性の確立です。統合性対絶望の葛藤は，人生回顧（ライフ・レビュー）によって人生を振り返りその意味

トピック 9-2

中・高年齢者のボランティア活動

　1997年の総務庁「老人の生活と意識」国際比較調査によれば，わが国の60歳以上の人のボランティア活動への参加率は46.7%とほぼ半数に近く，国際的にも高い割合を示しています。これは，中年期・高齢期の充実したすごし方への関心の高さのあらわれであり，その時期の有効なすごし方としてボランティア活動が選択されていると考えられます。

　活動の内容は，高齢者を対象とした給食サービスなどの対人援助活動，ベルマークの収集などの寄付行為，公園の清掃などの環境美化や自然保護活動などさまざまです。人はなぜボランティア活動をするのかという参加の動機には，社会に貢献していると感じられる，自分の技能を活かすことができる，人との交流を楽しめるなどのニーズがあげられます。ボランティア活動の根本理念は利他主義ですが，結果として自分のための活動になっているという点が，ボランティア活動に参加する動機となっています。中・高年齢者を対象に行った調査（日下・篠置，1998）では，社会貢献や自己実現といった動機によるボランティア活動は，参加者の自尊感情を高めることに役立ち，中高年齢者の実存的な生活の実現に直接関連していることが明らかにされました。

を評価する過程によって解決されます。人生回顧によってライフ・サイクルを再体験し，各段階に得られる力である希望や意志，決意，才能，忠誠，愛，世話の成熟した形を取りまとめ知恵の力の統合することで，高齢期の葛藤の解決に向かいます。

　統合性の達成は心理社会的な発達の頂点であり，その結果「知恵」という力が得られます。高齢期には知恵の力によって，これまでの人生をあるがままに受け入れ，身近に迫った死に対しても積極的に臨むことができるのです。

4. 高齢期の知能と知恵

　知恵は長年の人生経験によって獲得されるものであり，高齢者特有の能力だといえます。知恵には，①豊富な事実についての知識，②問題に対する判断や対処などが実際に行えること，③問題の定義と解決の際に社会や人間との関係を十分に考慮できること，④人生の予測のむずかしさや人生の問題のもつ曖昧さ複雑さなどの不確実性を認識していること，⑤価値観や目標などの個人間の差について認識していることの5つの側面があります。この知恵の5つの側面を用いて，さまざまな人生問題の解決がなされます。年齢別の知恵による問題解決の方法を検証した研究結果からは，結晶性知能や流動性知能のような加齢による低下は知恵にはみられず，むしろ知恵は発達し続けていることが明らかにされました（Baltes et al., 1992）。

　結晶性知能は，過去の経験を通して蓄積された知識や技術であり，理解力や判断力といった環境に適応するための問題解決の能力です。流動性知能は新しい物事を学習する能力をさします。結晶性知能は20歳代から60歳まで徐々に上昇しその後ゆるやかに低下しますが，一方の流動性知能は30歳代まで上昇し60歳を過ぎて急速に低下し始め，それぞれの発達の経緯は異なる特徴をもっています。加齢にともなって身体的，

認知症
　脳の器質的障害によって，一度発達した知能や生活行動の能力が著しく低下した状態が認知症です。アルツハイマー型認知症は，脳の病変によって精神機能全般がおかされた状態であり，脳神経細胞の脱落や萎縮が認められます。一方，脳血管性認知症は，脳梗塞や脳出血による脳の局所的な病変が原因となり，脳梗塞などの発症のたびに段階的に進行します。

> **トピック9-3**
>
> ### 高齢者の回想
>
> 　高齢期になり残された人生の限りあることを意識するようになると，多くの人は過去に思いをめぐらせて，自分が生きてきた意味を模索します。人生の折々に過去を思い出すことは，どの世代にも共通した行為ですが，とくに高齢期には過去を回想する頻度が高まるといえます。従来高齢者の思い出話は，現実からの逃避や過去への執着といった否定的なイメージをもたれがちでした。しかし，アメリカの精神医学者のバトラー（Butler, 1963）は，高齢者の回想は自分の人生を振り返りながら整理し，意味を見出すための自然な過程であり，生き方を問い直すという積極的な意義をもつものだと提唱しました。回想の一形態である人生回顧（ライフ・レビュー）は単に過去を思い出す行為だけなく，過去，現在，未来にわたる人生全体を統合的に受容し，その過程において自己実現が果たされるものです。この人生回顧や回想の機能はバトラーによって，回想法という高齢者の心理療法に応用することが試みられました。回想法はそれ以来，高齢者の心理・社会的側面に働きかける有効な方法として，心理や福祉・医療などの高齢者にかかわる分野において広く取り入れられるようになりました。治療を目的とした回想法には，心理的な対人援助についての専門的訓練が必要とされますが，その技術の基礎をふまえたうえで日々の活動に回想法を応用し取り入れることはできます。そのため，対人援助にかかわるさまざまな職種の人によって，それぞれの専門的立場から回想法の実践がなされています。回想法は元来，健康な高齢者やうつ病を患う高齢者などを対象として発展してきました。現在わが国では，認知症高齢者を対象に回想法が応用され医療や福祉施設で積極的に行われています。

精神的な障害が生じやすくなりますが，認知症に象徴されるように身体疾患と知能の間には関連があります。また，職業経験や社会参加の度合いなどの生活環境が，高齢期の知能に影響を及ぼすと考えられています。

第4節　パーソナリティの発達と老いへの適応

1. 高齢期のパーソナリティ

　高齢期のパーソナリティは，人生経験，健康状態，社会的資源，人間関係，教育などの違いにより個人差が非常に大きいのが特徴です。以前は，年をとると，「頑固」「自己中心」や「保守的」といった傾向が目立つようになり，これらが高齢者特有のパーソナリティと考えられてきました。しかし実際には，誰もが年をとると同じような特性に変化するわけではないことが近年の研究から明らかにされています。これらの画一的な高齢者像は，現在の高齢者が育ってきた環境や道徳教育などの年齢差を反映した世代特有のパーソナリティです。明治・大正時代の厳格な教育のもとで幼少期をすごし，戦中戦後の厳しい時代を生きてきた世代と，個人主義が進展し自由な環境のなかですごしてきた若い世代とでは，パーソナリティに差が生じるのは当然です。

　ただし，高齢期のパーソナリティを知るうえで脳や神経などの身体的機能の加齢変化は考慮しておかなければならないでしょう。これらの機能の老化は，状況への適応能力の低下としてパーソナリティの変化をも

たらします。感情が単調になったり，若い頃は理性で抑えられていた性格傾向が顕著にあらわれるようになるのはこのためです。しかし，正常に年をとる過程でパーソナリティに対する身体的側面の加齢の影響は少なく，むしろ高齢者のパーソナリティには，社会・文化的な要因や環境の変化などの影響が大きいと考えられています。

2. 高齢者のパーソナリティに影響を与える要因

　高齢期は「喪失の時代」とよばれることがあります。実際高齢期には，身体能力の低下や健康の喪失，定年退職にともなう人間関係や経済的基盤の喪失，配偶者との死別などが次々に体験されます。

　加齢にともなって感覚機能などの身体能力は低下し，慢性疾患への罹患率も高くなるなどこれまでの健康がおびやかされがちです。その結果，日常の行動に支障をきたし，社会活動が制限されることにもなります。また，白髪や脱毛，顔のしわなどの容姿が変化も，それまで抱いていた身体感覚や自己意識を失うことにつながります。心身機能の低下や社会的関係の喪失は，自らの老いを自覚する老性自覚のきっかけになりやすいものです。また，周囲の人から年寄り扱いを受けたり，仕事からの引退を強いられたりという社会からの働きかけによって老いを感じることもあります。老いは長い過程を経て自覚されますが，多くの高齢者が最初は自分自身が高齢者ではないと思うことで老化の否定的な側面に抵抗します。その際，老いの自覚が意欲の減退や活動性の低下という好ましくない影響を及ぼし，高齢期への適応を困難にさせることもあります。

　身体機能の低下や老いの自覚に加えて，定年退職や配偶者との死別は高齢者にとってストレスをもたらす大きな出来事でしょう。いずれも職業人として，家庭人としての役割喪失であり，仕事や家庭を生活の中心としてきた人にとっての生きがいの喪失にもつながります。また，退職や死別は対人関係の幅を狭め，社会参加の機会を減少させます。一方，役割や責任から開放されたゆとりの時間の増加は，余暇活動への従事など新たな社会参加の機会を提供します。余暇の時間を楽しんだり新たな交友関係を作ったりするような，喪失に対する個人の取り組み方によってパーソナリティへの影響のあらわれ方はさまざまです。また，孫の誕生は，祖父母役割の獲得をもたらします。これらの高齢期における身体，心理，社会的側面の変化は，高齢者の生き方や感じ方の再構築をうながし，高齢期のパーソナリティにも影響を与える大きな要因となります。

3. 高齢期への適応

　高齢期を豊かにすごすためには，加齢にともなって起こる心身の状態の変化や環境の変化に適応していくことが必要です。高齢期への適応的な対処によって幸福な老い（successful aging）が実現されるという観点から，適応のために望ましいと考えられる高齢期のすごし方について，さまざまな論議がなされてきました。そのなかに，活動理論（activity theory）と離脱理論（disengagement theory）とよばれる退職後の生活についての相対する理論があります。活動理論は，退職後も職業に代わる社会的に意味のある活動に参加し，社会とのかかわりをもちつづける

老性自覚

　老性自覚は主観的に自身の老いを自覚することで，老性自覚をもたらすきっかけとして，個人の心身の変化と環境の変化があげられます。心身の変化には，体力の低下や疾病，外見の老化があり，環境の変化としては，定年退職や，近親者との死別，孫の誕生などです。老年期に適応するうえで，自分自身の心身の状態を適切に把握する老性自覚は必要だと考えられています。

幸福な老い

加齢にともなって心身ともに衰退しがちです。だからといって，あきらめたり悲観的にならず，健康を維持し目的意識をもちながら幸福に年を重ねていくことを幸福な老いの実現といいます。幸福な老いの条件は，長寿と健康と経済的安定といわれ，そしてその主観的な指標には，多く生活満足度やモラールが用いられています。

ことによって高齢期の適応が可能となるという理論です。一方，離脱理論は高齢者への引退を求める社会の要請に逆らうことなく，社会的な役割からの撤退を受け入れることが自然で好ましいとする理論です。さらに，活動理論や離脱理論は，社会とかかわり続けるか撤退するかの一方向のみで説明されてきたという批判から，高齢期の適応にはさまざまな方向性があるという連続理論（continuity theory）が提唱されました。連続理論は，高齢者がどのような生活を送るかといった行動の選択には個人差があり，長い人生経験を経て形成されてきた高齢者のパーソナリティによってそれぞれ異なった適応の形があるとするものです。これらの理論が展開される過程において，高齢期の適応の様式は個々人のパーソナリティによる違いがあることが明らかにされました。

4. パーソナリティ類型と高齢期の適応

類似した点や共通点によって分類されたパーソナリティの特徴をパーソナリティ類型といいますが，高齢期の適応を把握するうえでパーソナリティ類型は多く用いられてきました。そのなかで，ライチャードら（Reichard et al., 1962）は退職後の適応状態によって高齢期のパーソナリティを次の5つの類型に分け，それぞれの特性を説明しました。

①統合型

自分自身の過去や現在を受け入れ，未来にも希望をもっている。日常生活を積極的に楽しみ，現在の活動や人間関係に満足している。努力をすることができる。また，思慮的で建設的な型。

②安楽椅子型

物質的・情緒的に他者に依存している。高齢になって社会的な責任から解放され自由になったことを喜んでいる。そのため退職も喜んで受け入れ，高齢期の生活を安楽なものとして満足してすごす型。

③装甲型

老いに対する不安や防衛機制が強い。自分の業績にこだわりをもちつづけ，退職することを恐れる。仕事や活動を継続することで身体的な老化や老いの恐怖を回避しようとする型。

④憤慨型

過去の人生に失敗したと感じ失望している。その失望を他人のせいにし，敵意と攻撃を向ける。適応性は低く，自分自身の老いも受け入れられない。生活上の楽しみももたず，人生の安らぎを感じることもできない型。

⑤自責型

人生に失敗したと感じ失望していることから，自分の不幸を嘆き自分を責める。しかしその責任は自分自身であると考える点で憤慨型と異なる。適応性は低く，孤独でうつ的になりやすい型。

①から③は老いに適応しやすいパーソナリティのタイプであり，④と⑤が適応しにくいタイプです。

適応様式はパーソナリティによってさまざまであるという連続理論を提唱したニューガルテンら（Neugarten et al., 1968）は，高齢期の4つの安定したパーソナリティ類型を見出しました。そして図9-2のように，

性格類型	役割ー活動性	人生満足度		
		高	中	低
統合型	高	9A		
	中	5B		
	低	3C		
防衛型	高	5D		
	中	6	1E	
	低	2	1	
受け身ー依存型	高		1F	
	中	1	4	
	低		3	2G
不統合型	高		2	1
	中	1		
	低		2	5H

A 再統合型　B 集中型　C 離脱型　D 固執型　E 制限型
F 依存型　G 鈍麻型　H 不統合型

図9-2　高齢者のパーソナリティと適応のパターン(Neugarten et al., 1968)

パーソナリティと役割活動性，人生満足度の関係から，再統合型，集中型，離脱型，固執型，制限型，依存型，鈍麻型，不統合型の8つのタイプを示しました。ここでの再統合型と集中型はライチャードの統合型に，離脱型と依存型は安楽椅子型に該当し，適応的な状態をあらわしています。一方，固執型は装甲型に，制限型と鈍麻型は憤慨型および自責型に該当し，高齢期への不適応な状態をあらわしています。不統合型はニューガルテンの研究のみでみられる不適応な型です。

5. パーソナリティと幸福感

高齢期を「よりよく生きる」ことをあらわす言葉として，生活の質（QOL：quality of life）や幸福な老いといった言葉が用いられますが，これらに密接に関連しているのがパーソナリティであるといえます。パーソナリティは思考や情緒，行動のパターンを示していることから，現在の生活の主観的な評価である生活満足や幸福感と深く関係しています。

パーソナリティに及ぼす加齢の影響は，さまざまな心理テストを用いたパーソナリティ特性の測定によって明らかにされてきました。パーソナリティと幸福との関係について研究を行ったコスタとマクレー（Costa & McCrae, 1980）は，パーソナリティ特性と幸福感の関連を実証的に明らかにしました。彼らはパーソナリティ特性が，神経症性（neuroticism），外向性（extraversion），開放性（openness），協調性（agreeableness），誠実性（conscientiousness）の5つの領域に大きく分類できるという5因子モデルを提唱し（第1章，表1-6），神経症性が

不幸感に，外向性が幸福感に関係している可能性を示唆しました。この結果から幸福と不幸は対極にあるのではなく，パーソナリティの諸側面を反映していることがわかります。

また，パーソナリティ特性の加齢変化の検証からは，神経症性と外向性と開放性は加齢によって変化せず安定していることが明らかにされました。パーソナリティには年をとるにつれて変化していく側面がある一方，年をとっても変わらず安定している側面があるのです。このようなパーソナリティの安定性は，たとえ年をとったとしても個人が一生を通じて変わらないその人自身であるという感覚をもたらし，幸福な老いに寄与すると考えられています。

引用文献

Baltes P. B., Smith, J., Staudinger, U. M., & Sowarka, D.　1992　Wisdom: One face of successful aging? In M. Perlmutter (Ed.), *Late-life potential*. Washington DC: Gerontological Society of America.

Butler, R. N.　1963　The life review: An interpretation of reminiscence in the aged. *Psychiatry*, **26**, 65-76.

Costa Jr., P. T., & McCrae R. R.　1980　Still stable after all these years: Personality as a key to some issues in aging. In P. B. Bolles, & O. G. Brim (Eds.), *Life-span developmemt and behavior*. Vol.3. New York: Academic Press. p.110.

Erikson, E. H.　1959　*Identity and the life cycle*. International University Press. (小此木啓吾訳編　1973　自我同一性　誠信書房)

Erikson, E. H., Erikson, J. M., & Kivnick, H. Q.　1986　*Vital involvement in old age*. New York: W. W. Norton. (朝長正徳・朝長梨枝子訳　1990　老年期　みすず書房)

Holmes, T. H., & Rahe, R. H.　1967　The social readjustment rating scale. *Journal of Psychosomatic Research*, **11**, 213-218.

日下菜穂子・篠置昭男　1998　中高年者のボランティア活動参加の意義　老年社会科学，**19**(2), 151-159.

Levinson, D.J.　1980　*The season of a man's life*. New York: Alfred A. Knopf. (南　博訳　1980　ライフサイクルの心理学上・下　講談社)

Neugarten, B.L. et al.　1968　Personality and patterns of aging. In B. L. Neugarten (Ed.), *Middle age and aging*. Chicago: University of Chicago Press.

Peck, R. C.　1968　*Psychological developments in the second half of life*. In B. L. Neugarten (Ed.), *Middle age and aging*. Chicago: University of Chicago Press.

Reichard, S., Livson, F., & Petersen, P. G.　1962　*Aging and personality: A study of eighty-seven older men*. New York: Willey.

下仲順子　1996　新しい人格テスト「ＮＥＯ改訂版」の日本版作成に関する研究成果報告書　東京都老人総合研究所心理学部門

総理府内閣総理大臣官房広報室　1997　第4回老人の生活と意識調査　総理府内閣総理大臣官房広報室

第Ⅳ部
パーソナリティ発達の諸問題

第10章
文化とパーソナリティ

第1節　文化人類学の業績

1. 文化とは何か

　文化（culture）の定義は，研究者の数だけあるといわれます。クローバーとクラックホーン（Kroeber & Kluckhohn, 1952）によると，文化には150以上もの定義があり，文化人類学，社会心理学，社会学で主に研究対象とされてきました。文化は自然発生的なものではなく，人間により学習され，共有されるものです。また文化は次世代に伝達され，変化しにくいものですが，時代とともに変化するものだともいえます。文化は人間が作った環境（environment）の一部であり，人間と環境の相互作用によって創造されるものです。文化とは何かについてさまざまな観点から説明されていますが，ここでは文化人類学と心理学が文化をどうとらえているかを説明をします。

　文化人類学では，文化を広範な概念でとらえ，たとえばクラックホーンは，一つの民族の生活様式の総体，個々の人間が集団から受けとる社会的遺産を意味し，文化は人間が作り上げた部分であると考えていました（Kluckhohn, 1949）。タイラー（Tylor, 1958）は，文化を知識，所信，技術，道徳，法律，習慣，および社会の成員としての人間によって習得された他の諸能力，諸習慣を包含した複合的全体であると定義しました。人間と環境とのかかわりあいに言及するところから，ハースコヴィッツ（Herskovits, 1955）は，人間が作った環境の一部が文化であると定義しており，この考え方は，心理学の領域での文化研究に少なからぬ影響を与えました。

　心理学では，文化を人間と環境の相互作用によって創造されるものとし，文化人類学よりも，よりミクロなレベルで文化を研究してきました。アルトマン（Altman, 1984）は，文化は人間と環境の交互作用により作られるとして，その特徴を次のように説明しました。文化は，ある集団・社会についての信念と知覚，価値と規範，習慣と行動で，ある集団の人々の間で合意したやり方で共有されています。そして共有された信念，行動，価値は，次世代に受けつがれ，保存されます。米国と日本など文化の比較研究を行っている心理学者のトリアンディス（Triandis, 1995）も文化を人間が相互に交流することによって共有される信念，態度，規範，行動であると説明しています。

文化人類学者のグッドイナフ（Goodenough, 1961）は，文化を第1の文化と第2の文化の2種類に分類しました。第1の文化は，人間によって作られた建造物や芸術作品，さまざまな道具や機械，住居などのことで，外側から観察が可能なものです。第2の文化は直接眼には見えないもので，人間の感情，態度，動機，行動の仕方，価値観などが含まれます。第1の文化は，人間が作り出した人間の外側に存在するものですが，それらは人間に対して働きかけもします。第2の文化は，文化を創造する主体である人間の内面的な作用をあらわしています。

2. 文化の比較研究――文化人類学と心理学における研究

　文化人類学では，文化というカテゴリーから人間を理解する目的で，自文化と異文化との比較を通じて，文化の多様性を理解しようとします。たとえば，その昔，西洋諸国がきそってアジアやアフリカに植民地を拡大していた時代には，文明の進んでいた西欧社会に対して，植民地となっていたアジアやアフリカ社会を未開社会として区分し，それにもとづいて社会の発展過程を明らかにしようとしました。これは，西洋を社会や文化の進化の頂点に位置づけて，それ以外の文化がどの程度，西洋社会に近いかを評価するものです。このような西洋中心の二分法的な考え方は，後に批判されることになります。

　1920年代後半には，文化とパーソナリティの型（patterns of personality）との関係が研究対象として盛んに取り上げられ，文化が異なれば人間のパーソナリティや行動も異なるという文化の多様性が指摘されました。この文化的多様性という人間観は，心理学に影響を与えました。従来，文化人類学は，フィールドワーク（fieldwork）を重視し，フィールドワークによって特定の文化を記述したり，複数の文化を比較検討します。そして文化人類学研究は初期のように未開社会だけを対象にするのではなく，世界各地での社会組織，階級，生活様式などについて多様な研究を行っています。

　文化背景が異なる人々の経験や行動などの差異や共通性を検証する研究を，異文化間心理学あるいは比較文化心理学とよびます。この分野の歴史は新しく，1970年に研究雑誌 Journal of cross-cultural psychology が発行され，1971年には国際学会が設立されました。異文化間心理学は，発達，臨床，認知，知覚および社会心理学など心理学のほとんどの領域と関連があります。文化人類学と同じく心理学においても，ほとんどが西洋を対象とした研究成果であるため，それらの知見が，西洋以外の人々にも妥当であるかが問い直されています。また複数の文化にまたがって研究を行う場合，何を測定するのか，調査対象者の代表性，翻訳の妥当性，結果の解釈の基準などに十分な注意を払うことが重要です。

3. 文化と性格

　20世紀初頭までは，人間性は世界のどこでも同じであるという生物学的決定論が支配的でした。しかし1920年代になって，文化が異なれば，人間のパーソナリティや行動も異なるという文化的多様性の理論が台頭してきました。この考え方は，1940年代から1950年代の心理学に

パーソナリティの型
　文化がパーソナリティなどの形成に与える影響を強調する考え方。たとえばベネディクトは『菊と刀』のなかで日本人に共通してみられるパーソナリティが，幼児期に受けた教育や経験などの文化によって作られていると説明しています。

影響を与え，国民性研究へと発展しました。国民性（national character）とは，国家の成員である国民が共通に保有する比較的持続的な態度・行動様式・価値観のことです。1930年代から国民性に関する研究が始まりましたが，それは軍事的な目的がそもそもの出発点でした。たとえば，ベネディクト（Benedict, 1946）の著した『菊と刀』は，敵国である日本の戦中と戦後統治を想定して，日本人に共通したパーソナリティ特性や日本で共有されている規範，価値観などを研究したものでした。

また同時代に，デュボワ（Du Bois, 1944）は，インドネシアのアロール島で調査した資料にもとづいて，パーソナリティの個人差を認めながらも，文化の影響でパーソナリテイに共通の中心傾向があることを指摘しました。そして彼は，特定集団内に認められる複数の性格特性あるいは類型のうち，相対的に最も保有数の多いものをモード（最頻値）という統計用語にちなんで，モーダル・パーソナリティ（modal personality）と名づけました。日本には大規模な調査として，県民性研究（NHK放送世論研究所）や国民性研究（統計数理研究所）がありますが，これらは統計的な手法を用いたモーダル・パーソナリティ研究といえるでしょう。

ある集団の成員ほとんどに共通する性格構造の核となるものを，社会的性格（social character）といいます。フロム（Fromm, 1941）は，この社会的性格はその集団内に共通する基本的経験と生活様式によって形成されるもので，政治や経済などの社会構造と関連して，その社会に必要なパーソナリティの型が決定されると考えました。モーダル・パーソナリティと類似した概念ですが，社会的性格は，社会構造を維持するだけでなく，社会に変動を起こす機能も保持するという点で，モーダル・パーソナリティとは区別されます。

4．文化比較の方法——エティックとエミック

自文化と他文化との間で行動を比較する時，たいていの場合，自文化をもとにして他文化を解釈しますが，他文化からみればまた別の解釈が成り立つこともありますし，異なる行動であっても，2つの文化間で同じ意味をもっているということもあります。人間の行動には，すべての人々に共通する普遍的な側面がありますが，そのような複数の文化間に普遍的に存在する行動が，それぞれの文化によってあらわれ方が異なる場合もあります。

文化比較の問題に関係する概念として，エミック（emic）とエティック（etic）があります。エミックはある文化に特殊な行動をさし，エティックは複数の文化間に普遍的な行動をさします。これらの比較概念は，もとは文化人類学者のパイク（Pike, 1967）が言語の音素（phonemic）と音声（phonetic）を区別するときに用いたもので，音素は言語を内側からみることで意味ある構造を探し出し，音声は言語を外側からみてその構造を体系化するのです。この比較概念が言語研究から文化研究にも適用されました。つまり，複数の文化を比較研究する場合，エミックなアプローチでは，ある文化の内側から意味のある概念を見出すのに対して，エティックなアプローチでは，どの文化でも適用できるよう

音素と音声

パイクは言語研究で，音素論と音声論の2種類の分析方法を提起しました。音素論では，音の最小単位である音素を分析対象とし，言語を内側からみて意味ある構造を探し出します。それに対して音声学では，音声を調音法と調音点という2要素の系列から音の属性を体系化し，記述を一般化します。

な概念を体系化することを意味します。このように複数の文化の間で，ある行動について研究する時，エティックとエミックの2種類のアプローチが用いられます。文化間の差異に焦点を当てるか，共通点に注目するかは，研究対象や研究目的などによって異なってきます。

ベリー（Berry, 1969）は，文化比較研究において，研究者が自文化での行動解釈の意味を他文化にあてはめてしまうという「強制的なエティック」の押しつけが起こらないように警告しています。文化比較の研究では，研究者が観察する行動を選択する時に，その選択に自分が生まれ育った文化の影響を受けているというバイアスがかかっていることに十分注意をはらわなければなりません。

第2節　文化と人間関係

1. 社会的アイデンティティと文化的アイデンティティ

先の第8章で説明されたように，アイデンティティ（identity）は他者とは異なる存在である自己の特性としての個人的アイデンティティの側面の他に，所属集団から自己をとらえた場合，性別から自分をとらえた場合など，さまざまな側面があります。そのなかで，社会の一員として自己を定義するアイデンティティを社会的アイデンティティ（social identity）とよびます。私たちは，自分が所属する集団や集団内の他者から自分という存在を認められ，価値観を共有することで連帯感をもち，それにより肯定的な自己像を保持することができます。社会の一員として，学校，職場，サークルなどの集団への所属感が，「大学生としての自分」「社員としての自分」「音楽サークルのメンバーとしての自分」というように，自分自身のアイデンティティを明確にするうえでのよりどころとなるのです。

自分がある文化に所属している感覚にもとづくアイデンティティのことを文化的アイデンティティ（cultural indentity）とよびますが，このアイデンティティは，一生を一つの文化ですごす人と複数の文化ですごす人とでは差異があります。日本で一生のほとんどをすごす人は，ふだん意識していなくても「日本人としての自分」が強くあります。日本人として生まれていても，生涯のほとんどを外国ですごす人は，たとえば「ブラジル人としての自分」が強く意識されることもあります。また外国に生活することで，「日本人としての自分」をより強く意識する人もいるでしょう。

これらのアイデンティティが形成されるのも，個人がその所属集団（文化）に受け入れられ，そこに自分の居場所が確保されているからです。そこで好ましいアイデンティティが得られないのであれば，別の集団へと移ろうとするかもしれません。仕事を変えたり，別の会社への就職を考えることなども，私たちがアイデンティティの確立をめざすうえでの通過点といえます。

2. 社会化とエージェント

　人間の行動は，社会の価値観，規範によって影響されます。私たちは，社会生活をおくるなかで，社会でのぞましいとされる基準やルールを学習します。社会化（socialization）をチャイルド（Child, 1954）は，人間として広域にわたる行動の可能性をもって生まれた個人が，ある非常に限定されたなかで実際の行動を発達させていくことになる全過程と定義しました。つまり，個人の行動の幅は，所属集団の基準において習慣化され，認められているものです。そしてたくさんの行動領域のなかから習慣的に身につけた反応，感情表出と抑制の仕方，他者に対する態度などは，生まれ育った文化の習慣によって，強化されたり除去されるものなのです。

　社会の一員として生きるために必要な知識やスキル，ふるまい方を教える，あるいは伝達する人を社会化のエージェント（socialization agent）といいます。エージェントは，成長とともに変化し，子ども時代の両親や家族から，学校の教師，年長者，同じ年齢の仲間，地域社会，マス・メディアへと拡大し，変化していきます。社会化の過程は個人的なかかわりのなかで成立していますが，それはエージェント側から一方的に働きかける関係ではなくて，相互作用的なものです。個人もエージェントから，能動的に必要な知識やスキルを獲得しようと働きかけをします。

　社会化には次世代への文化伝達機能もあります。しかし，現代は社会変動が速く社会化のエージェントが示す行動や規範がモデルとして機能するのがむずかしい状況といえます。子どもの頃に獲得した習慣や規範が，成人した時には，もはや役立たないということがあります。社会の変動にともない，現代では親から子へ，子から孫へというように世代間で行動規範や価値観を伝達するのが困難になってきました。また外国で生活したり，国内でも東京から沖縄へ移ったり，繁華街の集合住宅から郊外に転居するなど，居住地が変われば今までの習慣や規範が通用しないこともあります。つまり，一度経験した社会化の過程は，成人した時に終了するのではありません。現代では，個人の状況にあわせて，新たに習慣や規範を身につけるという再社会化（resocialization）がなされます。

3. 内集団と自民族中心主義

　自分が所属する集団は内集団（in-group），それ以外の集団は外集団（out-group）といいます。一般的に人は内集団の人に対しては好意的であり，仲間意識や忠誠心が生まれますが，外集団の人に対しては，非好意的な態度や行動があらわれたり，偏見が生まれることもあります。

　この内集団の機能について，シーガル（Segall, 1990）は内集団に対する好意的な結びつきは，外集団に対する非好意的態度や行動をより強化すると指摘しています。私たちは，内集団の文化で規定された世界観，価値観や生活様式を内在化し，それを基準にして，世界を内と外とに区分して，とらえているのです。そして内集団と外集団を比較して，外集団よりも内集団を優位に位置づけ，好意的にとらえようとします。

　この内集団に対する好意的感情とそれ以外の集団に対する非好意的な

内集団と外集団
　内集団は自分が現実に所属している集団で，成員同士が仲間意識（「われわれ」意識）をもってつながっています。それに対して外集団は，自分が所属していない集団で，自分達の仲間ではない他者によって構成されている集団をさします。

自民族中心主義(ethnocentrism)
　自文化中心主義，エスノセントリズムともいわれています。自民族の文化を基準にして，優越的に他民族の文化を評価します。そして他文化を排斥し，蔑視するような行動をとり，極端な偏見を生み出す危険性があります。

感情は，自民族中心主義（ethnocentrism）をまねく可能性があります。自民族中心主義とは，自分たちの文化における考え方や価値観を基準にして，異文化の行動や価値観などを二項対立的（善と悪，優と劣，正と誤）に判断する態度やものの見方のことで，異文化よりも自文化をより優越的に評価する傾向があります。

　それぞれの文化では，その文化に特徴的な価値観や世界観を形成し，そこから人間の経験や考え方は影響を受けています。しかし文化を論じる場合，複数の文化間の共通性や普遍性よりも差異を強調しすぎると，その差異が表面的なものであるのに，あたかも本質的な違いであるかのように考えられてしまう危険性があります。

4. ステレオタイプと偏見

ステレオタイプ
　特定の社会集団の成員がある特定の特性を共通にもっているとする信念。好嫌や善悪の感情をともないますが，合理的な理由はみられません。ステレオタイプには否定的なものと肯定的なものの両方がありますが，否定的である場合，差別や偏見につながります。

　私たちは他の集団や事象に対して，それを客観的にながめることができずに，非合理的で偏った見方をしたり，単純化した固定的なイメージや信念を抱きがちです。またステレオタイプ（stereotype）として，そのイメージや信念が，ある社会で人々に広く共有されていることもあります。

　オールポート（Allport, 1958）は，ステレオタイプを合理的な理由なしに単純化された認知であり，特定の社会集団の成員が同じ特定の特性を共有しているとする信念であると定義しています。さらに彼は，ステレオタイプが誇張されることで，自分たちの行為を正当化するような動きにもつながると指摘しています。

　ステレオタイプの例として，人種や国民性についてあげることができます。たとえば，「黒人はスポーツ万能だ」「ユダヤ人は金もうけがうまい」「日本人は集団行動が得意だ」などがそうです。このような意見は非常に大雑把で，固定的な見方であり，これらのステレオタイプには，そうではない人のことが除外されてしまってます。ステレオタイプのものの見方は，その人の一貫した世界観に支えられ，その世界観を正当化して物事を単純化してとらえるために，思考が節約されることになります。つまり，ステレオタイプを信じている場合，ステレオタイプに合致する情報のみに注目し，それ以外の情報を捨ててしまうからです。

　ステレオタイプはその内容が否定的な場合もあれば，肯定的，中立的な場合もあります。これが否定的な事柄ばかりに傾くと，偏見（prejudice）になります。偏見とは，ある特定の個人や集団に対して，先入観にもとづいた否定的で非好意的な態度や信念を抱いていることです。これは一般的に幼少時からの家庭や学校の教育，マス・メディアの影響により強化され，表面化すると差別につながっていきます。

第3節　異文化理解と異文化適応

1. 異文化接触

　心理学や文化人類学は，人間生活の多様なあり方を研究対象にしてきました。心理学では，2つ以上の文化間における人々の経験，行動，対

人関係，人格形成などの共通性や差異について検証を行う分野を異文化間心理学，あるいは比較文化心理学とよんでいます。このような異文化との接触は学問レベルではなくても，私たちは海外旅行や留学などで，直接体験する機会があります。大学では，留学生と同じ教室で授業を受けたり友だちになることも，今日ではさほど珍しいことではありません。また直接，異文化に接触する機会がなくても，私たちは間接的に異文化と接触しています。テレビは毎日のように外国の映画やニュースを放映し，自宅にいながら外国を知ることも可能です。スーパー・マーケットに行けば，外国から輸入された食材が豊富に並んでいます。私たちが身につけている衣類も，外国で製造されたものがほとんどです。

　異文化との接触では，文化背景の異なる人々が出会った時，一方だけではなく，相互にさまざまな効果が生じています。ボクナー (Bochner, 1982) は，表10-1 に示すように，この文化背景の異なる個人や集団が接触した時に生じる相互作用の次元を9つに分類しました。①異文化接触が行われる場所：自分の国か，相手の国か，②異文化接触の期間：短期間か，長期間にわたるものか，③異文化接触の目的：仕事，留学，観光など，④異文化に対する関与：異文化に参加，貢献，利用，外側から観察，⑤異文化接触の頻度：どのくらい頻繁に異文化に接しているか，⑥異文化の人たちとの親密さの程度，⑦異文化において現地の人々と平等に扱われているか否か，⑧異文化において自分が多数派と少数派のどちらに属するか，⑨人種など外見上の特徴，言語や宗教など明確に区別できるような特徴です。

表10-1　異文化接触の次元（Bochner, 1982 より作成）

異文化接触の場所
異文化接触の期間
異文化接触の目的
異文化に対する関与のしかた
異文化への接触頻度
お互いの親密さの程度
お互いの相対的な地位関係
お互いの数のバランス
お互いを区別する明確な特徴

2. 異文化移行と異文化適応

　テレビ番組や観光で異文化を知る機会は，近年では珍しいことではありませんし，学業や仕事のために日本で生活する外国人も増加しています。マス・メディアを媒介にした間接的な異文化接触 (cultural contact) や，異文化の直接体験であっても，観光のようなきわめて短期間の滞在経験を通して，そこで生活してみたいと思ったり，その文化になじむことはむずかしいと感じることもあります。日本で生活する外国人のなかにも，日本の生活を楽しんでいる人もいれば，日本での生活になじめず，早々に帰国したいと望む人もいます。自文化から異文化へ移行した時，人の心にはさまざまな変化が生じます。新しい環境との間に適切な関係を維持し，心理的な安定を保つという異文化適応 (cultural adjustment) の過程にはさまざまなタイプが考えられます。異文化に比較的容易にな

トピック 10-1

人間のなわばりと対人距離

アメリカの文化人類学者ホール（Hall, 1966）によると，人間には動物と同じようになわばりがあり，それを守ろうとしています。動物のなわばりは，動物の生存に直接関係する非常に重要なものです。人間のなわばりは生存にただちに影響するものではありませんが，それぞれお気に入りの場所があり，相手に近づいて欲しくない距離もあります。そしてそこに他者が侵入すると，不快や不安を感じます。私たちは，自分の周囲のある一定の空間を自分だけの空間とみなしています。

たとえば，空いている電車の座席に座っていると，知らない人がピッタリとすき間なく隣に着席したなら，私たちはどうするでしょうか。他の席に移動したり，目をつぶって，その人の存在を無視しようと努力します。その時私たちは，自分のなわばりが他者に侵入されたように感じるからです。動物のなわばりは，比較的固定していますが，人間のなわばりは個人空間とよばれ，目に見えませんが，身体を中心にして伸縮します。

他者に何かを伝える場合，その人が理解できる媒体を使って，コミュニケーションを行います。コミュニケーションには，言語を媒体とする言語的コミュニケーションと表情や身振り・手振り，視線など言語を媒体としない非言語的コミュニケーションがあります。私たちは家族や親友，知り合い，見知らぬ他者などさまざまな人とコミュニケーションを行います。

ホールは，北米文化にもとづいた対人距離と関連したコミュニケーションの特徴を研究しました。そして北米文化における対人場面での人と人との距離を次の4つのゾーンに分けました。

①密接距離（0～0.5メートル）

この距離は愛情，慰め，保護など身体接触が可能な距離です。夫婦，親子，恋人，きょうだいなどごく親しい間柄に許されます。この距離にそれ以外の人が侵入してくると，不快感や不安感が生じます。

②個体距離（0.5～1.2メートル）

相手と視線を合わせたり，握手することが可能な距離です。この距離はお互いに親密性が生まれ，個人的な会話ができますし，プライバシーも確保できます。

③社会距離（1.2～3.5メートル）

簡単に相手と触れあうことが可能で，好きな時に別々になれる距離です。社会的役割から生じる相互の間柄をあらわし，ビジネス場面などによくみられます。この距離から他者を見下ろすと，威圧する効果もあります。

④公衆距離（3.5メートル以上）

一方的なコミュニケーションの時にとられる距離です。集会で代表者が演説したり，学生を相手に教師が授業したりなど，大きな声で相手に呼びかけをするのに適しています。

ホールによると，対人距離には文化差があり，対人距離を小さくしてお互いが接近したコミュニケーションを行うのを好む文化もあれば，それをプライバシーが侵害されたと感じ，対人距離を比較的大きく保つのを好む文化もあります。また，同じ文化内でも，対人距離のとり方には個人差がありますし，ふだん，私たちは相手や状況によって対人距離を変えてコミュニケーションをしています。

じむことができる人と，そうではない人の違いはどこにあるのでしょうか。

異文化適応のタイプについて，ベリー（Berry, 1986）は自文化に対する態度と相手の文化に対する態度の2つを軸にして，個人の異文化接触の適応タイプを4種類にまとめました。①異文化にも自文化にも好意的なタイプ：両方の文化を尊重し，学ぶことが可能です。②異文化には好

表10-2 異文化適応タイプと不適応タイプの性格特性 （近藤, 1982 より作成）

異文化適応タイプ	異文化不適応タイプ
外向的である	内向的である
積極的である	自閉的である
即応性がある	消極的である
柔軟性がある	依存的である
感受性がある	固着性が強い
自主性がある	独善的である
創造性がある	
耐久性がある	

意的で自文化に対して否定的なタイプ：自文化の欠点が目につき嫌悪的な見方をします。③異文化に否定的で自文化に好意的なタイプ：自文化の長所に気づき，異文化に反発します。④異文化にも自文化にも否定的なタイプ：両方の文化にうまくなじめません。

近藤（1981）は，異文化に対する適応タイプと不適応タイプについて，個人の性格特徴にもとづいて説明しています（表10-2）。異文化適応タイプは，異文化生活に積極的に関与しながら困難を自分自身で解決し，しだいに異文化に適応していけます（外向的・積極的・即応性・柔軟性・感受性・自主性・創造性・耐久性）。それに対して異文化不適応タイプは，異文化になかなかなじめず，異文化生活での困難を克服できません（内向的・閉鎖的・消極的・依存的・固着性・独善的）。

3．カルチャー・ショック

自文化から異文化に移行した際，異文化に接触したことが原因で生じる心理的不適応は，カルチャー・ショック（culture shock）とよばれています。カルチャー・ショックは，一定期間続き，時には心身障害を起こすこともあります。星野（1980）によれば，カルチャー・ショックとは個人が自文化がもつ生活様式，行動，規範，人間観，価値観と多かれ少なかれ異なる文化に接触した時の当初の感情的衝撃，認知的不一致で，それだけにとどまらず，心身症状，累積的に起こる潜在的・慢性的パニック状態だとされます。

しかし，カルチャー・ショックは否定的な側面だけでなく，相手文化への知識を深め，新しいものの見方や考え方を獲得することで自己成長をうながす機会にもなりうるとアドラー（Adler, 1975）は指摘しています。彼は，異文化に接触してから時間の経過とともにカルチャー・ショックを経験した個人が，異文化に適応する様相を表10-3に示す5段階にまとめました。①異文化との接触：異文化に移行したばかりで新しい経験を楽しむ段階，②自己崩壊：カルチャー・ショックが生じ，心身ともに混乱をおぼえる段階，③自己統合：異文化を拒絶しながらも順応の努力を始める段階，④自律：異文化生活の困難を乗り越える自信が芽生える段階，⑤独立：異文化で適応的に行動し，自文化と異文化の差異を受容できる段階です。

カルチャー・ショック
カルチャー・ショックに関する研究は，心理学だけでなく異文化間コミュニケーション学でも重要なトピックスです。カルチャー・ショックには個人差はありますが，心身症状や精神疾患をともなう場合があり，異文化移行期の不適応症状として臨床心理学の分野でも研究がされています。

表10-3 異文化適応過程 （Adler, 1975；稲村, 1980 より作成）

アドラー（1975）	稲村（1980）
異文化との接触（期）	移住期
自己崩壊（期）	不満期
自己再統合（期）	諦観期
自律（期）	適応期
独立（期）	望郷期

また同じ表10-3にある稲村（1980）の説では，次のようになります。移住期は異文化を新鮮にとらえ，精一杯の適応努力をしています。まだ異文化に対する不適応はほとんど表面化していない段階です。不満期には，アドラーの自己崩壊と同じように異文化不適応現象が心身ともに発生し，自文化と異文化を比較して異文化の否定的な側面ばかりが気になります。次の諦観期は，異文化受容が始まる時期に相当します。アドラーの自己統合と同じく，まだ完全に異文化を受容して，不適応を克服しているわけではありません。適応期には，異文化での生活を楽しみ，自律的に行動できるようになります。しかし稲村によれば，異文化生活を送る日本人でこの段階に達することができる人は少数です。望郷期には，自分が生まれ育った文化をなつかしみ，望郷の念がつのります。
　異文化適応過程をアドラーと稲村の知見から説明しましたが，この過程は，すべての人に一律にあてはまるものではありません。異文化に移行したときの年齢や異文化滞在期間，目的，地域，個人の性格などさまざまな要因の影響を受け，異文化不適応の程度や適応の期間にも個人差がみられます。

4．リエントリー・ショック

　これまで自文化から異文化への移行にともなうカルチャー・ショックと適応過程について説明してきましたが，次に異文化で生活する個人が，自文化にもどった時に生じる問題を取り上げます。一般にある年齢まで自文化で生活し，すでにある程度社会化した個人が異文化に移行し，再度自文化にもどったとしても，あまり深刻な問題が生じるとは認識されていませんでした。
　しかし，実際には自文化にもどる場合にも，異文化移行の時と同じように，自文化に対してカルチャー・ショックを受けたり，不適応に陥ることがあります。これをリエントリー・ショック（reentry shock）といいます。異文化に移行した時と同じく，帰国したての頃は自文化での経験が新鮮に感じられたり，なつかしさや喜びが先行します。しかしその時期がすぎると，自文化の生活様式や対人関係に困難を感じたり，自文化に対して疑問を感じたりするようになります。
　たとえば，帰国子女の再適応について考えてみましょう。異文化での滞在期間や異文化移行時の年齢にもよりますが，外国から日本に帰国した児童・生徒は母語である日本語を思うように話せない，学校生活になじめないなど自文化での適応に障害をきたすことがあります。それだけではなく，帰国子女にとっては自文化である日本文化が異文化となってしまい，カルチャー・ショックに陥る場合も少なくありません。
　このような帰国子女のリエントリー・ショックは，学校での集団生活，社会が排他的であるなど，日本社会の特殊性から起因する日本特有の問題として認識されていました。日本では，高度経済成長以降の日本企業の海外進出にともない，家族とともに海外赴任するビジネスマンが急激に増加しました。欧米では，帰国子女問題を一般に個人レベルでとらえ，対応していました。日本でも帰国子女問題は，個人レベルの問題として解決が図られていましたが，帰国子女の数が急増した結果，1980年代

後半から社会問題として注目されるようになりました。

第4節　セックスとジェンダー

1. 性差と性役割

　性差（sex difference ; gender difference）は男女の差異を意味し，セックス（sex）とジェンダー（gender）という2種類の言葉であらわされています。セックスは生物学的に決定された性のことで，男性と女性では分泌されるホルモンや染色体の配列などが異なっています。私たちのパスポートや運転免許証に記載されている性別は，生物学的に決定されている性，セックスです。それに対してジェンダーは，社会的・文化的な影響を受けて後天的に学習する性を意味します。

　人間の生来の性は，男性らしさ（masculinity）や女性らしさ（femininity）を形成して，行動させるわけではありません。乳児期には，自分の性を認知していませんが，幼児期になるとしつけや両親や周りの人々の行動や言動を観察して，自分が男性であるのか女性であるのかがわかり，それに対応した行動をとり始めます。このように，男女の性に応じてふさわしいと期待される行動の仕方やパーソナリティのあり方を性役割（gender role）といいます。これまでのところ一般的に男性は強く，たくましい，女性はやさしく，従順といった特性をもつことを求められ，社会生活のなかでそれぞれ異なる性役割を獲得することが期待されてきました。このような特性に関する最近の研究では，表10-4に示すように，男性らしさは職業的に成功する，心身ともに強い，感情的にならないこと，女性らしさは従順，依頼心が強い，繊細，周囲への気配りが得意，外見的に魅力的であることが社会的に望ましいとされていることが示唆されました（鈴木, 1994 ; 1996）。

　昔は，性役割が生来の特性のようにみなされ，男性は生まれつき専門性の高い職業に適し，女性ならば誰でも家事や育児に向いているというように，性役割にそった男女の分業がなされていました。性役割は，私たちの社会生活におけるさまざまな場面での行動を規定しているだけでなく，結婚，育児，職業，社会制度などに対する個人の態度や反応にも影響を与えています。

表10-4　性役割の特性 （鈴木, 1994 ; 1996より作成）

男性らしさ特性	女性らしさ特性
職業的成功と達成	従順
肉体的・精神的強さ	依頼心の強さ
独立心の強さ・自立志向の強さ	繊細な神経
感情をあらわさない	気配り
女々しくない	外見が魅力的なこと

2. 性役割とステレオタイプ

　性役割として期待される男性らしさや女性らしさの特性は，どんな社会にも存在し，性別間の関係や対人関係に影響を与えています。たとえば，私たちの社会では相手が男性であるか女性であるかは重要です。社会生活の実際の場面では，相手の性別によって話題や言葉づかいを変えることさえあります。まだ小さな子どもでも，養育者は性別に応じて異なった働きかけをします。たとえば，男児には自動車や怪獣のおもちゃ

> ■■■■ トピック 10-2 ■■■■
>
> ## ジェンダーの格差
>
> 　日本は他国よりもジェンダー格差が顕著であると認識されてきました。男女間には能力や適性に差異があり，男性は数学が得意で，女性は言語能力が発達し，パーソナリティにも違いがあるという認識も広く受け入れられていました。女性は一般的に男性よりも劣勢であるとの前提から，男性と同じ働きをした場合，「男まさり」「男性並みの能力」などと形容されることもめずらしくありませんでした。そのため，長い間，それぞれの性にふさわしい生き方が奨励されてきました。
>
> 　伊藤（2003）の研究によれば，戦国時代に来日したキリスト教の宣教師フロイスは，ヨーロッパの女性と比べて，日本の女性のほうが優位だと記録しています。たとえば，当時の日本女性はヨーロッパの女性よりも，社会参加の度合いが高く，発言権も強かったようです。日本の女性は自分の財産をもち，女性側からの離婚要求も普通のことだと，フロイスは驚きをもって当時の日本女性の様子を報告していました。
>
> 　日本に男尊女卑が定着したのは，家父長制度が支配的な江戸時代と明治時代あたりだと伊藤は指摘しています。とくに日本は明治から敗戦まで，女性に参政権がないなど，男性に比較して女性の権利が制限され，男女格差を強調した社会でした。第二次大戦前夜台頭したファシズムは，男性らしさを強調する社会を生み出しました。男性らしさが要求される社会では，女性にも良妻賢母という女性らしさが要求されます。
>
> 　近代化した社会では男性は外で仕事をし，女性は家事に従事する男女分業をうながしました。しかし社会的背景が変化すると，性役割意識にも変化がもたらされ，女性は家事をし，男性は仕事をするという二項対立的な性役割はくずれつつあります。
>
> 　性別は生物学的に決定されますし，男女間で身体能力や他の諸能力に差があることは否定できません。しかし男性らしさや女性らしさは，生物学的な要因で決定されるのはなく，当該する時代の社会環境から要求された性役割にすぎないのです。

を与えたり，活発に外で遊ばせ，女児には人形やままごとセットのような室内で遊べる玩具を選ぶようなこともあります。あるいは赤いものは女児に，青いものは男児にというように，それぞれの性にふさわしいと思われる色やデザインの服を着せたり，言葉づかいを期待します。

　しかし，性役割があらわすイメージは単純で，画一的なものにすぎないという批判もあります。ベム（Bem, 1982）は，社会から期待される男性らしさや女性らしさのような特性をもつ人は現実に存在しますが，実際の男女の差異には対応しないと主張しています。ウィリアムズとベスト（Williams & Best, 1982）は，25カ国の大学生各100名を対象にして，男女それぞれの特徴を包含した300種類の特性語を評定させました。その結果，男性は支配，自律，攻撃，能力の発揮，達成，忍耐，女性は謙遜，服従，養育，依存，愛情に満ちた世話，親密さが特性としてあげられました。文化間で共有された男女の特性を検討すると，経済的・社会的に発展した国では，男女の自己知覚が性別ステレオタイプ（sex stereotype）化されていないことも，その後の研究結果からわかってきました（Williams & Best, 1989）。

3. 性役割と社会化

　すでに述べたように，性別は生物学的に決定されますが，男性らしさ

や女性らしさは，人間に生得的に備わっているものではありません。私たちは，自分の性にふさわしい行動やパーソナリティを成長の過程で学習していきます。はじめは幼い子どもは両親や家族を通じて性役割を学習しますが，成長するにしたがって友人や教師，学校教育から影響を受けます。とくに幼児と児童期には，両親を性役割モデルとして学習するばかりでなく，両親は自分達の性役割を反映したしつけを行います。青年期になると，性役割に対する家族の期待や価値観の影響は継続していますが，いつもそれを受容するわけではなく，反発したり，自分から能動的に性役割を発達させていきます。

　社会化は両親や教師などの大人と子どもとの相互作用の過程であり，大人は子どもの養育や教育を通じて子どもに自分たちの性役割観を強化するだけでなく，大人も自分自身の性役割観を変更することがあります。また最近ではマス・メディアから，ステレオタイプ的な情報が大量に流れ出て，これが性役割についての社会化にも多大な影響を与えています。

4．性役割の変化と両性具有

　社会の変化にともない，性役割意識にも変化がもたらされました。女性は家で家事をとりしきり，男性は外に出て仕事をする家族や夫婦のあり方がくずれ，男女平等や女性の社会進出が特別なことではなくなりました。男女平等意識は，男性よりも女性に広く受容されているという報告もあります。伊藤（2003）によれば，1970年代頃からはじまった男女の対等な関係の要求は，女性から叫ばれ，国際的な広がりをもって「男性社会」に問い直しを迫り始めました。最近の若い世代のファッションをみると，ユニセックスなデザインが登場し，男性も花柄やピンク色のシャツを着たり，長髪にヘアバンドをつけたり，一見，性役割に縛られていないかのようにみえます。表面的には性役割意識が薄れ始めた印象を受けますが，伊藤が行った大学生を対象にした調査では，男性は外で働き，女性は家を守るというような性別分業を，女子学生の倍近くの男子大学生が支持していました。この結果をみる限り，とくに男子学生の意識面での性役割観に明確な変化は確認できませんでした。

　ベムは，男性らしさと女性らしさの二次元で性役割をとらえるのではなく，両方の特性をあわせもつタイプとして，これまでの伝統的な価値観にはない両性具有（androgyny）の概念を提起しました。両性具有はさまざまな環境に対して柔軟に適応する能力があり，精神的健康度も高いという特徴があります。これまでの男性らしさや女性らしさのステレオタイプに合致している人ほど，社会生活における適応度が高いと考えられてきましたが，その考えには修正が迫られています。

引用文献

Adler, P. S.　1975　The transitional experience: An alternative view of culture shock. *Journal of Humanistic Psychology,* **4**, 13-23.
Allport, G. W.　1954　The historical background of modern social psychology. In G. Lindzey (Ed.), *Handbook of social psychology*, 1. Reading, MA : Addison-Wesley.（高橋徹・本間康平訳　1956　社会心理学史　清水幾太郎他監修　社会心理学講座1　みす

ず書房)

Allport, G. W.　1958　*The nature of prejudice*. Cambridge, MA : Addison Wesley.（原谷達夫・野村　昭訳　1968　偏見の心理上・下　培風館)

Altman, I., & Chemers, M.　1984　*Culture and environment*. New York: Cambridge University Press.（石井真治監訳　1998　文化と環境　―環境と人間行動シリーズ4―　西村書店)

Bem, S. L.　1981　Gender schema theory: A cognitive account of sex typing. *Psychological Review*, **88**, 354-364.

Benedict, R.　1946　*The chrysanthemum and the sword: Patterns of Japanese culture*. Boston, MA: Houghton Mifflin.（長谷川松治訳　1967　菊と刀―日本文化の型―　社会思想社)

Berry, J. W.　1969　On cross-cultural comparability. *International Journal of Psychology*, **4**, 119-128.

Berry, J. W.　1986　The comparative study of cognitive abilities: A summary. In S. E. Newstead, S. H. Orvine, & P. L. Dann (Eds.), *Human assessment: Cognition and motivation*. Dordrecht, Netherlands: Martnus Nijhoff.

Bochner, S.　1982　The social psychology of crosss-cultural relations. In S. Bochner (Ed.), *Culture in contact*. Pergamon Press.

Child, I. L.　1954　Socialization. In G. Limdzey (Ed.), *Handbook of social psychology*, 2. Cambridge, MA: Addison-Wesley.

Du Bois, C.　1944　*The people of Alor: A socio-psychological study of an east Indian island*. Minneapolis: University of Minnesota Press. Cited Barnouw, V.　1979　*Culture and Personality* (3rd ed.) Homewood, Ⅲ. The Dorsey Press.

Erikson, E. H.　1959　*Identity and the life cycle; selected papers in Psychological Issues*. New York: International University Press.（小此木啓吾訳編　1973　自我同一性　誠信書房)

Fromm, E.　1941　*Escape from freedom*. New York: Farrar and Rinehart.（日高六郎訳 1951　自由からの逃走　東京創元社)

Goodenough, W.　1961　Comments on cultural evolution. *Daedalus*, **90**, 512-528.

Hall, E. T.　1966　*The hidden dimension*. New York: Doubleday.（日高敏隆・佐藤信行訳　1970　かくれた次元　みすず書房)

Herskovits, M. J.　1955　*Cultural anthropology*. New York: Knopf.

星野　命　1980　概説・カルチャー・ショック　星野　命 (編)　カルチャー・ショック　現代のエスプリ, **161**, 5-30

伊藤公男　2003　「男らしさ」という神話　NHK人間講座8月～9月期　日本放送出版協会

稲村　博　1980　日本人の海外不適応　日本放送出版協会

Kluckhohn, C.　1949　*Mirror for man: Anthropology and modern life*. McGraw Hill.（外山滋比古・金丸由雄訳　1971　文化人類学の世界　講談社)

Kroeber, A., & Kluckhohn, C.　1952　*Culture: A critical review of concepts and definitions*. Cambridge, MA: Peabody Museum.

近藤　裕　1981　カルチュア・ショックの心理―異文化とつきあうために―　創元社

Pike, K. L.　1967　*Language in relation to a unified theory of the structure of human behavior*. Jaua Linguarum, series maior 24. The Hague: Mouton.

Segall, M. H., Dasen, P. R., Berry, J. W., & Poortinga, Y. H.　1990　*Human behavior in global perspective: An introduction to cross-cultural psychology*. Boston, MA : Allyn and Bacon.（田中國夫・谷川賀苗訳　1995　比較文化心理学　――人間行動のグローバル・パースペクティブ　上巻　北大路書房)

鈴木淳子　1994　脱男性役割態度スケール（SARLM）の作成　心理学研究, **64**, 451-459.

鈴木淳子　1996　男性と女性に期待されるもの―性役割―　宗方比佐子・佐野幸子・金井篤子 (編著)　女性が学ぶ社会心理学　福村出版　pp.132-145.

Triandis, H. C.　1995　*Individualism and collectivism*. Bonldre, Co: Westview Press.

Tylor, B. B.　1958　*The origins of culture*. New York: Harper & Row.

Wertheimer, W. 1923 Untersuchung zur Lehre von der Gestalt, Ⅱ. *Psychologische Forschung*, **4**, 301-350.

Williams, J. E., & Best, D. L.　1982　*Measuring sex stereotypes: A thirty-nation study*. Beverly Hills, CA: Sage.

Williams, J. E., & Best, D. L.　1989　*Sex and psyche: Self concept viewed cross-culturally*. Newbury Park, CA: Sage.

第11章

家族とパーソナリティ

第1節　家族とは何か

　家族とはいかなるものでしょうか。社会学や心理学を中心に，生態学や動物学にいたるまでの書物をひもといてみると，家族の定義がさまざまな角度からなされているようです。そこで本節では，まずこの「家族」を定義するとともに，その発生や起源について概観することにします。

　家族は英語で「family」といいます。一般に，私たちは家族というと，親と子の存在を想定したり，「皇室や英国王室（ロイヤルファミリー）」など，親族（血族）を意味するものと考えます。しかしそれでは，「つんくファミリー」や「小室ファミリー」，さらには，ゴッドファーザーひきいる「マフィア（組織暴力団）のファミリー」も同じようなものと考えられるでしょうか。そうではないような気がします。そこでまず，家族，あるいはファミリーとよばれているものは，どのように定義されるのでしょうか。

1. 家族の定義

　WHO（世界保健機構）によれば，家族は次のように定義されています：すなわち「さまざまな社会が形成され，維持されるための社会的単位」というのです。

　つまり，家族とはユニット（箱）であり，そのなかで（生計をともにすることなどによって）さまざまなニーズ（欲求）を満たす（目的をもった）人間関係が存在し，結果として人の社会システムを成立させるものとなります。また，ファミリーは狭義では血族や親族による次世代の再生産，つまり子育てを通しての社会の形成維持ということになりますが，広くは音楽活動や組織的暴力活動などの共通の欲求充足目的をもった人間関係集団とも定義することもできるのです。

　本章では，上記のような広義のファミリーの立場をとらず，家族を，①夫婦・子どもたちなどの構成員による人間関係が展開されるユニットとし，②そのなかで構成員の生理的ニーズ（たとえば，子育てや介護などをふくむ衣食住），心理的ニーズ（たとえば，情緒の安定や精神的サポート），および社会的ニーズ（たとえば，教育や社会化）が提供され，③子育てにより子どもが自立し社会化され，その結果として社会が形成維持されるシステムであると定義します。

2. 家族・家庭・世帯：家族＝社会制度＋情緒的交流＋子育て

　最近のコマーシャルで，「I have a family」というのがみうけられますが，このファミリーが家族ということになります。そこでは，たとえば，母親と父親，そして2人の子どもという，ほんわか4人家族ということになるのですが，それでは「子どものない」場合，「ひとり親」の場合，「独身」の場合，片親が「単身」赴任の場合，それぞれを家族とよぶことができるのでしょうか。

　家族と類似した用語に，「家庭（home）」，「世帯や所帯（household）」，また単に「家（house）」などがあります。日常的には，4人家族や6人家族など，構成員の数をあらわすときには，家族が使われているようであり，家族は自分と生活をともにする，あるいは，生計をともにする集団とされています。

　一方，独身（single, unmarried）や単身（without one's family＝「家族のない」）は，独身世帯や単身世帯（単身家族ではない，単身家庭でもない）とよばれます。同様に，「子どものない家庭（family without children）」，「ひとり親家庭（single parent family）」などでよばれることもあるのですが，それぞれ「子どものない家族」，「ひとり親家族」とはあまりよばれません。また「家（イエ）」は，社会学的には「家制度」として説明され，いろいろな分野で使用されるもっとも大きな概念になっています。

　上記の定義に従って「家族」として規定されるためには，以下の3視点が含まれていなければなりません。

　①主として社会・経済学的視点：生計をともにしたり，社会が採用する生活単位（ユニット）としての「世帯」に加えて，

　②主として心理学的視点：居住や生活をともにする構成メンバー間の情緒的な交流や心理的ニーズの充足が，「家庭」とよばれる形で必要とされるほか，さらには，

　③主として生物学的視点：次世代の再生産としての「子育て」，すなわち，子どもの自立と社会化が必要である，というものです。

3. 家族＝世帯＋家庭＋子育て

　たとえば，独身者や単身者は社会ユニットとして世帯をなすだけであり，この独身世帯，単身世帯は家族でもないし家庭でもありません。それは，それらの世帯には家族と規定するための「子育て」が行われていませんし，「家庭」をなすための構成メンバー間の情緒的な交流もないからです。

　もちろん，独身寮で共同生活する者は，他の居住者との情緒的な交流は保障されることがあり，家庭的ではありえましょうが，上記の理由により家族とはよべません。

　また，DINKS（子どものない就労カップル：double income no kids）や同性愛カップルも，生計をともにすることなどによって世帯をなし，情緒的交流も保障され家庭とよぶことができますが，実子を産んだり，養子を育てるなど子育てに関与しない限り，家族とよぶことはできないのです。

以上を要約すると,「家族」は,①社会・経済学的視点,②心理学的視点,③生物学的視点を含み,④社会制度としてのユニット,⑤情緒的交流が展開される人間関係,⑥子育てという人間社会の再生産システムとして説明されます。

第2節　家族のライフ・コース

次に,本節では,ヒトの家族がどのようにして成立・展開・再生されていくのかについて,その構成員である人のライフ・コース（生涯発達過程）から検討することにします。

すなわち,家族のライフ・コースとは,①家族システムの確立,②家族システムの調整,③子どもの旅立ち,④家族システムの再構成という順に営まれていくのです。

1. 家族システムの確立

①一夫一妻

まず,家族の成立について述べます。つまり,構成員がどのように集まり人間関係を形成するようになったのでしょうか。かつての「人類は乱婚形態からはじまり,現在の一夫一妻へと移ってきた」という家族理論は,現在では進化論や人類学などの研究により否定されており,その起源より「一夫一妻」の形態をとっていたと考えられています。

②「セッカチ君」と「ジョジョニさん」

この「一夫一妻」の家族の成立,すなわち,メスとオスの結びつきに関しては,後述するように,食物交換,子どもの養育などの要因が仲介したと考えられますが,これは人間のオス・メス一般の「時間的」特異性,言い換えれば「セッカチかどうか」に還元できるかもしれません。表11-1でみられるように,ヒトが進化してきたうえで獲得してきた身体的特徴（たとえば,運動能力の大小や生殖に要するエネルギー量の大小など）が,ヒトのオスを「セッカチ君」に,メスを「ジョジョニさん」にしたといえます。

表11-1　家族の成立をすすめたとされる男女の身体差

女性	思春期以降　卵は1個／28日排出。 赤ちゃんは鋭い感覚・触覚・嗅覚をもち,死産や障害が少ない。 手先が器用,慎重な遊びで怪我が少ない。 体重の25％を占める脂肪は約2倍。歩幅が小さい。 比較的長寿で,適応力が高い。
男性	思春期以降　多量の精子を生成。 新生児は身体運動が活発で,視力がよい。 運動能力が大きく,ダイナミックな遊びをする。 大きな心臓や骨格をもち平均26kgの筋肉は約2倍。30％強い筋肉で早く走れる。 短命。

（平均値を男女比較したもの）

具体的に男女を比較すると，男の新生児は視力がよく，手足を動かすなどの身体運動もより盛んで，活動性が高い。男児は女児より身長や体重が大きく生まれ，発達につれて男性は女性の約2倍の筋肉をもつようになります。一方，女児は触覚，嗅覚，聴覚などの感覚器官が鋭く（したがって，感情の発達が促される），発達につれて男児の好む粗野な遊びよりも器用な手先を使う遊びを好み，けがや事故も男児より少ない。また，成人女性は，広い骨盤をもち（したがって歩幅が小さい），身体に多くの脂肪組織を蓄積します。この結果，男性は「狩猟」で成功をおさめられるような大きく，力強く，速く「移動」することのできるたくましい身体へと，女性は「出産」などに適した組織と，狩猟などで移動したりせず器用な作業ができるような身体へと進化してきたのだといえます。

③男＝「狩猟」（動物の肉）対 女＝「採集や栽培」（植物や穀物）

「狩猟」で動物性の高たんぱくの肉を獲得した男性は，今日のように冷蔵庫のような保存手段がありませんので，その肉を早く食べる必要があります。これは，採集や栽培によって女性が獲得した植物性繊維と穀物類は，比較的長期保存ができるという点と異なっています。この動物の肉と植物・穀物の食物交換によるバランスのとれた栄養が，男性と女性の結びつきを促進したと考えられるのです。

また，生まれつき存在し，思春期以後約月1個の割合で徐々に排出される卵は，たんぱく質に富んだ大きな細胞です。これに対し，ＤＮＡと尻尾からなる非常に小さいのですが運動能力の高い精子は，思春期以後多量に生成され排出されます。受精した卵は，女性の身体の中で280日あまり過ごすことになりますので，生殖に関して女性は多くのエネルギーと時間を要します。

以上のようにみると，男性の「セッカチサ」，女性の「ジョジョニサ」という「時間的」特異性が家族の成立に役割をになったことがわかります。

「狩猟」は，けものを大声をあげて追い立てる際や獲得した肉をめぐる社会闘争の際に必要な男性の攻撃性を高めたと考えられます。また，獲られた肉のような高たんぱくな食物は，ヒトの大脳を発達させたのです。前述したように，女性は男性との食物交換でこの肉を手に入れるのですが，女性は自分と子どもの生存を保障するために，より多くの肉を獲得してくれる男性にひかれたと考えられます。また，妊娠中の身体や出生した子どもの世話，さらにはその後の子育てには多大なエネルギーを要しますから，この子育てなどに対する協力を考慮して男性を選択したとも考えられます。さらに，感覚器官の発達の著しい女性や子どもには，高い攻撃性をもって自分と子どもに接する男性よりも，やさしさあふれるパートナーが必要になり，ここにおいて男性は「狩猟」で高めた攻撃性を弱めることが余儀なくされたのでしょう。

④繁殖戦略

このような女性の慎重な生存と生殖相手の選択に比べて，男性の生殖相手の選択は，多くの精子を放出し多くの子どもを残そうとする繁殖戦略にもとづいているかに思われるかもしれません。しかし，この戦略に

従って多数の子どもを産み放しては，子どもの生存が保障されません。また，前述したように子育てには多大なエネルギーを要しますので，子育てのために自分自身の生存や生活がおびやかされることになります。まわりの環境には，自分や子どもたちの生理的ニーズの他，さまざまなニーズを満たすものがそう簡単には準備されておりません。さらに，産まれくる子どもが，確かに自分の遺伝子を受け継ぐ子どもでなければ，男性は子育てには投資しにくいのです。このようにして，他人の子どもではない自分の子どもを産んでくれる貞操ある女性を選択し，自らも子育てに協力するという行動様式が男性の側に組みこまれていったのです。つまり，一見相手を特定化しないような男性の繁殖戦略も，生存と生殖に関してはきわめて慎重なものといえます。

⑤「一夫一妻」8割，「一夫多妻」2割，「一妻多夫」0

これまでみてきた家族構成員となる男女の慎重な配偶者選択は，単純には「一夫一妻」という家族制度の確立を意味しません。純粋なキリスト教の文化をもつヨーロッパなどは「一夫一妻」ですが，すべての民族が「一夫一妻」を採用しているわけではなく，多く（全民族の約80％）は「一夫多妻」です。一方「一妻多夫」は，類似の遺伝子をもつ血縁の兄弟などで花嫁を共有する以外はみうけられません。なぜならば，産まれてくる子どもがどの父親の遺伝子を受け継いでいるのかが不明では，父親からの養育投資が期待できず，子どもの生存が保障されないからです。そこで，アラブの国々などでは，財力をもちエネルギーのある男性は，自分の生存や自分の遺伝子を受け継ぐ子どもの生存がともに保障されますから，多数の妻（ハーレム）とその子どもたちをもてます。ハーレムの女性にとっても，自分自身の生存を保障してくれ，さらに子どもに養育援助のできる力強い男性を選択することは，個人の生存と生殖を成功させることになります。言い換えれば，貧乏人の妻（一夫一妻）になるよりもお金持ちの妾（一夫多妻）になる方がよいという戦略がとられ，これも子育てに対する協力を考慮して男性を選択しているといえます。逆に，ハーレムにも属さず，男性から経済的援助なども得ることなく，生まれた子どもを育てる「シングル型（母子家庭型）」もアフリカの国々や今日のアメリカ社会のなかに存在します。

そもそも，多くの高等動物やテナガザルなどをのぞく私たち人間に近い霊長類は，ハーレムを築く「一夫多妻」や，乱婚の結果メスによる「シングル型（母子家庭型）」の形態をとり，オスによる子育てはされません。もっとも鳥類は「一夫一妻」制度の代表とされ，メス・オスとも子育てをするようですが，近年の研究では，メスとオスのつがいからではない婚外子も多くいることがわかってきています。つまり，純粋な「一夫一妻」を守っているとは考えられず，メス・オスそれぞれの繁殖戦略に従って，他のオスやメスとの関係がみられます。さらに，この鳥類の「一夫一妻」は繁殖期に限定され，次の繁殖期には別のペアが形成されるのです。これらの点では，人間は異なっており，多くが「一夫多妻」，「一夫一妻」，や「シングル型（母子家庭型）」などにより子育てを行う家族形態をとり，一生涯という比較的長い人間関係を維持しようとします。言い換えれば，子育て行動が人間の女と男を結びつけ，家族と

> **トピック 11-1**

人生プラスマイナスゼロ！

　ヒトのライフサイクルを家族を軸にして考えてみると，4つの時期（養育→子育て→介護→被介護）に分けられます。

　(1) ヒトは，家族というユニットのなかで生まれ，多くは母親や父親という養育者によって愛情豊かに育まれます。子どもたちは，家族の構成員や家族外の地域社会から生活が保障され，多くの愛情や貢献を受けることによって自らの発達が促進されるのです。

　(2) そして，社会化し自立した成人になると労働し，同時に，将来に向けて生活をともにするパートナーを慎重に選択します。多くのカップルが愛し合い，家族のなかで自らの子どもを産み育て，社会化させることは，次世代の労働力の再生産という社会的貢献をすることにもつながります。もちろん，子どもを産まないという選択も十分可能であり，その場合でも，社会におけるさまざまな労働などによって広く社会貢献をすることになります。

　(3) その後，子どもが自立し，すべての子どもたちが巣立っていくと，多くの場合，新婚時代のようなパートナーとのふたりの生活に回帰することになります。しかしこれは，蜜月のような甘い生活ではなく，時期を前後して自分を育ててくれた両親への介護がはじまります。在宅での介護や施設での介護がこれにあたります。子どもがない家庭でも同様，いろいろな形での両親への介護にかかわることになります。

　(4) お互いの加齢にともない，一方のパートナーの死に遭遇することになります。多くの場合，最後は本人自身も，家族の構成員などから介護を受けた後，看取られて逝去することになります。高齢社会ともいわれている今日，介護を受ける期間は十年に及ぶこともあるのです。

　以上のことから，家族とは非常に興味深いものであります。つまり，家族はその外側にある社会と絶えずつながっており，ある時期には，家族の構成員が社会から広く貢献を受けることになりますが，一方，別の時期になると，社会に対して貢献をすることになるからです。上記の家族の構成員自らが養育を受ける(1)の時期と，介護を受ける(4)の時期が，前者の社会からの貢献にあたり，子育てをする(2)の時期と，介護をする(3)の時期が後者の社会への貢献にあたります。そこで，社会への貢献をプラス，社会からの恩恵をマイナスとすると，ヒトの人生は，(1)−，(2)＋，(3)＋，(4)−ということで，プラスマイナスゼロとなります。

いう生存と生殖に重要な人間関係ユニットを形成する要因になっているといえるのです。

2. 家族システムの調整（親子の人間関係と子育て不安）

①親子関係

　家族システムのなかにはさまざまな人間関係があります。なかでも重要な親子関係は，主として子どもの社会化を促進するための，親の養育行動が中心となります。親の養育行動は，さまざまなニーズを提供し調整することによって，子どもの生存と発達を保障し，自立や社会化を促進させ，パーソナリティの発達も促進するのです。

　社会生物学的見方では，親による子育ては自分のもっている遺伝子を子どもに伝達するという営みにすぎず，その目的のために親は多大なコストを用いて養育投資をするようにあらかじめプログラムされていると

いうのです。同様に子どもも人生の初期にはひとりで食事もとれず，この親からの投資がなければ生存が危ぶまれるのですが，多くの生得的行動のレパートリーをもっていて，親の養育行動，すなわち親の投資を引き出すシステム（＝投資要求戦略）をもって誕生します。したがって，親子関係とは，親と子どもの両者にプログラムされている，いわば関係の質の高低を問わない，普遍的で自然な人間関係であるといえます。

たとえば，生まれたばかりのひなが親鳥を追尾するというローレンツ（Lorenz, K., 1952）の刻印づけの現象があります。これによって，第一に，ひなは親鳥の周りにいることで容易に食物が得られ，外敵から保護されるので，生存が保障されます。第二に，成熟後，異種間ではなく親鳥と同じ様相の個体を配偶者選択し生殖に役立ちます。この現象に代表されるような生得的プログラムを動物はもっていますが，人間もまた同じです。種の保存のため自己の遺伝子を次世代に受け継がせるように人間もプログラムされているので，配偶者を選択し家族を形成することによって，親は子どもの保護などを行ってきたのです。つまり人間の親子関係も，動物と同じルーツをもつ生得的プログラムが稼働するのです。

親子関係というと出生後の人間関係を想定するかもしれません。実際はしかし，出生前からそれは始まっており，胎児期からの人間関係と考えられます。超音波画像診断法を使うと，子宮内にいる胎児を直接見ることができないにもかかわらず，胎児の能力や行動を視覚的にとらえられます。明暗を感じる視力は妊娠7ヵ月においてほぼ完成しており，音に対する反応は5ヵ月，味覚は7ヵ月において機能することが明らかになっています。胎児のこれらの能力のおかげで，養育者とのコミュニケーションが可能になるのです。たとえば，胎児に声をかけている母親だけでなく，母親の大きなお腹に向かって声をかけている父親に対しても，胎児は5ヵ月くらいから羊水内で身体の動きで反応し，コミュニケーションをとろうとしています。また，羊水内で父親の声を聞いていた胎児は，出生後も父親の声を認識し体動でかえします。このエントレイメントとよばれている反応は，言語の能力が制限されている新生児に独特のコミュニケーションの方法です。そしてエントレイメントで反応された大人は養育行動が促されます。

②プログラムされた親と子の能力

新生児のもつさまざまな特徴は，親の養育を自然と引き出すようにプログラムされています。まず幼児成形，つまり「かわいらしい形態」には皆が反応します。通例，外観がぶよぶよで目や頭が大きく，3～4等身のまん丸とした新生児は，子犬や人気のあるぬいぐるみがそうであるように，大人の情緒を刺激し養育行動に駆りたてます。つぎに新生児反射は，外的な環境刺激に対して働き，食物摂取，危険回避，環境の積極的な取り入れなど，生存と発達に不可欠な機能を有する生得的行動レパートリーです。新生児反射は大脳の未成熟による不随意運動であり，発達とともに消失しますが，親の与えるさまざまな刺激に子どもが巧みに反応することで，親の養育行動がより促進されます。一方，内部の生理的刺激に対しては，新生児の睡眠・覚醒という生活リズムの生得的プログラムが対応します。新生児は昼夜の区別がなく，寝たり起きたりの生

活です。空腹感や不快感などで起きた新生児はさまざまな行動を行い，身体のエネルギーを自己統制します。結果としてまわりの養育者の行動をも活性化することになります。たとえば，お腹がすいたりオムツがぬれているなどの理由で泣く新生児は，まわりの大人に，授乳やオムツ替えあるいは言語的・視覚的かかわりといった行動を促します。また，眠りの浅い時や覚醒時にみられる新生児微笑は母性（親性）を刺激します。さらに，新生児の視角・聴覚・嗅覚などの感覚器官は前述のように胎児の頃より発達し，今やそれらの感覚器官を単独で用いるのではなく，統合（感覚間の協応）させることができ，大人とほぼ同じような効率的な外界認知の手段を有しています。

表11-2 新生児反射

口唇探索反射	片方のほほを指でつつくと，そのほほのほうへ口を向ける。
吸引反射	口もとの食物を取り込もうとする。
逃避反射	鋭利なもので足の裏をつつくと，痛みをさけるように足を引っ込める。
モロー反射	体を持ち上げストンと少し手をさげると，驚いたように両手でしがみつこうとする。
追視反射	動くものを目で追う。
把握反射	手のひらに触れたものを握りしめる。
自動歩行	立たせた状態で体をささえて左前に傾けると，右足を出す。

以上を整理すると，新生児のもつ多才な生得的能力は，巧みに養育者の投資を引き出すのに役立っており，一方の養育者にも，新生児の外観，反応，行動に対してスムーズに応答する能力など，子どもの生存と発達を保障するような生得的養育行動プログラムが準備されているようです。比較行動学者のボウルビー（Bowlby, 1969）は子どものもつ，微笑，泣き，抱きつき，しがみつき，注視，接近などの行動を生得的愛着行動として重視し，親と子どもの相互作用を可能にする予定調和的なシステムの存在を明らかにしています。

③社会化と個性化を通じてのパーソナリティ発達

さて，家族は子どもの生存を保障する機能をもつだけではなく，子どもの自立と社会化を発達・促進するユニットでもあります。社会化とは集団が共有する行動様式を定着させることであり，家族内の親子，兄弟，その他の人々との人間関係や，家族外の友達や学校での人間関係のなかで促進されます。家族が社会化の機能をもたないキブツ（イスラエルの共同体での集団保育）もごく一部に存在しますが，発達初期では多くの家族がこの機能をにないます。エリクソン（Erikson, 1959）は，子どもが他者との相互作用のなかで獲得していく発達段階に応じた態度や技能などを発達課題とよんでいますが，乳児期や幼児期の発達課題は，まさしく身辺自立と社会化に相当します。したがって親は新生児期に行っていたような子どものニーズを無条件に提供することから離れて，徐々に子どもを自立化させ，社会化や子別れをすすめるようになります。

動物世界での子別れは，食物や縄張りをめぐる争いを防ぐためのもので，哺乳類のなかには親が子どもの自立とともに，子どもを家族外に放り出すものもあります。人間の子どもは発達するに従って，前述したような生得的能力を基礎とし家族内外での学習経験を通して，より洗練さ

れた行動，パーソナリティを獲得していきます。家族内では親や兄弟などが，家族外では地域社会や学校教育などがこの役割をにないます。同時に，親も生得的養育行動プログラムを調整し，子どもが徐々に自立するように親子分離（母子分離）を促進していきます。ウィニコット（Winnicott, 1953）は，子どもが親との分離や不安時に使用するぬいぐるみやタオルなどを，移行対象とよんでいます。この親の代償物でもある移行対象の存在も子どもの社会性発達の促進につながるとされているのですが，子別れや子どもの自立に一役かっているようです。

いまや親の資質やまわりの大人からさまざまなことを学習して自立していく子どもは，自分自身の能力や適性を生かし個性化し，自分の可能性を開花させるべく独自性をめざします（自己実現）。このようにして，家族などによる社会化と子ども自身の個性化という発達プロセスが相補的に機能するのです。すなわち，子ども自身のパーソナリティの発達は，自身の生得的な能力や，養育者の生得的な行動プログラムをベースとしているものの，家族内外での学習経験によっても規定されているのです。

④子育て不安

近年，家族内での親の養育行動をめぐって不安が高まり自信を喪失し適応的な行動がとれない状態，すなわち，子育て不安が問題になっています。すでに，男女が子育てを考慮して結びつき，家族を形成するようになったと述べましたが，これはひとりでは子育てが十分にできないからです。以前は母性信仰が強く「母親による子育て」が良いと考えられていました。しかし，最新の発達心理学の知見からは，父親による子育てと母親による子育てに大きな相違がないこと，子育ては学習によるものであることが明らかにされてきました。すなわち，子育てを一方の性に固定する論理的必要性はみあたらず，生物学的に自然に行われるべき子育ても，不慣れな父親や母親にとっては不安の多いものであると考えられます。初めから理想的な子育てはなく，不安があるのは当然だという認識が必要なのですが，それ以上に不安は子育てに悩んでいる親の個人的な問題だけではありません。自己実現をめざして就労している母親が，子育てに仕事上のストレスやイライラをもちこむこともあります。すなわち，広く子育てを支援するシステムが不足していることも社会的問題なのです。ひいては，子育てに対する親の不安やストレスが，子どものパーソナリティ発達に大きな影響を及ぼすことも否定できません。したがって，子育ての社会支援体制が望まれ，家族内では子どもの個性化とともに親の個性化も必要です。前述したとおり，子どものパーソナリティは，子どものもつ生物学的な資質とともに，家族のなかでつちかわれてきた獲得的な資質の双方の結果といえるのです。

3. 子どもの旅立ち（配偶者選択と愛情の世代間伝達）

人間は，家族というシステムのなかで親から養育を受け保護され，発達するにしたがって親離れし，多くの場合，配偶者を選択し新しい家族を形成します。この配偶者選択について，ヒトの生存や繁殖戦略という生得的プログラムのみによって，オスは「自分の遺伝子を受け継ぐ子を産む，すなわちセックスを受け入れる」メスと，メスは「自分と子ども

に最大投資し子育てを十分にする」オスを選択するのではないのです。家族や社会での人間関係において社会化と個性化されてきた獲得的資質も同様に必要なのです。つまり、自立し社会化され情緒に富んだ個人の資質は、愛情豊かな家族の人間関係でつちかわれ、親のもつ資質が子によって学習・伝達され、配偶者選択や養育行動を方向づけるのです。

①ヒトの配偶者選択

青年の恋愛関係の発達をみてみると、①距離的近接説（住居が近いことや職場や学校で会う機会が多いことなど）、②類似説（年齢、学歴、意見、態度などが似ていること）、③社会的望ましさ説（容姿や性格や経済力など、ある社会文化において望ましいとされる特性をもっていること）があげられます。恋愛対象、ひいては配偶者選択に関して、上のいずれか一つの考え方がもっとも的確な説明であるとはいいがたいのです。たとえば、ゼミが同じ大学生カップルはキャンパスで比較的長時間すごすことになりますが、同時に年齢や学歴は類似しています。また、一時期は「彼氏」として高学歴・高所得・高身長が望まれましたが、すべての女性が特定の資質をもつ「彼氏」と結ばれるのではありませんし、調査の結果、容姿や学歴などが似ている相応のものであることが明らかにされています。

私たちは、外見的な魅力である容姿に強くひかれがちである理由として、①耽美的な満足感（顔立ちや容姿の美しい人を見ると、芸術作品を見るような満足あるいは性的満足がある）、②モデリング（多くの場合、テレビや映画の主人公は、美しく、強く、正義であるという観察学習経験を重ねている）、③威光による評価の向上（ある人が美しい人を同伴していると、その人の評価が向上する）などがあげられます。もっとも歴史をひもとくまでもなく、特定の時代や文化において社会的に望ましいとされる容姿はさまざまです。その時代に望まれる容姿に従って、若い未婚女性は（男性も）髪を整え化粧品や香水を使い、流行の洋服（なかには、矯正下着も）を身に着け、エステティックやエアロビクスに通うことによって、外見的魅力を高めることに投資する場合もあります。

②オスとメスによる子育て行動

動物世界をみるとメスが子育てをする多くの動物は、外敵から子どもを保護するためメスは地味です。一方、オスはたいていの場合メスより大きくて派手で目立ち、その生命力や力量を誇示するかのごとくふるまっています。メスとオスが協力して子育てを行う動物においては両者のあいだには大きさや派手さがあまり異なりません。メスよりもオスの方が積極的に子育てを行う動物においては、メスの方が大きくて派手であることが多く認められます。哺乳類のメスは子宮という器官をもち、受精後より「子育て」をし、生まれてきた子どもに、授乳・保護・教育などを行います。子どもの保護や子育てを手助けするオスは、確かに自分の遺伝子を受け継ぐ子どもでなければ、養育投資をしません。したがって、男女とも外見的魅力を高める今日の青年の行動は、男性が将来生まれてくるであろう子どもの父親であるという確信をもち、育児に協力する「一夫一妻」関係の構築をめざしているともいえるようです。

③「広義」の家族

これまで子育て行動のみが，愛する配偶者の決定要因と述べてきましたが，子どもを産むことや子どもの存在だけが家族の成立要件ではないこともあります。家族とは，共同生活をする夫婦という構成員が子どもを養育するだけです。言い換えれば，子どものいない家庭でも，同性愛者のカップルでも，その構成員がさまざまなニーズを供給しあったり，子育てのようなある種の目的達成を協力しあう集団であればよいのです。子どものいないカップル，同性愛者のカップル，結婚形態をとらない同棲や共同生活者など，新しい家庭，あるいは，すでに家族の定義のところで示したように，「広義」の家族が形成されているのです。

最近日本では未婚化・少子化が話題になっています。女性の高学歴化や社会進出が原因であるといわれることもありますが，山田（1999）によれば，キャリアウーマンでひとり暮らしの経験があったり，比較的年収が十分であった者の多くは，結婚している場合が多いといいます。むしろ，親と暮らしている専業主婦志向の未婚女性が増えており，これが少子化を招くシステムらしいのです。事実，アメリカやイギリスのように女性が社会進出している国ほど結婚率が高く，発展途上国などで子どもの出生率が高い国も女性が家族外で就労していることが多いのです。

つまり，親と暮らしている専業主婦志向の未婚女性は，親との生活が比較的高く安定していますから，配偶者選択の条件として経済面で高いレベルを要求します。したがって，このレベルに達しない相手とは，生活のレベルを落としてまでも結婚する必要がないと考えるわけです。自分自身の生存を保障してくれて，さらに子どもに養育援助のできる力強い男性を選択する生存戦略です。また，専業主婦化がおこる国では，必ず子どもの数が減ってくるようです。専業主婦化になると，結婚後の経済的レベルを確保するために晩婚化して高齢出産になったり，子どもの数を制限したりするなど少子化に直接結びつくのでしょう。さらに，「一夫一妻」の専業主婦の夫が，家族内でもバリバリと子育てに参加することは容易ではなく，まして多くの子どもを養育するなどとは考えにくいのです。

④子育ての世代間伝達

さて，結婚して産まれた子どもを家族内で育てる親の養育行動は，前述のように子の生得的行動プログラムに調和して反応し，両親により自然な子育てが保障されるプログラムになっているはずです。同時に，親はかつて自分が両親に養育された情緒的な人間関係を，現在の自分の子どもの養育にもち込みます。これは愛着の世代間伝達として報告されています。したがって，親子関係は自然に展開され，子どものパーソナリティが形成されます。しかし，家族内外の構造的変化を受けて，この親子関係にも，不自然さや病理が提示されることもあります。前述した「子育て不安」からひきおこされる親子関係の不自然さ，子どもの虐待や母子心中は社会問題となっています。

虐待は，表11-3のように定義されます。わが国の子どもの虐待件数は，1990年の調査開始から比較すれば，14年間で20倍の約2万件になっています。報告された虐待件数は，アメリカと比較すると，約30分

表11-3　虐待行為

身体的虐待	外傷の残る暴行（打撲，骨折，火傷など）や生命の危険のある暴行（首を絞める，溺れさせる，一室に拘禁する）
保護の怠慢	衣食住の世話をしないために起こる栄養不良や学校に登校させないなどのないし拒否　養育放棄
性的虐待	親や近親者による性的暴行
心理的虐待	心理的外傷をあたえる行為の結果，児童の不安やおびえ，うつ状態などの精神状態が生じる行為

（児童虐待調査研究会，池田，1984）

の1程度と少ないのです。虐待内容でも異なっていて，アメリカでは保護の怠慢が，わが国では身体的虐待が約半数を占めています。この差は，アメリカでは子どもの権利を優先させ，わが国では私権を保持するという制度上の差によるものだけでなく，以下の文化差も考えられます。

　キリスト教の影響の強いアメリカ文化では一般に，「一夫一妻」のもと，神の前で誓い合った「愛」を大切にします。この「愛」がなくなれば，結婚生活を終え離婚するのです。しかし，また新しい別の人と「愛」の確認ができれば，再婚して「一夫一妻」を繰り返します。この際，「愛」を育む当事者が大切で，連れ子の存在はうすいのです。これに対して，わが国では数十年前までは「妾」をもち，「一夫多妻」的となることが，ある程度容認される文化でした。多くの場合子育ては父親不在で，子どもを産んだ母親がひとりでにない，子どもは母親の私物（自分が腹をいためて産んだ子）であるかのように考えられていました。また米国では親は子どもの自立化を積極的にすすめ家族外へと方向づけますが，わが国では子どもと相互依存的で家族内に取り込もうとします。結果として，親子関係が不自然になったり，子どもの自立化に失敗したり，家族内のストレスが高まったりすると，アメリカでは，いわば邪魔な存在の子への虐待につながりやすく，わが国では私物である子どもとの死，つまり親子心中へとつながりやすいのです。

　動物の場合，群を乗っ取った新しいオスが子殺しをします。再婚相手の子どもは自分の遺伝子を受け継いでいませんし，また子育て期間中は妊娠させることができませんので，新しいオスは子殺しという虐待を行い，自分の遺伝子を受け継ぐ子づくりを開始します。不幸なことに，人間の親からの虐待による子どもの死亡も後を絶ちません。また同様に，人間も自分の遺伝子を受け継いでいない子どもの命を奪うこともあります。実子殺しと継子殺しを比較検討した北米の調査では，継子殺しは実子の40倍以上（Daly & Wilson, 1988）と著しく高いのです。また，愛着と同様，虐待も世代をこえて次の世代に繰り返されることもあるといいます。子どもをもつ親の子育て不安や虐待をなくす直接的・間接的な子育ての社会支援体制が望まれます。

4. 家族システムの再構成（新たな適応と老親介護）

　家族システムからの子どもの旅立ちは，単純には，妻と夫の家族関係への回帰になりますが，やがてともに死を迎える準備へとつづきます。中年期や老年期がこれにあたりますが，この時期には家族内外での複雑

な人間関係の調整を含めた家族システムが再構成されます。たとえば，子どもの旅立ちは，新たにその子どもにかかわる家族外での人間関係（たとえば，子どもの結婚相手やその親族との関係）の調整を必要とします。ほぼ時期を前後して，家族の主たる家族外労働者である者が，定年退職する時期になります。さらに，自己の身体変化とともに老親との人間関係（たとえば，介護などの問題）においても同様です。

①中年期の家族危機

青年期以降，自己像の確立という課題に取り組み，自立と家族構成員への依存との間で葛藤に陥り，多くの場合親と衝突していた子どもは，もはや家族内には存在しません。子どもが配偶者選択をし，家族外で新しい家族を形成したのであって，親にとっては完璧な子別れの達成になるはずです。しかし子育てのみに熱心であった親は，子どもが巣立った家族内で目的を失い，うつ状態になったりします。これを「空の巣症候群」とよび，中年期の家族危機とされてきました。子育てが中心で，自己実現や個性化を犠牲にしてきた多くの母親たちにとっては，精神的にめいることになります。またほぼ時期を前後して，家族外で家族のために労働に明け暮れていた父親は，「定年退職」という家族危機と遭遇します。毎日同じような時間に出勤し帰宅した生活から離れて，これからは家族内で多くの時間をすごすことになるのです。仕事中毒であった多くの父親にとっては，いわば燃え尽きた状態で精神的に落ち込むことになります。これら「空の巣症候群」や「定年退職」は，本当にすべての中高年を襲う危機的な出来事なのでしょうか。

中年女性の心理的幸福感を調査したバルク（Baruch, 1984）は，生活のコントロールと生活のよろこびの2次元で，さまざまな家族形態の幸福感をとらえようとしています。子どもの存在は，やはりよろこびを強めますが，最もバランスよく心理的な幸福感があると報告されたのは，結婚して，有職で，子どもがいる婦人でした。つまり，夫にかかわる人間関係，仕事にかかわる人間関係，子どもにかかわる人間関係が存在し，豊かな人間関係のネットワークをもつからでしょう。また，カーンら（Kahn et al., 1980）の社会的ネットワークモデル（コンボイ＝護衛艦モデル）によると，自分のまわりの友人を含む社会的な人間関係の量の大きさは，その人の幸福感を規定するといいます。さらに，老年期の適応を研究したニューガルテン（Neugarten, 1968）によれば，老年期への移行は，①新適応への移行に戸惑いをもつ者，②ボランティアなど異なる活動へ転換する者，③隠居（安楽椅子的）生活を始める者という3つのパターンに分かれるとされてきました。いうまでもなく，最も適応が高かったのは，異なる活動へ転換した者で，健康で生産的に新しい人間関係や生活に移行できるからなのです。

以上のことから，すべての中年が「空の巣症候群」や「定年退職」を危機的にとらえることはありません。それよりも，親は子育てという子どもの社会化や個性化のみに熱心にならず，家族外のさまざまな人間関係を構築するような自分の個性化を行う必要があります。かつて「子はかすがい」と，子どもの存在は夫婦をつなぎとめるものでしたが，優秀な子になるような子育ての完成が，役目を終えて燃え尽きた熟年離婚に

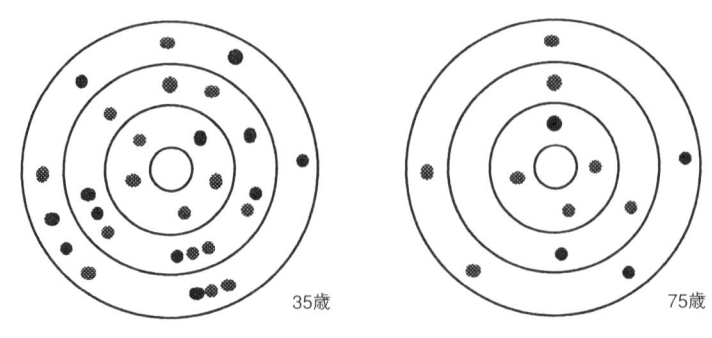

コンボイ（護衛艦）モデル（Kahn & Antnucci, 1980 による）
図11-1　社会的ネットワーク

つながることもあります。ますの（1985）の言うように，むしろ「子はカスがいい」のかもしれません。定年退職は，けっして人生の墓場ではありません。退職後は，むしろ夫婦でいる時間が増大することになるので，夫婦関係を立て直し，お互いの趣味を深めたり，ボランティアや余暇活動を愉しみ，豊かな人間関係を構築すべきです。これによって，新たな老年期への移行を迎えることができるのです。

②高齢者の能力

　高齢者は無能で無力であると考えられがちですが，実はそうではありません。一般に，高齢者の体力，視力や聴力も衰えてきますが，年をとればとるほど，すべての面において無能な存在に近づくわけではありません。これらの生物学的・身体的老化が引き起こす心理学的老化により，他人とのかかわりが減少してくるのです。学習や十分なかかわりなどによっては，結晶性知能つまり語彙数などの経験の影響を受けやすいとされる知能は，80歳ぐらいまで低下しないということが明らかにされています。老人の知能の生涯発達を世代差を考慮にいれて検討したバルテスら（Baltes et al., 1980）の研究からも，老人の有能さが明らかにされています。このようなことからも，中年期から老年期にかけて充実した生活を送ることは可能です。しかし現実は十分な余暇活動を愉しめるほど甘いものではありません。自分を愛してくれた親や，家族内の老親介護の問題がわきでる時期にあたるからです。

　もっとも，いにしえより老人が無能で不必要なものだと考えられていたわけではありません。村の長老やインディアンの老酋長，おばあちゃんの知恵，あるいは，スターウォーズの老師ヨーダ等の名前を出すまでもなく，老人は若者にはない長い生活経験と豊かな英知があると考えられており，それが困難な課題解決が要求されるときに役に立つのです。また，「姥棄て山（親棄て山）」という有名な民話（伝承）があります。貧しい村で食料が底をついてきたとき，食いぶちを減らすため子が老親を山へ捨てに行く話です。実は多くの「姥棄て山」民話では，親を捨てきれずに戻って家族と再出発する，新しい村を見つけその親子が暮らすなどという結末で，親殺しはされません。ここに，家族の在宅介護，すなわち高齢者を家族のなかの豊かな人間関係で支えていこうという姿勢がみられます。

ただし，今日の高齢者の介護は，かつての在宅介護とは異なっています。平均寿命が延び，超高齢社会の先端を行くわが国では，老人がさらに高齢の老人を介護する老老介護になってきました。つまり，1，2世代前までの，若い元気な成人が，（平均寿命の短い）老人を短期間在宅介護するのではなく，高齢者が超高齢者を長い間，しかも専門的な技術をもって在宅介護に取り組む必要がでてきました。これでは，家族内の介護者が質の良い在宅介護を十分に提供することはむずかしいでしょう。ここに社会的介護というプロの必要性がみられます。むしろ家族の人たちは十分な愛を注ぐのが大切で，介護に疲れ果てていたのでは，愛情ある人間関係を保持していくのは不可能です。

③家族介護
　では，なぜ家族での在宅介護がむずかしいのでしょうか。わが国では今日まで介護者は多くの場合，女性，とくに結婚し同居する嫁でした。どうやら樋口（1999）のいうように，厚生労働省も近年まで嫁による介護を高齢者福祉の含み資産であると考えて政策を展開したようです。もちろん婿や男性の介護者がきわめて少ないのは，わが国の文化や社会制度的な要因も絡んでいます。第一にわが国は，発達初期の親子の身体接触は十分にみうけられるのに，児童期や成人になってからの身体接触が少ない文化です。欧米人は気軽に抱きついたり，キスをしたりする大人の身体接触は多いのですが，わが国ではそのような習慣はみられません。まして，一般に男性が自分の母親の介護で，裸体の母親の世話をするのは好んでできないことです。これには，フロイト的（幼児の親に対する性的願望＝エディプス・コンプレックス）な考え方や，インセスト・タブー（近親相姦の禁止）が働き，規制がかかるといわれていますが，調査によれば，被介護者である母親も，息子に介護されることをあまり望んでいないようです。第二に，沖藤（1999）によれば，社会的な介護にゆだねると家族の絆がなくなるという恐れをもつようです。つまり，豊かな篤志家による貧民の救済から始まったわが国の福祉の現状では，社会的なサービス（措置）に頼りたくない，あるいは，そこまで落ちぶれていない，という意識が根強いからとされます。いずれにせよ，在宅介護をする場合は社会的介護のプロをうまく利用して，愛ある人間関係とともに，高齢者の豊かな生活を保障するのが望ましいと考えられます。

　そもそも人間だけが，老親の介護をします。多くの動物は，親との関係をもたないか，短期間家族的な関係をもったとしても発達とともに親から離れて，あるいは親が子離れをして生活します。人間のように配偶者選択をしてから，あるいは離婚してから家族に戻ったりすることはなく，親子の関係は決して終生続くものではありません。長い人間の歴史のなかで，家族が高齢者と豊かな生活を続けてきていることは，生物進化の流れのなかでは，大変有意義なことに違いないことです。高齢者と生活をともにする家族では，そうでない家族と比較して，構成員のパーソナリティ形成に与える影響は異なってくるでしょう。

> ### トピック11-2
>
> ### 家族のなかでの愛
>
> 　ヒトには多くの動物と異なり，他者に対する豊かな「愛情」があります。われわれを含む哺乳類は，他ならぬ自分の子に対する愛情（＝「子育て」）によって，この世のなかに広く生息するようになったのです。「子育て」されなかった他の動物の子どもたちは自力で生活するのが困難であったり，かつての氷河時代の極寒に耐えられずに死滅してしまったと考えられています。
>
> 　最新の研究では，上記のようなヒトの子どもに対する愛情は，「愛情ホルモン」とよばれるオキシトシンが関与しているようです。ネズミを使った実験によれば，オキシトシンを投与されたオスはパートナーを早く見つけたり，つがいになると相手から離れようとせず接触が頻繁になったといわれています。同様にヒトの実験では，このオキシトシンやオキシトシンに似たバソプレッシンという物質が性的興奮によって多量に分泌され，男女両者の絆をつなぐ役目をになっているらしいのです。
>
> 　ここでヒトの愛情を大きく「穏やかな愛情」と「情熱的愛情」とに二分してみます。前者の「穏やかな愛情」とは，心の安定や感情の共有など「子育て」やその他人間関係に必要な静的な「保湿剤」ともいえ，上述のオキシトシンやバソプレッシンが関与しているといわれています。一方，後者「情熱的愛情」は，他のことに集中できないくらいの強い一時的な愛情や不倫行動など動的な「起爆剤」ともいえるもので，セロトニンといわれる脳内物質が関与していると考えられています。すなわち，ヒトでは「子育て」という安定した行動とともに，時として不倫行動をともなう可能性も示唆されることになります。
>
> 　事実，多民族調査からは，子どもが4～5歳くらいまでは親からの養育投資が行われますが，4歳を過ぎると身辺自立し，そうなると（起爆剤がより多様な能力をもつ新たな子どもを残すようにと）男女とも配偶者の取り替えを試みるなどの不倫行動などがあらわれるという研究者もいます。この仮説は，欧米文化における離婚・再婚を繰り返す社会現象をうまく説明しています。そしてヒトの関係が動物同様，終生的でなく（保湿剤が働いて）協力して子育てをすることの利点を認めながらも，子育てを相手に押しつけ，新たな相手を見つけだした方がよいという生化学的にプログラムされたヒトの生殖戦略の側面を強調しています。
>
> 　もっとも，これらのホルモンが行動にもたらすメカニズムは，十分に解明されたとはいえず，今後の研究を待たざるをえないでしょう。

第3節　まとめ

　私たちの多くは，家族内での子育てを通して子どもの生存を保障し，同時に社会化・個性化します。私たちやその子どものパーソナリティは，家族のなかで，またその後，社会的なつながりのなかで形成されます。成熟した子どもは配偶者選択をし，生殖を通して次世代の家族を生産します。このような進化のメカニズムにしたがって，家族構成員の多くの行動，パーソナリティが形成されてきたのです。現在の家族内や社会での行動が，私たちの次世代家族や子孫の行動を規定し進化させるのです。その重要な役割を家族がになっているのです。

　近年，エムレン（Emlen, 1995）などの進化心理学者は，家族を子ど

もたちが成人しても関係をもつケース（入れ物）と定義しています。この立場によれば，家族は生殖と生存のユニットにあたり，本章でもこの考え方により，家族をユニットとしてとり扱ってきました。そもそも鳥類や哺乳類のわずか3％しか家族を形成しません。「家族」とは，親や子にとって生きていくために必要な食物が集中しているゆえに，子どもが自分自身が子どもを産むことができる時期まで両親と住み続けるという特徴をもちます。しかしながら，子どもが性的に成熟した後も両親のもとにとどまれば，生殖が遅くなり，あるいは，両親のもとにいながら子どもを産むのであれば，家族にかかるコストが多大になります。この理由により，家族を形成維持している種は少ないと考えられます。私たち人間は，家族というユニットのなかで，両親などからの養育活動を通して，子どものパーソナリティ発達や社会化を促し，子どもの愛着行動（第6章）を賦活化し，子どもの共感性（第7章）を育み，子どもの個性化（第8章）や自我発達，私たち自身の個性化をもすすめます。さらに，子どもは成人期を迎えてからも，また，結婚や離婚後も家族に戻ったり，家族内外で自分の親などの高齢者介護（第9章）をします。このように人間は，家族や親子関係を終生続けるという，生物進化の流れのなかではきわめてユニークな存在なのです。

引用文献

Allport, S. 1997 *A natural history of parenting*. New York: Harmong Books.（久保儀明訳 1998 動物たちの子育て 青土社）

Baltes, P. B., Reese, H. W., & Lipsitt, L. P. 1980 Life-span developmental psychology. *Annual Review of Psychology*, **31**, 65-110.

Baruch, G. 1984 The psychological well-being of woman in the middle years. In G. Baruch, & J. Brooks-Gunn(Eds.), *Woman in midlife*. Plenum Press. pp.161-180.

Bowlby, J. 1969 *Attachment and loss*, Vol. 1. *Attachment*. London: Hogarth Press.（黒田実郎・大羽 泰・岡田洋子訳 1976 母子関係の理論1 愛着行動 岩崎学術出版社）

Daly, M., & Wilson, M. 1988 *Homicide*. Hawthorne, New York: Aldine.

Emlen, S. T. 1995 An evolutionary theory of the family. *Proceedings of the National Academy of Science*, **92**, 8092-8099.

Erikson, E. H. 1959 *Identity and the life cycle*. International Universities Press.（小此木啓吾訳編 1973 自我同一性 誠信書房）

樋口恵子 1999 対談家族探求 中央法規

池田由子 1987 児童虐待：ゆがんだ親子関係 中央公論社

Kahn, K. L., & Antonucci, T. C. 1980 Convoys over the life course: Attachment, roles and social support. In P. B. Baltes, & O. G. Brim Jr.(Eds.), *Life span development and behavior*.Vol.3. New York: Academic Press. pp.254-286.

柏木恵子 2003 家族心理学 社会変動・発達・ジェンダーの視点 東京大学出版会

Lorenz, K. 1952 *King Solomon's ring*.（日高敏隆訳 1987 ソロモンの指輪改訂版 早川書房）

増野 潔 1985 家族 For Beginners 現代書館

Neugarten, B. L. 1968 The awareness of middle age. In B. L. Neugarten(Ed.), *Middle age and aging*. Chicago: University of Chicago Press. pp.93-98.

沖藤典子 1999 「介護の社会化」は家族ビッグバンとなりうるか 樋口恵子（編） 対談家族探求 中央法規 pp.99-120.

Winnicott, D. W. 1953 Transitional objects and transitional phenomena. International *Journal of Psycho-Analysis*, **34**, 89-97.

山田昌弘 1999 パラサイト・シングルの時代 筑摩書房

第12章

母性と子育ての比較行動学

第1節　比較行動学の視点でヒトをみる

　私たちヒトは，他の動物からみればかなり異様な存在かもしれません。というのも，私たちは身体を2本の足で支え，直立姿勢のまま歩いたり走ったりして移動します。身体表面をおおう体毛はほとんどないといってよいほどむき出しで，それを外部から衣服でおおって生活しています。まったく生食できないわけではありませんが，ほとんどの食材—とくに動物性のたんぱく質源である肉類—を焼いたり煮たりする熱処理を加えなければ，食べることさえできなくなっています。その他にも私たちヒトと他の動物との間にみられる相違点はあるでしょうが，これらの相違点はそれぞれにヒトが進化の過程で獲得した特徴でもあります。

　直立姿勢を獲得することによって，ヒトの前肢つまり手は身体保持という機能から解放され，生活環境のなかにあるいろいろな物をいじくることができるようになりました。いろいろな物をつかみ，それを指先の細かな動きによって加工することができる非常に器用な手を獲得したのです。また直立姿勢は，ヒトに他のどんな動物よりも大きな大脳皮質をもたらしました。実際には，直立するのが先か大脳が巨大化するのが先かは意見が分かれるところですが，両者の関係は分かちがたいものであることは確かなことです。手の解放と大脳の巨大化は，現代社会にみる高度な技術文明をもたらす前提要因となっています。

　身体をおおいかくす体毛の消失は，体温保持という機能だけをとらえると一見生きていくのに不利益をもたらしそうにもみえますが，逆に丸裸のおかげで寒暖を調節する外部装置—つまり衣服—を発明しました。衣服は，寒ければ着こめばよいし暑ければ脱げばよいという点では合理的かつ機能的であり，また衛生的側面では，体毛がないおかげで体表面にノミやダニなどが寄生しにくくなり，また体表面が汚れればすぐに洗浄できるという利点も身につけたといえます。体毛がなくなったことは，結果的にヒトを地球上のあらゆる環境へと適応させていくこととなりました。地球上をおおいつくしている生き物といえば，ヒトか昆虫くらいでしょう。

　食材の熱処理は，火の発見に負うところ大です。もちろんヒトがまったく火の存在を知らなかったわけではなく，火を自ら作り出すこと

大脳の巨大化

　脳の大きさは体重と脳の重量との相対的関係（脳のアロメトリー）としてとらえられています。一般に霊長類の脳は相対的に重く，とりわけヒトの脳が最大となります。ヒトの大脳新皮質は全脳の80%以上を占め，表面積は新聞紙ほどで，マウスの1000倍ほどの大きさがあります。

を発見したという意味です。火を作り出すことは，前に述べた手の解放と大脳の巨大化あってのことです。なぜなら火をおこすためには，器用な動きのできる手指と物事の因果性を的確に理解し，先のことまで予測できる高度な思考が必要だからです。火の発見によって，ヒトはそれまで食物としていなかったものまで食材として利用できるようになり，食物レパートリーは飛躍的に増大したでしょう。また，硬いものをかみ砕いたり，肉筋をかみ切ったりするためには，鋭い犬歯や大きなあごと筋肉が必要でしたが，火による食材の熱処理によって食材は比べものにならないほど軟らかくなり，鋭い犬歯や大きなあごと筋肉も必要ではなくなりました。さらに，食物の消化もしやすくなり，腸の長さも短くなります。全体に身体はスリムになっていったといえます。

　ここでは言語の問題についてはふれませんでした。言語の問題は非常に重要なのですが，ここでそのことに言及すると話がまた長くなるのであえて割愛します。しかし言語の問題抜きでもほんの2〜3例の特徴をあげるだけで，ヒトがいかに他の動物とは異なる存在なのかということを，十分に強調することができます。とはいえ，これらのことがヒトを他の動物と区別する基準となるかといえば，必ずしもそうではありません。見た目では，これほどに他の動物と異なる私たちヒトなのですが，ヒトがヒトであるという明確な基準は残念ながら今のところ不明確であるといわざるをえません。

　私たちヒトは他の動物と比較すると結構異質な存在であることは確かですが，私たちヒトは他の生き物と生物学的な連続性のない単独孤立した特別な存在，つまりヒトはヒトだけの独自の進化の路をたどってきたわけではもちろんありません。今生きている動物でヒトに最も近いとされているのはチンパンジーですが，ヒトは彼らとおよそ500万年前に枝分かれし現在の私たちへと続いているのです（図12-1）。私たちは決して他の生き物と切れた存在ではありません。しかし他の生き物と比較すると，その特異性もまた顕著であるといえます。このようにつながって

ヒトはいつ言語を獲得したのか
ホモ・ハビリスの頭蓋骨の化石に言語発声に関係する大脳領域であるブロカ野の存在が示されていることから，約200万年前に獲得していたとする説がありますが，一方ではもっと最近のことで，約10万〜7万年前であるとする立場もあります。少なくともホモ・ハビリスの時代にはブロカ野が存在した証拠がある以上，約200万年前には現代人と同様ではないにせよ初期的言語の使用があったことの可能性は否定できません。

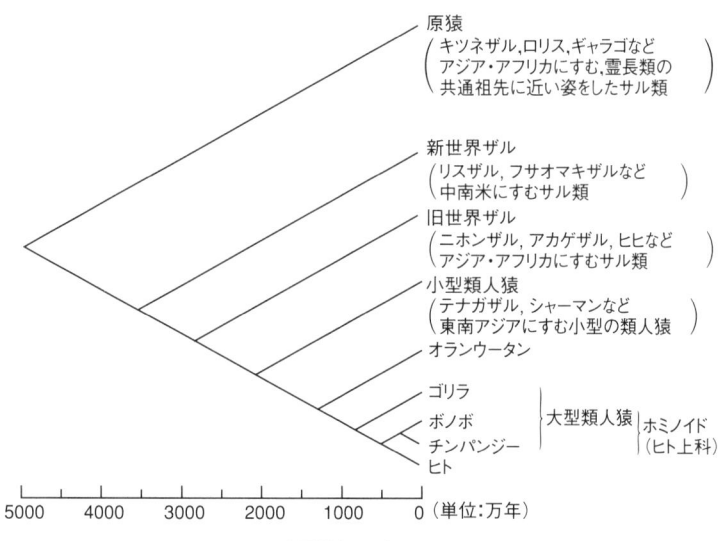

図12-1　現生霊長類の系統関係（松沢，2000）

いるからこそなのでしょうが，時に他の生き物に私たちのある側面を垣間見たり，私たちに動物的な側面を感じてみたりしても，違和感がない場合があります。またテレビのドキュメンタリー番組で映し出される動物たちの生き様や動物園のサル山で繰り広げられるボスザルの交代劇—このこと自体は正しいサル像ではないのですが—に感動や共感を覚えたり，自分たちの生き方に示唆を与えるものとしてとらえたりすることもあります。単なる感動や共感を超えて，彼らはある意味学ぶべき対象であったりします。

　しかし，彼らから一体何を学ぶべきなのでしょうか？　あるいは学ぶことに意味があるのでしょうか？　こういう言い方をすると，かなり動物差別的に受け取られるかもしれませんが，そのような意図はありません。私たちはその気になればありとあらゆる事象を学習することはできるでしょう。しかし，そんなことをして一体どれほどの意味があるというのでしょうか？　そのような行為は，私たちの学習能力の無限な可能性を示唆するには十分すぎるものでしょう。一方で私たちはそれほど単純な学習機械ではありません。自分にとって意味づけすらできないことを学ぶことは，実際かなり困難な作業となるでしょう。

　私たちヒトはもちろん森羅万象あらゆるものと直接間接にはつながっています。だからといってすべてのものと等質な関係ではありません。以下に論じていく母性や子育てにおいて，私たちとあまりにも異質な生物のそれは，広く母性概念や子育て概念を俯瞰するにはよいかもしれませんが，私たちの母性や子育ての何かを説明しうるに足るものとはいえません。図12-1に立ち戻って考えてみましょう。私たちヒトは生物の分類でいえば霊長目に分類されます。いってみればサルの親戚です。私たちとより関係性の近い存在が彼らなのです。

　比較行動学（エソロジー，ethology）という研究分野は，主として動物の行動を比較研究する分野です。そこでは，何と何を比較するかということが問題となります。何でも比べればよいというわけではありません。その基本は，分類上近い関係にあるとされる近縁種間での比較であり，同じ種内での比較です。

　ヒトの行動を探るために，ネズミや鳥や魚や昆虫の行動と比較することがまったくの無意味な行為であるとはいいませんが，そのような動物との比較から出てくる差異や類似性が示唆してくれるものは，生物としてヒトが進化あるいは系統発生の過程で失ってこなかった，いってみれば生物としての原初的な行動傾向の存在を明示してくれるでしょう。しかしそれは系統発生のダイナミズムのなかでのヒトの位置を示してはくれるでしょうが，ヒトが表出する行動の細かな意味づけや分析を与えてはくれません。ヒトと近縁な生き物である霊長類へ目を向けて，ヒトとの比較を行うことは，より直接的にヒトを理解する手がかりを与えてくれます。そのような趣旨で，ヒトとその近縁な生き物である霊長類にみられる母性や子育てについて，以下に論じていきます。

比較行動学
　比較行動学は，ドイツ語のVergleichende Verhaltensforschung（比較の行動の研究）の日本語訳。一般には動物行動学という方がなじみがあります。どちらもほぼ同じ領域をさしているのですが，原語に忠実ならば比較行動学というべきでしょう。

第2節　母性について考える

　自分で生み育てているわが子はかわいいに決まっていると，当然のごとく世間では思われています。ですから母親は誰にいわれるでもなく，わが子の養育を自発的に行うに決まっていると考えられがちです。というのも，母親には母性本能がそもそも備わっていると無条件に考えられているからです。本能ですから，もちろん生まれつき備わっている行動傾向あるいは能力と理解してよいのです。本能にもとづく本能的行動を行うためには，基本的に訓練などの経験や学習を必要としません。本能的行動を行うのに必要なのは，その行動を引き出す刺激—比較行動学では，これを解発刺激とか解発因（リリーサー，releaser）といいます—が必要です。母性本能というもので考えると，解発刺激は，妊娠の事実，出産，そしてとくに子の存在ということになるでしょう。そして本能的行動は，子の養育行動の一連のものをさします。平たくいえば，女性には母性本能としての子の養育行動が生まれつき備わっており，その本能は子どもという刺激によって解発されるというものです。このようなすばらしい自動的育児システムを，私たちが身につけていると感心するむきもあろうかと思います。とくにこのシステムでいえば，男性は育児には参与するまでもないともいえます。それはそれで，男性が育児にかかわらない都合のよい言い訳に使えそうです。

　ところが，現実社会に目を移すと，母親の養育放棄的な例は後を絶ちません。生まれたばかりの赤ちゃんを，路上やコインロッカーに放置することは今に始まったことではありません。また，放置しないまでも，子どもの成長・発達にとって必要な栄養や親としてのかかわりをしない，いわゆるネグレクトや家庭内での幼児虐待の例は近年ますます表面化しているといえます。このようなことが，母親不在の家庭や父親からだけのかかわりならば，説明もつけやすいのでしょうが，決してそんなことはないのです。

　一体どうして，母親にこんなことが起こるのでしょうか？　母性が生まれつき備わっている本能であり，子どもを養育することが母性本能にもとづくものならば，このようなことは起こりえないはずです。あるいは，起こったとしても現代ほどには社会問題化しないでしょう。そこでまず，母性本能とは一体何なのか，実体あるものなのか，について考えてみましょう。

　極論ですが，少なくとも私たちヒトにおいては母性本能なる本能など虚構であるとあえていっておきます。つまり，母親となったすべての女性（あるいはメス）が自動的に子育てをするのではないということです。あるのは母性的行動であると解釈される行動—子どもの養育行動—を生み出す生得的な行動傾向です。ただし，この傾向を引き出すためには学習（あるいは環境）が必要です。また，母親が母性的行動を引き出す刺激をうまく認知し，それに反応することができることが重要です。必要な環境条件が整っていない場合，現代社会で問題化している子育ての拒否・放棄が生じるのです。当然ながら，このような事態に陥ると乳幼児

トピック 12-1

本能をどうとらえるか：行動の生得性と獲得性―氏か育ちか（nature or nurture）

　本能という言葉から受ける印象は，自分の意志では調整することのできない生まれつきもっている定めのようなものであろうか。しかし何が本能であるのかということは非常にむずかしいことです。本能概念について盛んに議論されたのは20世紀中盤までです。その時代はいわゆる比較行動学（動物行動学といった方がなじみはあるとは思います）の黎明期でもあります。後にノーベル賞を受賞したコンラート・ローレンツやニコラス・ティンバーゲンなどが中興の祖といわれていますが，彼らが盛んに行っていた議論が行動の生得性と獲得性，つまり本能とは何かという議論でした。今となってはやや陳腐化しているといえなくもないのですが，教科書的に示されている本能行動の特徴（基準）は，以下のようなものです。

(1) 種に特有（species-specific）の普遍的特性である
　　遺伝的に決定されており，近縁種においてもみられる行動である。
(2) 初発時から完全な型をしている
　　初発時においてすでに完全に組織され何ら訓練を必要としない。
(3) 行動型の恒常性
　　いつも同じ行動パタンが示される。
(4) 刺激が持続しなくても行動は維持される
　　本能行動はある特殊な刺激（生得的解発刺激）によって解発されるが，この刺激がなくなっても一連の本能行動は終了まで維持される。

　以上のような基準を満たすような行動がとくに私たちヒトにそう多くあるとは思えません。とはいえ，これらの基準を提示するにいたった研究の多くはハイイロガンやセグロカモメなどの鳥類やトゲウオなどの魚類であったことを思えば納得もできるのですが。

　今日では，より慎重な表現として，生得的行動とか生得的行動傾向という用語が用いられる傾向にあります。この言葉が意味するところは，ある動物種の行動の内，その種の系統発生の過程で遺伝的に組み込まれた行動であり，個体発生における学習や経験が原則として関与しない行動をさします。一般的には，獲得的行動（学習行動）に対するものとされますが，実際のところ両者間の区別はかなりむずかしいものです。

　基本的には，行動は生得か獲得か（あるいは氏か育ちか）という二元論的なものではありません。あえていえば，氏も育ちも重要なのです。遺伝子だけで決まるのでもなければ，学習だけで決まるのでもないということです。

　ただこのての話はたいがい両極端な論客がいて，一方の極論は獲得論者で，生得性を全否定して，行動は遺伝の影響をほとんど受けず，学習や模倣によって発達すると主張します。他方の極論は生得論者で，多くの行動パタンは生得的で，学習や模倣に関係なく発達すると主張します。このような両極のいずれかに荷担するのではなく大部分の見解は，すべての行動はある程度遺伝子の影響を受け，同時に発達過程で環境条件の影響を受けるとする，つまりは「氏も育ちも」論者です。大事なことは，いくら生得的なものをもっていてもそれをうまく引き出す環境条件が整っていなければ意味がないということです。また生得的なものを引き出す環境条件はいつでもあればいいわけではなく，発達的に決められた時期に出会わなければ意味のないものもあり，「氏も育ちも」といってもそれほど単純なものでもありません。

は肉体的にも精神的にも発育するために十分な栄養素を欠くことになります。最悪は死ですが，それを免れても心身の発育不全な状態となり健常な発達はみこめないことが多いでしょう。このようなことをヒトで実験的に検証することは倫理的な問題があり，まず実行不可能です。実験的な実証研究としてよく知られているのは，ヒトと同じ霊長目に属して

いるニホンザルやアカゲザルなどのいわゆるオナガザル科の霊長類において，1960〜80年代に盛んに行われていた剥奪飼育（deprivation rearing）実験です。これらの実験も，動物倫理の問題意識の高まりにより今日では行われていません。ですが，貴重な知見を私たちに示してくれることは事実です。

　剥奪飼育実験とは，基本的には個体の発達初期の環境条件を操作すること，つまり個体の生育環境において何らかの物理的・社会的刺激作用を与えずに個体を飼育するという手法（根ヶ山，1983）によりもたらされる行動の変容の有無等を実験的に調べる研究です。剥奪飼育実験に似たものとして，隔離飼育（isolation rearing）実験というものがあります。これは，物理的・社会的環境刺激との接触を物理的に隔絶して個体を飼育する手法（根ヶ山，1983）で，剥奪飼育では環境要因のうちの何らかのものが取り除かれる，あるいは欠如しているのに比べて，隔離飼育の場合完全に特定の環境要因が個体の飼育環境内に存在しない条件設定です。剥奪飼育の場合は，たとえば母親とは一緒にいるが，その母親はあまり子育てがうまくないといったものです。一方隔離飼育の場合は，母親そのものがいないのです。隔離飼育は厳しい条件の剥奪飼育であるといえます。サル類で行われた剥奪飼育実験の多くのものは，生後すぐに母親から隔離されたり，同年齢の他個体との社会的接触ができない，いわゆる社会的隔離飼育実験でした。そこから見えてくるものは，子どもの発達にとっての母親の存在や社会的な交流の意味であるといえます。

　ハーロウ（Harlow, H. F.）一派とよばれている人たちが行った剥奪飼育されたメスが示した育児行動についてみていきます。彼らは，motherless mother（母親なき母親）―自らの母親に育てられなかった母親―とよばれる剥奪飼育を受けたアカゲザルメスを被験個体として観察し，

ハーロウ, H. F.
アメリカのウイスコンシン大学でアカゲザルを対象にした実験研究で有名な心理学者。WGTA（Wisconsin General Test Apparatus，ウイスコンシン汎用実験装置）を考案したことでも有名。また代理母実験によって，子ザルにとって母親はぬくもりややわらかさを与えてくれる愛着（attachment）の対象であり，安全基地であることを実証しました。一連の愛着研究については，『愛のなりたち』（ミネルヴァ書房）という題名で日本語訳の著書があります。

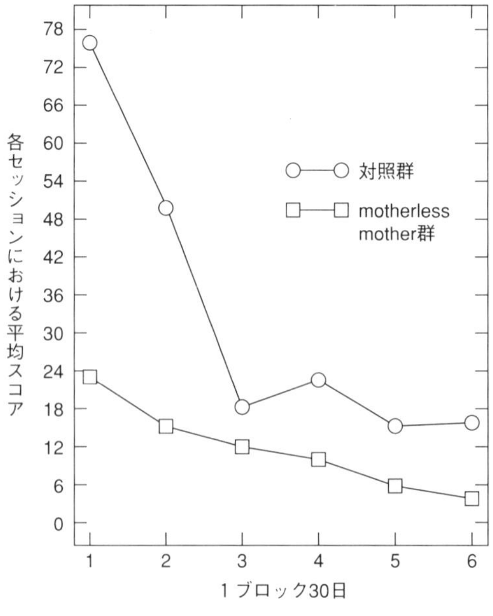

図12-2　Motherless motherの第1子への抱き行動（Seay et al., 1964）

それら被験個体の示した育児行動の不適切性を指摘しています（Seay et al., 1964）。図12-2は，motherless motherと正常な母親との第1子の抱き行動の違いを示しています。正常な母親では出産直後はかなり高い割合で子を抱いていますが，生後90日以降では安定的に低い割合で落ち着いています。一方motherless motherでは，生後直後から子を抱く傾向は低くその後も漸減していっています。また，motherless motherの第1子に対する生後1ヵ月の育児行動における不適切なものを，虐待型（子どもへのかかわりが極端に残虐なもの）と無関心型（子どもを放置して授乳をしないもの）の2つに分類しています（Harlow et al., 1966）。さらに，motherless motherは隔離飼育されていない母親に比べて，自身の子どもを他の母親の子どもより好むという傾向がなく，どちらかというと幼体よりも成体メスへの関心がより高い傾向にあることも示されています（Sackett et al., 1967）。ここまでの話ではmotherless motherはよろしくない母親ということになりますが，そんな一方的なものではありません。というのも，同じmotherless motherでも，発達初期に同年齢の他個体との社会的接触があったものは，適切な育児行動を示す割合が高かったことや，図12-3で示されているように第2子以降では適切な育児行動が増加していく傾向が示されたことなども指摘されています（Harlow et al., 1966 ; Ruppenthal et al., 1976）。

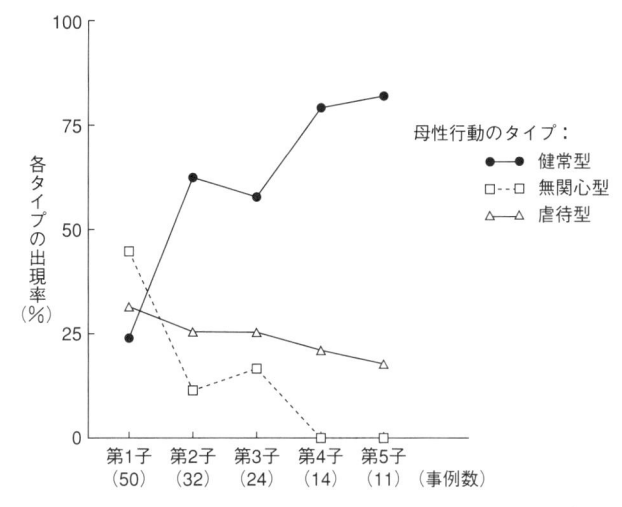

図12-3　隔離母ザルの出産数と母性行動（Ruppenthal et al., 1976）

　ここでみてきたことだけを総合して母性というものについて考えてみても，母性が単に本能であるとかないとかといった単純な議論にはなじまないことが明らかでしょう。もちろんここでの事例はヒトではなくサル類なのですが，それでも私たちヒトに対する示唆に富んだものであるといえます。

　一方では自身が母親に育てられなかったことによる自身の子育てにもたらす弊害が指摘され，他方ではたとえそのようなハンディキャップを負っている場合でも，当の母親自身が他の個体とのかかわりあいのなかから経験して身につけていく社会性や自身の子育ての経験を通して身につけていく育児行動の熟達性によって，そのようなハンディキャップは補われうることも示唆されています。つまり，たとえ母性的なものを生まれつきもっているとしても，それは放っておいても開花するようなものではなく，それを花開かせるには経験や学習や環境という，たとえてみれば花を育てる適切な土壌が必要であるといえます。

　はじめての出産・子育ては，サルにとってもヒトにとっても大変な出来事で，たとえ自分のまわりに育児について助言してくれる経験豊富な人がいたとしても，当の母親にとっては試行錯誤の連続でしょう。

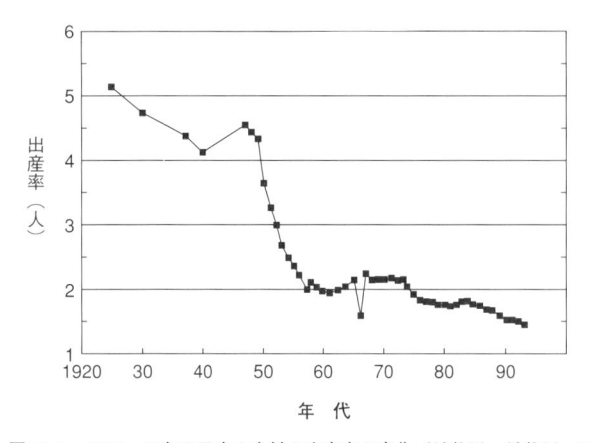

図12-4　1925〜93年の日本の女性の出産率の変化 （長谷川・長谷川, 2000）

出産率

ここでいう出産率とは便宜的ないい方で，正式には合計特殊出生率とよびます。これは，1人の女性が一生のうちに何人の子どもを生むかを示す数字です。15〜49歳までの女性の年齢別の出生率を足し合わせて算出します。現在の人口を将来にわたって維持するには2.08が必要であるとされます。日本の出生率は1970年代前半までは2.1程度で安定していたのですが，75年に2.0を割り込んだ後はほぼ一貫して下がっています。過去最低は99年の1.34で，最新の2000年も1.36とほぼ横ばいです。日本は今後総人口は減っていく一方で高齢者人口は増加していく，まさに少子高齢化社会を迎えようとしているといえます。

ある意味手探りでの育児ですから，思いどおりにいかないこともあるでしょう。しかし，その経験は次に出産する子の子育てには生かされる大切な学習の場であるともいえます。そうやって私たちは世代から世代へと連綿とヒトの社会を受け継いできたといえます。しかし，現代は少子化の時代です。

図12-4は，わが国における1925年から1993年までの出産率の変化を示したものです。1950年代以降加速度的に出産率は減少し，現代では産める最低限に近い出産率で安定していることが読みとれます。ほぼ一人っ子時代が到来したといっても過言ではないでしょう。少なく産んで大切に育てる時代となっています。子に，あらんばかりの投資をする。悪い言い方をすると，一点豪華主義で，子の幼い頃から高級な服を着せ，高いお金を払ってお稽古ごとや学習塾に通わせ，高い学歴を身につけさせ，親が考える良い職業につかせるといった，一見自分の子どもにはひもじい思いをさせたくないという，切ないまでの親心が見えなくもないのですが，一皮むけば要するに親の見栄で，親が馬主になって粒よりの競走馬を育てているようなもので，ある意味，子は親にとってのステータス・シンボル化しているような時代です。大きな家に住んだり，高級な車を乗りまわしたり，立派なイヌを飼ったりして自己満足する行為と基本的にはあまり違わないのではないでしょうか？

子どもを産み育てることの第一義的意味は，種としてのヒトの再生産として，自身の遺伝子を次世代に残すことでしょうが，私たちの社会にとって重要なのは，次世代にも変わりない社会を構築するための構成員を育てることでもあります。そのために必要なものは，単一な思考しかできない人間像ではなく，できる限り多様な思考性をもつ人材です。生物の種が環境に適応して進化的に生き残っていくための一つの戦略は種内での多様性を確保することです。多様でない種の場合，環境条件がうまくいっている場合は問題ないのですが，適応している環境に異変があらわれた際の対応がつきません。その場合は，種の絶滅を意味します。一方で多様性が確保された種の場合，種全体ではありませんが，そのなかの一部のものが環境の変動に対応して生き残れるというメリットがあります。現代日本の社会における出産・子育ては種としてのヒトの存亡の危機を象徴しているのかもしれません。

第3節　子育ての文化

私たちヒトを含めて霊長類は，経験・学習を通じての行動変容の幅が大きい生き物であるといえます。そのことは，種のレベルでみられるば

かりでなく，個体のレベルでの変容の大きさをも意味します。そこから生まれてくるものの一つは個性といわれるものでしょう。また地域的な変容としてとらえると，それは文化といわれるものとなります。いずれの場合でも，大きなカテゴリーでとらえれば同じ意味をもつ行動も，個々には細かな点での違いがみられます。

　たとえば，食事をすることひとつをとっても，日本ならばお箸を使って食べ物をつまみ口に入れますが，お箸の持ち方にはそれぞれの流儀がみられます。もちろんしかるべき作法はあり，その筋の方々が顔をしかめてしまうような持ち方が多々あるとはいえ，栄養摂取という機能面だけで考えれば，どんな持ち方をしても要するに食べ物を口に入れられればよいといえます。その意味ではこの行動に個性を見出すことができます。それを地域的なものとしてとらえれば，日本のお箸は西洋的社会ではフォークとナイフに，あるいは別の地域では直接的な手指の使用に置き換えられます。お箸とフォーク・ナイフとでは一見かなり異なる食事行動となりますが，身体以外の外部的道具を使用して食事を行うという側面を取り出して考えると，使う道具に差異はあるが同じ行動としてとらえることができますし，直接手指で食事することとの違いも含めてそれらは文化差として理解可能です。

　同様のことは，ヒトの子育ての仕方についてもいえます。私たち日本に住む人々にとっては当たり前のことも，そうでない人たちにとっては奇異に映ることもあり，またその逆もあります。また同じ地域に住む人たちの間でも差異はみられるでしょう。このように大ざっぱに子育てといってみても，実際それらは個々さまざまな相違点をもちながらも，ほぼ同質の意味を有した行動であるわけです。

　では子育て行動にどのような変容があるのかを具体的にみていきましょう。まずあげられるのが，乳幼児の身体を拘束して育てるのかどうかという点です。私たちの常識では，母親が乳幼児の身体を拘束する場面というのは，母親がおんぶしたり抱っこしたりして母子ともに位置移動する際の子を運搬することぐらいしか思いつきません。しかし一方では，乳幼児の身体を硬く布で包み込んだり板に縛りつけたりしてほぼ1日中拘束した状態で育てるのが常識である地域もあります。これは決して乳児虐待ではありません。そのように育てられたからといって，長じて心身に異常がみられるものでもなく，子はその時期がくれば歩行することを始めます。このことは，歩行というものは訓練を必要としない身体の運動機能の成熟という要因に規定されるヒトのもつ生得的な行動であることを教えてくれます。話がややそれましたが，要はそうやって誰でも子どもを育てる習慣がその地域にはあるということが重要なのです。

　この育児習慣は，一般にスウォドリング（swaddling）とよばれています。スウォドリングは，今日では南アメリカの先住民や中国西部の山岳地帯からモンゴル・ロシアなどの地域でみられるとされています（正高，1999）。

　スウォドリングの特徴として，スウォドリングする母親はしない母親に比べて，出産初期に1日の授乳総時間数には変わりがないが，授乳

図 12-5　新潟県南魚沼郡のツグラでの育児
（大藤・青柳，1995）

図 12-6　近世江戸期の「奥民図彙」に描かれた
弘前藩内の庶民の育児（北見他，1991）

頻度を減少させ，その代わり1回当たりの授乳に費やす時間を増加させることと，そのような授乳を行うことで母乳の分泌をより早く悪化させるために，結果としてスウォドリングを行うと離乳が促進されることになり，それは母親の出産後の排卵再開を早めることになります（正高，1999）。結果的には短期間により多くの子を産むことを可能にします。

このスウォドリングの習慣は遠く異国のものではなく，日本でも主に東日本全域において1950年代頃までは行われていた伝統的な育児行動なのです（正高，1999）。図12-5は，藁で編んだかごに乳児を入れそこから這い出せないように布で固定している様子です。このかごは，長野北部から新潟県にかけてはツグラ，秋田県ではエヅメとかイズミ，東海地方ではエジメ，フゴなどとよばれ，生後3日目またはお七夜に乳児を入れる風習があったり，子が這い出すまで使用されたということです（大藤・青柳，1995）。また図12-6は，近世江戸期に著された弘前藩の庶民の生活を記録した「奥民図彙」に描かれた図です。このかごはイジメとよばれたそうです。この図では，子はおくるみのようなもので頭以外は包まれ，帯のようなもので縛られています。

スウォドリングが寒冷地適応かというとそうでもなく，どちらかというと農耕文化との関連性が高いようです。男も女も区別なく農地での労働に従事しなければならない場合，母親の役割は子の面倒をみるということだけでは済まされません。現代社会でみうけられる母親と子とのスキンシップの頻度や時間は少ないけれど，より効率的に子を養育するための知恵として受け継がれてきた育児法であるといえるでしょう。

このスウォドリングの対極にあるとされるのが，ブッシュマンとして

トピック 12-2

霊長類の子殺し

　ハヌマンラングールの子殺しは，1962年日本人サル学者杉山幸丸により発見されました。しかし同種内での子殺しなどということは今や常識となったことですが，当時の生物学の常識から外れていたため，なかなか認められるものではありませんでした。

　ハヌマンラングールは一夫多妻の群れを形成します。そこから外れたオスたちは虎視眈々と群れを乗っ取る機会をうかがっています。乗っ取りの機会が訪れれば群れにいたオスを追い出します。そして，群れ内の授乳期中の赤ん坊を抱いているメスを発情させるためにそれらの子どもをかみ殺します。もちろんそれらの子どもは，追い出したオスの子どもたちです。そして発情したメスと順次交尾して自分の子をつくるのです。自分の子を殺されるメスも黙ってみているわけではなく抵抗したり，一時的に群れから避難したりするのですが，そのような抵抗もむなしくオスに殺されることになります。オスにとっては，次にいつ交尾できるかどうかもわからない千載一遇の機会なのですから必死です。メスにとっては，前のオスとの子どもこそ失え，それよりも強い新しいオスとの子どもを残すことになるので，結果的には利益があるといえますが，子殺しをすることは，一夫多妻の群れを形成するオスにとっての繁殖戦略です。

　今日では，20種類以上の霊長類で同様の子殺しが報告されています。また，霊長類以外の哺乳類では，ライオンなどでも報告されています。いずれの場合も，ほとんどハヌマンラングールと同様な一夫多妻の群れを形成していて，繁殖に参加できないオスが存在していて，群れ内のメスは授乳により発情が抑制されており，その授乳期の子がいなくなればすぐに発情を再開することができるという点で共通しています。

　ヒトの場合でいえば，継父が連れ子に対して虐待したり殺したりすることの説明とはなるかもしれませんが，実母が子を殺したりすることには少し違う理屈が必要でしょう。

有名なアフリカのカラハリ砂漠に住んでいるサン族の育児法です。サン族は狩猟採集民で，男性が主に狩猟を，女性は主に採集の仕事をしており，子を産んだ女性は採集の際にも，もちろんスウォドリングなどせずにほぼ私たちがするようなやり方で赤ん坊を連れて歩きます。また授乳は，平均30分に一度という高頻度で行われますが，一回の授乳時間はおよそ5分間という短時間で終わります（Konner, 1972）。母親は絶えず子と接し，スウォドリングをする母親では考えられないほどの高頻度の母子間のスキンシップがみられるわけです。

　一見理想的ともいえる愛情たっぷりの母子間関係がみえてくるのですが，そこには落とし穴があります。インドに生息するハヌマンラングールというサルは子殺しで有名なのですが，実は子殺しはサルに限ったことではありません。ヒトも子殺しをする霊長類です。ヒトの子殺しの大多数は出産直後に妊婦自身または妊婦の配偶者，つまりは母親か父親によって行われるといわれています（正高, 1997）。この子殺しへの強い指向性を有する育児スタイルの典型がサン族のそれであり（Konner, 1972），スウォドリングの場合，出産直後の子殺しに対しては強い負の指向性があるとされています（正高, 1997）。

　母性愛たっぷりの子育てと一見冷酷な子殺しとが表裏一体となった養育行動はなんとも矛盾に満ちたものですが，それを少なく産んで，ていねいに育てるという繁殖戦略の機能面から評価すると理にかなっ

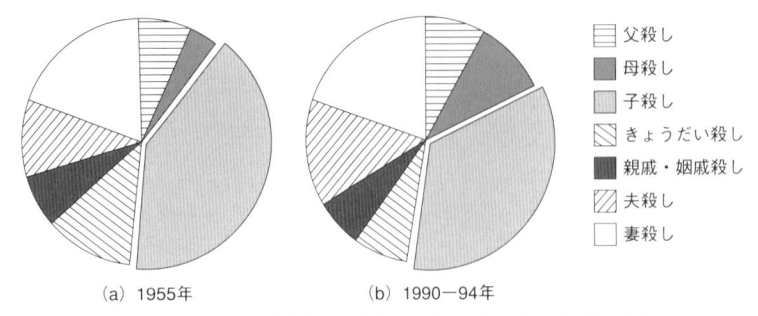

図12-7 日本における身内殺人の被害者の内訳（長谷川・長谷川, 2000）

た行動であるといえます（正高, 1997）。

図12-7は，日本における身内殺人の内訳を示したものです。年代が変わっても圧倒的に子殺しが多いのです。そして，子殺しのなかでも最も多いのが，母親による嬰児殺しです（長谷川・長谷川, 2000）。長谷川と長谷川（2000）によれば，1974〜83年のカナダでの母親の嬰児殺し率は，100万人の赤ん坊あたり約24人であったのに対して，1955〜85年の日本では約100人という高い値を示しています。

なぜこれほど高率で子殺しが行われるのでしょうか？　長谷川と長谷川（2000）は以下のように説明しています。ヒトの子育てにかける親のエネルギー投資は大きく，それが子の適応度に大きな影響を与えるので，養育状況の如何によって，子の適応度は大きく差異を生じると考えられます。そこで親は現在の子育ての状況や将来の子育ての可能性に敏感になります。子育ては母親が社会的に孤立・単独で行えるほど容易な仕事ではありませんから，子の養育に対してどれほどの援助がみこめるかということが，母親にとって子の適応度を評価する重要な要因となります。援助がみこめない場合，子の適応度は低くなりますし，母親の将来的適応度も下げることになります。また，子や母親の健康状態も大いに影響をもたらします。養育援助のみこみは，父親が示す子への態度，母親の親族が示す子への態度，またある特定の状況で生まれた子に対する社会の態度などが要因として影響をもたらすとされています。それら諸要因がネガティブなものであれば，母親はもっとよい機会に妊娠した子に望みを託し，現在の子を捨てる選択をすることは，進化的に生じうる事態であるとしています。

日本の母親は諸外国に比べて，このような選択を迫られるような状況にあるために，必然としての子殺しが生じるとはいえないでしょうか。ここまでくると，母性愛だとか母性本能だとかという言葉がうつろなものにみえてきても不思議ではありません。それでも，母性を擁護すれば，個々の子へ向けられるそれではなく，母親が包括的に自身の子の適応度を上げるという利益のために行う投資とはいえないでしょうか。

スウォドリングという養育行動とサン族のような高密度のスキンシップ型の養育行動とに代表される両極端にはさまれて，私たちヒトの養育行動は地域や文化，風土，時代性などといった諸要因に規定されながら変容しているといえます。育児や教育の評論家などが，さも当然のように語る育児論は，その時代時代にはめこみたい規範性を示しているにす

適応度

養育行動に限らず，ヒトの行動はこれらの諸要因によって多様に変容しています。重要なのは，こうあるべきであるといった紋切り型の行動観ではなく，同じ意味を有する行動がそれぞれの要因に規定されてどのようにあるのかということです。多様な環境にあわせて変化することのできる高度な学習能力こそがヒトがもつすぐれた本能的能力であるといえます。

ぎないのかもしれません。何かヒトとして絶対的に正しくあるべき養育行動のパターンがあるのではなく，それぞれの風土や社会のもつ枠組みにそったかたちでの適応的な養育行動というものが発現すると考えた方が適切でしょう。一方の基準（あるいは文化）からみると，どう考えても虐待か育児放棄にしかみえない養育行動であるからといって，一方的に否定するわけにはいきません。もちろん子殺しや乳幼児の虐待を無条件で正当化してよいといっているのではありません。最も重要なことは，なぜそのような行動がそれら地域や文化や風土において定着しているのかをみつめる必要があるということです。

引用文献

Harlow, H.F., Harlow, M.K., Dodsworth, R.O., & Arling, G.L. 1966 Maternal behavior of rhesus monkeys deprived of mothering and peer associations in infancy. *Proceedings of American Philosophical Society*, **110**, 58-66.
長谷川寿一・長谷川眞理子 2000 進化と人間行動 東京大学出版会
北見俊夫・和田正洲・宮本袈裟雄 1991 農民生活 秋山高志・北見俊夫・前村松夫・若尾俊平（編）図録・農民生活史事典 柏書房 p.175.
Konner, M. J. 1972 Aspects of the developmental ethology of a foraging people. In N. Blurton-Jones（Ed.）, *Ethological study of children behavior.* Cambridge University Press. pp.285-304.
正高信男 1997 繁殖戦略としての人類の育児文化 科学, **67**(4), 305-312.
正高信男 1999 攻撃性とヒトの進化 霊長類研究, **15**, 1-15.
松沢哲郎 2000 心の進化―比較認知科学の視点から― 松沢哲郎・長谷川寿一（編）心の進化―人間性の起源をもとめて― 岩波書店 p.12.
根ヶ山光一 1983 剥奪飼育と行動変容―行動障害の発生 岡野恒也（編著）霊長類心理学Ⅰ ブレーン出版 pp.191-237.
大藤ゆき・青柳まちこ 1995 女をめぐる明と暗の民族 家と女性 日本民族文化体系［普及版］第10巻 小学館 pp.375-458.
Ruppenthal, G.C., Arling, G.L., Harlow, H.F., Sackett, G.P., & Suomi, S.J. 1976 A 10-years perspective of motherless-mother monkey behavior. *Journal of Abnormal Psychology*, **85**, 341-349.
Sackett, G.P., Griffin, G.A., Pratt, C., Joslyn, W.D., & Ruppenthal, G. 1967 Mother-infant and adult female choice behavior in rhesus monkeys after various rearing experiences. *Journal of Comparative and Physiological Psychology*, **63**, 376-381.
Seay, B., Alexander, B. K., & Harlow, H. F. 1964 Maternal behavior of socially deprived rhesus monkeys. *Journal of Abnormal & Social Psychology*, **69**, 345-354.
やさしい経済用語の解説（http://www.nikkei4946.com/today/0204/02.html）

第13章

ストレスとパーソナリティ変容

第1節　ストレス

1. ストレスとは

　ストレスは子どもでも知っているぐらいの日常的な言葉になっていますが，もともとは物理学用語で「外から力が加えられたときに生じる歪み」を意味します。1936年にセリエ（Selye, H.）はこの用語を人間の身体にも適用し，外からの力に対して生じる身体内の反応ないしは変化をストレス（stress）と，ストレスを生じさせるようになった外からの力，すなわち原因をストレッサー（stressor）とよびました。ふつう，ストレスは私たちの身体にとって有害で，病気を引き起こすものをさしますが，身体に快く，健康に有益なものもあります。セリエは前者を不快ストレス（distress），後者を快ストレス（eustress）とよんでいます。しかし快ストレスも度がすぎると，不快ストレスになることがあります。

2. ストレスの生理的過程

　セリエはストレスの生理的過程を図13-1のように説明しています。これはストレッサーに対する身体の防御反応で，一般適応症候群と名づけました。

①警告反応期

　私たちの身体に対してストレッサーが加えられた直後の時期は，ショック相と反ショック相に分けられます。ショック相では，身体はストレッサーに対して無防備であるため，抵抗力が一時的に低下します。体温，血圧，血糖値や筋緊張は低下し，神経系統の活動性は抑制されます。しばらくして反ショック相に移行し，身体の安定性を維持するために抵抗が始まり，ショック相と正反対の身体的反応が起こります。体温，血圧，血糖値や筋緊張は上昇し，神経系の活動が活発化します。この時期はストレスの原因となっ

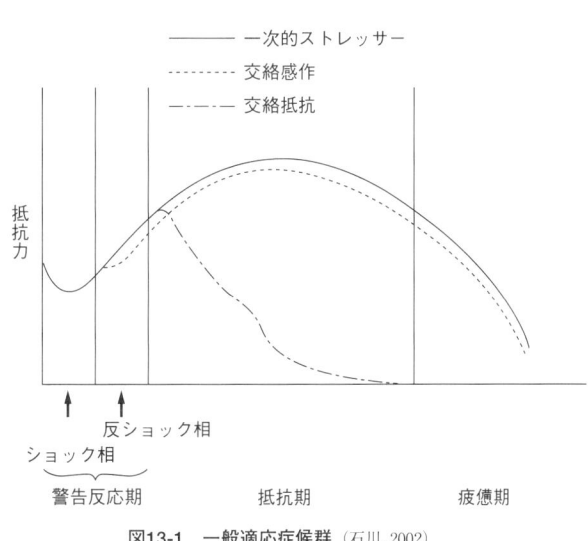

図13-1　一般適応症候群（石川, 2002）

ているストレッサーに対する抵抗力がついているだけでなく，他のストレッサーに対しての抵抗力も増加します。この現象を交絡抵抗とよんでいます。

②抵抗期

ストレッサーが続きますと，そのストレッサーに対する抵抗力は増加しますが，それ以外のストレッサーに対する抵抗力はしだいに低下します。この現象が交絡感作です。これは適応のためのエネルギーには限界があって，それが消耗されるために他のストレッサーへの抵抗が弱まるためです。この頃からさまざまな心身症状が起こり始めます。

③疲憊期

さらにストレッサーが持続しますと，身体はそれ以上の状態を維持できなくなり，ついに破綻します。心身症状は顕著になり，体温の下降，胸腺やリンパ節の萎縮，副腎皮質機能の低下，体重の減少を起こし，死にいたる場合もあります。

セリエの記述は主に物理的，化学的，生物学的要因による身体的ストレス反応の生理的過程です。心理的ストレスではその人の内的要因（たとえば対処能力や受けとめ方）や体験した時の外的要因（ソーシャル・サポートの有無）で，ストレス反応のあらわれ方や程度は異なってきます。

3. 心理的ストレッサー

私たちにとって，すべての環境要因がストレッサーになります。表13-1に示すように，その環境要因は，①物理的要因，②化学的要因，③生物学的要因，④心理的要因に大まかに分類できます。ふつう，私たちがストレスという言葉を用いる場合，心理的ストレスをさすことが多いので，心理的ストレッサーについて述べます。

1967年，ホームズとレイ（Holmes & Rahe）はストレッサー指標として配偶者の死，結婚，転職等の生活環境の変化をあげ，そのような変化をライフ・イベントとよびました。社会的再適応評価尺度はこれらのイベントのストレスの程度を数値であらわしたものです（表13-2を参照）。そして最近1年間での体験したイベントの総得点と健康障害が起こる確率の関係を示しました。1年間の総得点が200～299点であるなら約50％の人に，300点以上なら，約80％の人に何らかの健康障害が生じます。イベントの数値は客観的なものといえませんが，心理的・社会的要因が数値にあらわせるようになり，その後，この尺度に関連する研究が多く行われました。

他方，ラザラスとコーエン（Lazarus & Cohen, 1977）は，日常ではあまり体験しないイベントより，日常生活でもしばしば体験する日常的苛立ち（daily hassles）のほうが健康障害と関係すると報告しています。たとえば，ストット（Stott, 1973）は妊婦での妊娠中のストレスと新生児への影響（障害）との関係を報告しました。表13-3をみますと，新生児への影響は妊婦の母体疾患，肉体的ストレスや母体自覚症状がいして少な

ソーシャル・サポート

ソーシャル・サポートの先駆的研究は1979年のバークマンとサイム（Berkman & Syme, 1979）の調査です。彼らは人のネットワーク（対人関係の広がりや質）とその人の生死にどのような関係があるのかを調べました。その結果，人との関係の多い人は少ない人より，死亡率は低かったのです。以後，多くの研究者が同じような結果を見出しました。つまり，人との関係の多い人はソーシャル・サポート（社会的支援）を受ける機会が多く，心身の健康を促進すると考えられています。

表13-1 ストレッサーの分類 (石川, 2002)

(1) 物理的ストレッサー
　　寒冷，高温，熱暑，放射線，騒音など
(2) 化学的ストレッサー
　　酸素，飢餓，薬物，過食など
(3) 生物的ストレッサー
　　細菌，花粉など
(4) 心理的ストレッサー
　　配偶者の死，離婚，試験など

表13-2 社会的再適応評価尺度 (Holmes & Rahe, 1967)

イベント	ストレス度	イベント	ストレス度
配偶者の死	100	息子や娘が家を出る	29
離婚	73	親戚とのトラブル	29
配偶者との離別	65	自分の特別な成功	28
拘禁や刑務所入り	63	妻が仕事を始める, 辞める	26
家族の死	63	学校に行く, 修了する	26
自分のけがや病気	53	生活条件の変化	25
結婚	50	習慣の変更	24
失業	47	上役とのトラブル	23
婚姻上の和解	45	労働条件の変化	20
退職	45	住居の変化	20
家族の健康上の変化	44	学校の変化	20
妊娠	40	気晴らしの変化	19
性的な障害	39	宗教活動の変化	19
新しい家族ができる	39	社会活動の変化	19
ビジネスの再調整	39	100万円以下の借金	17
経済状態の変化	38	睡眠習慣の変化	16
友人の死	37	同居家族数の変化	15
仕事の変更	36	食習慣の変化	15
配偶者とのけんかの数	35	休暇	13
100万円以上の借金	31	クリスマス	12
借金やローンの抵当流れ	30	軽微な法律違反	11
職場での責任の変化	29		

いといえます。ただ胃潰瘍,脱力感,絶望感や自殺企図は影響が大きいのですが,その背景に何らかの持続的なストレッサーがあると推測されます。対人関係では,家族の病気・事故や親の死亡というライフ・イベントは影響が少なく,隣人とのけんか,親戚とのいざこざや夫婦げんかのほうが大きくなっています。ラザラスらが指摘するように,日常的苛立ち,とくに対人関係での持続的なストレッサーのほうが,新生児への影響が大きいといえます。

4. 身体化・心理化・行動化

ストレス反応は,①身体化（身体的ストレス反応）,②心理化（心理的ストレス反応）,③行動化（行動にあらわれるストレス反応）,に分類できます。反応はあくまでも一時的なものですが,ストレッサーが持続しますと,反応が慢性化し,身体化は心身症,心理化は神経症,行動化

表13-3 妊娠中のストレスと新生児への影響 (室岡, 1967を一部改変)

1. 母体疾患	新生児への障害の程度（比率）	2. 肉体的ストレス	新生児への障害の程度（比率）	3. 母体自覚症状	新生児への障害の程度（比率）	4. 対人関係	新生児への障害の程度（比率）
肝障害	0.75	偶発的けが	0.6	神経質	1.0	家族の病気や事故	0.3
消化器系障害	0.77	歯の手術	0.7	憂うつ	1.2	親の死亡	0.5
切迫流産	0.83	重労働	1.0	ショック	1.5	引越し	1.0
風邪・インフルエンザ	1.0			脱力感	4.0	姑とのいざこざ	1.0
悪心	1.0			絶望感	4.0	隣人とのけんか	2.0
分娩前出血	1.0			自殺企図	4.0	親戚とのいざこざ	4.0
足のむくみ	1.0					夫婦げんか	6.0
高血圧	1.1						
貧血	1.12						
胃潰瘍	3.0						

は反社会的行動の非行・犯罪行為，非社会的行動の不登校や引きこもり，さらに最近，注目されているアディクションに移行しやすいといわれています。ここでは心身症，神経症とアディクションについて説明します。

①心身症

心身症は身体症状を主としますが，その診断や治療に心理的因子についての配慮が，とくに重要な意味をもつ病気です。身体症状は特定の器官（胃）に限定され，機能的障害（胃痛）だけでなく器質的病変（胃潰瘍）を生じます。

心身症になりやすい性格はアレキシサイミア（alexithymia）で，日本語では失感情症とよばれています。これは自分の身体の変調に鈍感で，感情表現が抑制的で，過剰適応傾向が強い性格です。心身症の一つである心筋梗塞や心不全等の虚血性心臓疾患になりやすいタイプA行動パターンがあります。この行動パターンは，①過剰な精力的活動性，②時間的切迫感，③攻撃性，④精力的な話し方，が特徴的です。このような性格，あるいは行動パターンをもつ人がストレスを受けた場合，心身症になりやすいのです。またストレスの自覚も少ないために，自分の症状が心理的要因に起因していることを認めたがらず，カウンセリングにも抵抗を示します。

②神経症

神経症は精神症状が中心で，症状によって不安神経症，恐怖症，強迫神経症，抑うつ神経症やヒステリーに分類できます。多彩な身体症状も訴えることがありますが，機能的障害にとどまり，心身症のように器質的病変にはいたりません。

神経症になりやすい性格はアレキシサイミアと正反対で，身体の些細な変調にも敏感で，感情表現が表出的で，人間関係での悩みや不満を訴え，実際に学校や職場での不適応が起こっています。自発的に病院や相談機関に受診することが多く，カウンセリングについても協力的です。

③アディクション

アディクション（addiction）は直訳では嗜癖ですが，望ましくない習慣という意味で，その習慣に常習的に依存するという意味合いも含んでいます。信田（2000）はアディクションを，①物質嗜癖，②プロセス嗜癖，③人間関係嗜癖に分類しています。

物質嗜癖はアルコール，薬物や煙草といった物質摂取によって生じる快楽に沈溺します。従来，嗜癖はこの物質嗜癖を意味していました。青年期の女性に多い拒食症や過食症も物質嗜癖とも考えられます。プロセス嗜癖は行為の始まりから終わりまでのプロセスにともなう快楽に夢中になります。行為としては，ギャンブル，ショッピング，恋愛，セックス，仕事，さらには虐待・暴力行為（多くは家庭内での）を含めることができます。人間関係嗜癖は人との関係への没頭です。このような人間関係は共依存（co-dependence）といわれています（トピック13-1を参照）。共依存の定義については研究者によってさまざまですが，メロディ（Mellody, 1989）は「他の人間の行動が自分に影響するのを許す人間，あるいは，その人の行動を支配するのにとりつかれた人間」と定義

身体症状

心身症の身体症状は，循環器（本態性高血圧，不整脈），消化器（消化性潰瘍，過敏性大腸炎），呼吸器（気管支喘息，過呼吸症候群），内分泌（拒食・過食症，糖尿病），神経・筋肉系（書痙，頸腕症候群，痙性斜頸），泌尿器（夜尿，頻尿），皮膚科（慢性じんましん，円形脱毛症），産婦人科（月経異常，更年期障害），眼科（眼精疲労，視野狭窄），耳鼻咽喉科（耳鳴り，乗り物酔い）等，多岐にわたっています。

神経症

1980年のDSM-Ⅲで，神経症という診断項目がなくなり，各症状群は気分障害（抑うつ神経症に対応），不安障害（不安神経症，強迫神経症や恐怖症に対応），身体表現性障害（転換型ヒステリーや心気症に対応），解離性障害（離人症や解離型ヒステリーに対応）に分けられています。ただ現在でも神経症という用語はよく用いられているので，本書では神経症という用語を用います。

しています。たとえば自分を犠牲にしてまで他人につくすような行為ですが，実はその行為によって他人を支配しているのです。

これらのアディクションの共通点は空虚感，不安定感や自尊感情の低さといった不充足感から逃れるために，止めなくてはいけないという気持ちと裏腹に，無意識的，強迫的に，衝動的にアディクションによって，つかの間のあるいは刹那的な充足感を満たそうとするところにあります。

5．ストレス・コーピング
①コーピングと防衛機制

コーピング（coping）はストレスに対する対処法です。ラザラスとフォルクマン（Lazarus & Folkman, 1984）は，認知的評価を強調し，3段階のコーピング理論を展開しています。第1段階（1次的評価）は，その出来事がその人にとってストレスになるか否かを評価します。第2段階（2次的評価）では，それがストレスであると評価されますと，どのようなコーピングの方法をとるかを検討します。最後の段階（コーピングの実施と再評価）は，実際にストレスに対処し，そのコーピングが有効であったかを評価します。

ところで，コーピングと類似しているのに，欲求不満，葛藤や不安・恐怖に対する対処法である精神分析の防衛機制（第3章を参照）があります。ハーン（Hann, 1977）によれば，コーピング過程は柔軟で，未来志向的，意識的，現実的であるのに対して，防衛過程は硬くて柔軟性に欠け，現実歪曲的，無意識的であるということです。つまり防衛は不適応的，神経症的であるのに，コーピングは状況に応じて流動的に対処し，適応的，成熟したものととらえています。でも，はたしてそうでしょうか。私たちがストレスに直面したとき，そのストレスに対して沈着，冷静，臨機応変に対処できるものでしょうか。

②問題焦点型と情動焦点型のコーピング

問題焦点型のコーピングは，現実の状況を変えるための努力で，環境に対して行動を起こしたり，自分の行動を変えたりして，自分と環境の関係を直接的に変化させる機能をもっています。たとえば「その問題を解決するために，慎重にプランをたてた」「何か援助を受けられる人を探した」のように，ストレスに積極的にいどむ対処法で，一般に状況がコントロール可能であると認めたときに用いられます。

情動焦点型のコーピングは自分と環境の関係を直接変化させるのでなく，脅威をもたらすものについて考えないようにしたり，当面している状況について，情動を調節したりする機能をもっています。たとえば「自分のやり方を反省した」「その問題を忘れるようにつとめた」のように，ストレスに直接的にいどまず，何らかの回避手段を考えたりする対処法で，コントロール不可能な状況と認めたときに用いられます。

第2節　パーソナリティ変容

誕生まもない乳児でもすでに，感情のあらわし方や反応の仕方の個人

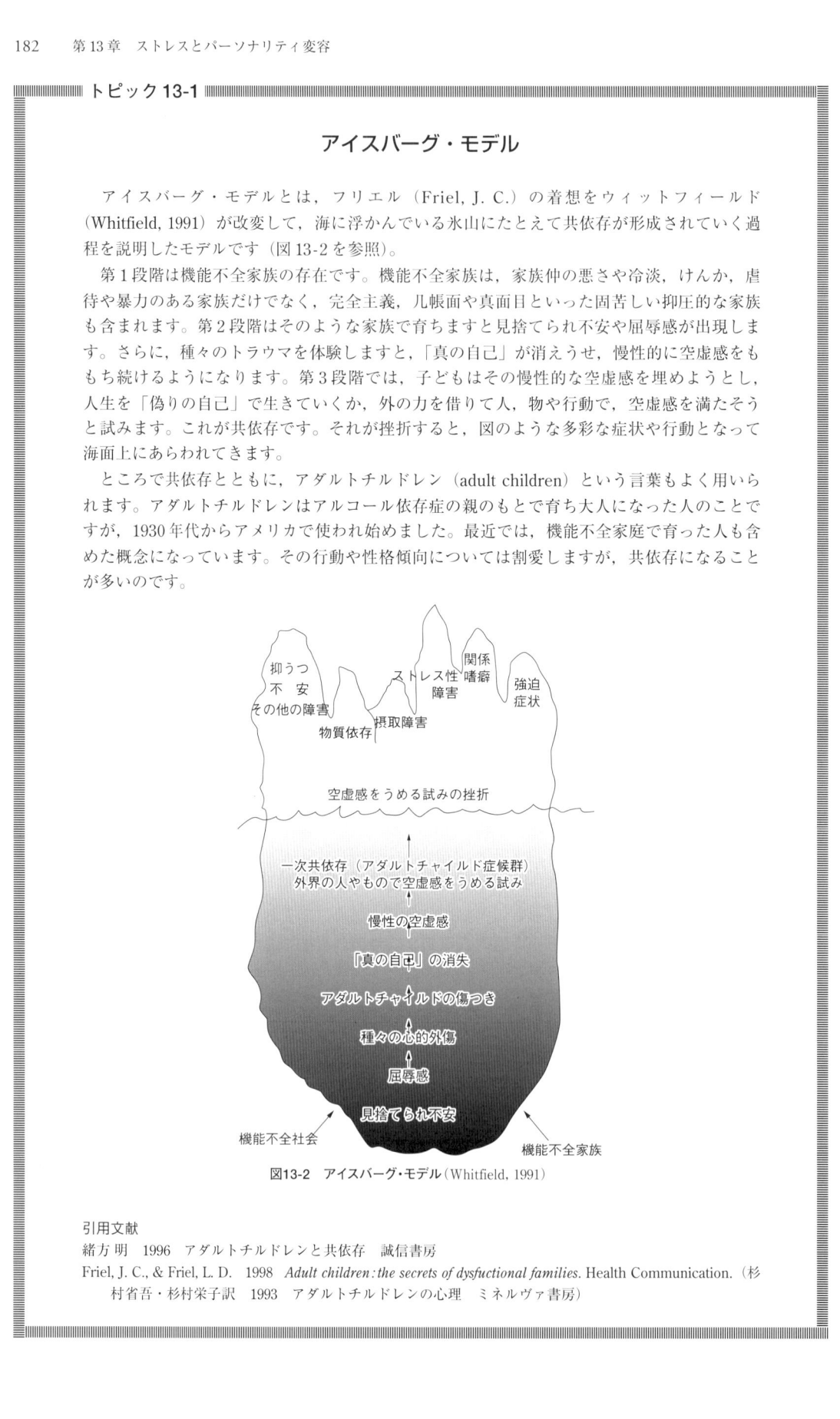

トピック 13-1

アイスバーグ・モデル

　アイスバーグ・モデルとは，フリエル（Friel, J. C.）の着想をウィットフィールド（Whitfield, 1991）が改変して，海に浮かんでいる氷山にたとえて共依存が形成されていく過程を説明したモデルです（図13-2を参照）。

　第1段階は機能不全家族の存在です。機能不全家族は，家族仲の悪さや冷淡，けんか，虐待や暴力のある家族だけでなく，完全主義，几帳面や真面目といった固苦しい抑圧的な家族も含まれます。第2段階はそのような家族で育ちますと見捨てられ不安や屈辱感が出現します。さらに，種々のトラウマを体験しますと，「真の自己」が消えうせ，慢性的に空虚感をもち続けるようになります。第3段階では，子どもはその慢性的な空虚感を埋めようとし，人生を「偽りの自己」で生きていくか，外の力を借りて人，物や行動で，空虚感を満たそうと試みます。これが共依存です。それが挫折すると，図のような多彩な症状や行動となって海面上にあらわれてきます。

　ところで共依存とともに，アダルトチルドレン（adult children）という言葉もよく用いられます。アダルトチルドレンはアルコール依存症の親のもとで育ち大人になった人のことですが，1930年代からアメリカで使われ始めました。最近では，機能不全家庭で育った人も含めた概念になっています。その行動や性格傾向については割愛しますが，共依存になることが多いのです。

図13-2　アイスバーグ・モデル（Whitfield, 1991）

引用文献
緒方 明　1996　アダルトチルドレンと共依存　誠信書房
Friel, J. C., & Friel, L. D.　1998　*Adult children: the secrets of dysfuctional families*. Health Communication.（杉村省吾・杉村栄子訳　1993　アダルトチルドレンの心理　ミネルヴァ書房）

差があります。これは遺伝的要因によるもので，気質とよんでいます。この気質を核として，さまざまな環境要因の影響を受けて，パーソナリティは形成されていきます。そして青年期までに形成されたパーソナリティはそれ以降，安定し，あまり変化しないものと，従来，考えられてきました。

ところが鈴木（1998）によれば，過去の縦断的研究ではパーソナリティのグループ全体での恒常性はかなり高いが，個人内での恒常性にはかなりばらつきがみられたとしています。つまり，グループ全体の平均ではあまり変化がないのですが，個人内の変化をみますと，ほとんど変化がない人も多いのですが，かなり変化がみられる人もいます。そして，かなり変化がみられる人は，青年期以降，さまざまな危機，疾患や障害によってパーソナリティ変容を生じたと考えられます。パーソナリティに価値判断をもちこむのは，望ましくないという考え方もありますが，以下，ポジティブな変容とネガティブな変容に分けて検討していきます。

1. ポジティブなパーソナリティ変容

①カウンセリングによるパーソナリティ変容

カウンセリングは来談者の行動・態度だけでなく，パーソナリティ変容も生じさせます。カウンセリング初期では，来談者は現在の症状や悩みを訴えることに終始しています。中期ではカウンセラーの無条件の受容的態度に支えられ，来談者はしだいに自分の内面的な事柄，つまり生い立ち，性格や家族等に目を向け，話し始めます。後期では来談者の自己分析が進むとともに，症状は消失し，行動・態度の変化だけでなく，パーソナリティも変容してきます。つまり見かけや建前の自分，他人から気に入られなければならない自分から離れて，自分らしく行動できる自分，他人や自分を信頼し受容できる自分へと変化するとともに，柔軟な心で物事に対処できるようになります。

②危機克服によるパーソナリティ変容

人生にさまざまな危機がありますが，深刻な危機に対象喪失があります。青年期では受験失敗や失恋，成人期では突然の事故や疾患による闘病，中年期で離婚，転職・失業や老親の死亡，高齢期では退職やパートナーの死亡です。詳しくは第9章に記述されています。これらの危機を自力，あるいは家族や他者の支援を得て，乗り越え，克服する過程で，パーソナリティはしだいに変容していきます。「苦労すると，人間が丸くなる」という意味です。

③回心によるパーソナリティ変容

回心は何らかの宗教的体験をきっかけに，以前の邪悪な自己を悔い改めて，神仏に帰依し，熱心な信者や聖職者になることを意味し，青年期に多いといわれています。鈴木（1998）は回心後のパーソナリティ変容について，下記の3つを記述しています。①自己中心的でなくなり，共感的，自己開示的になる。自然に対する感受性や尊敬の念が強まり，神が親しい存在として実感できる。②新しい活力を感じ，やる気が高まる。③高い次元で生活しようとする気持ちが生じる。

2. ネガティブなパーソナリティ変容

①統合失調症によるパーソナリティ変容

統合失調症は生物学的要因の関与が強いと考えられますが，未だ原因不明の精神疾患です。出現率は0.7％で，精神科入院患者の80％を占めています。青年期に好発し，発症当初はふつう，幻覚・妄想・衝動行為といった陽性症状が中心です。入院し，投薬によって陽性症状は消失し，小康状態になり退院します。ただ統合失調症の約70％はストレスが高まると再発します。その後，入退院を繰り返し，しだいに自発性欠如，無為や感情鈍麻といった陰性症状，つまりパーソナリティ変容が目立ってきます。「パーソナリティの病」といわれるゆえんです。

②脳器質性疾患や物質嗜癖によるパーソナリティ変容

脳器質性疾患は，頭部外傷や脳血管障害にともなう後遺症や老人性痴呆等です。これらは痴呆によるパーソナリティ変容だけでなく，病前性格の増強という形であらわれます。たとえば，発症以前から頑固だった人は，発症以後，よりいっそうに頑固に，話し好きだった人は多弁に，無口だった人は緘黙になります。

またアルコール，麻薬，覚せい剤やシンナー等を毎日，長期にわたって摂取しますと，その摂取量によっては脳の器質的変化を引き起こします。抑制力の欠如，無気力や多幸性といったパーソナリティ変容が起こります。

③洗脳やマインド・コントロールによるパーソナリティ変容

洗脳あるいはマインド・コントロールは，個人の政治的，思想的，あるいは宗教的信念を変革させ，さらにパーソナリティ変容まで起こさせる手法です。洗脳は朝鮮戦争で共産国側が捕虜に用いたもので，長期にわたる監禁，脅迫，拷問，絶食等で心身ともに困憊させて，強制的に説得する手法ですが，永続的な効果はありません。一方，マインド・コントロールは破壊的カルト集団が用いるもので，長期にわたって隔離された場所で強制的手法でなく，グループでの強力な教え込みですが，永続的な効果があり，パーソナリティ変容も生じます。

④トラウマによるパーソナリティ変容

苛酷な体験や生命を脅かされるトラウマ体験によってパーソナリティ変容をきたす場合です。これについては次節で述べます。

第3節　トラウマ

1. トラウマ概念の変遷

1995年の阪神・淡路大震災や地下鉄サリン事件以降，災害，爆破・人質・凶悪犯罪事件が起こるたびに，マスコミでトラウマとか，PTSDという言葉がしばしば報じられるようになりました。まずトラウマ概念の変遷をみていきますが，その変遷は時代や社会背景と深くかかわっており，その当時の社会を映し出す鏡なのです。

①外傷神経症

19世紀中頃，鉄道の普及にともなって鉄道事故で特有の心身症状を

統合失調症

精神分裂病という病名は精神そのものが分裂しているというイメージをもたれ，さまざまな誤解や差別を生み出してきました。2002年6月，日本精神神経学会は分裂病を統合失調症に改め，医療現場での新しい病名の使用を提唱しました。今後，統合失調症という病名がしだいに浸透するでしょう。

示す事故被害者が多くなりました。このような心身症状は鉄道脊髄症とよばれ，脊髄震盪による器質性障害とされましたが，心因性と反論する研究者もいました。その後，オッペンハイム（Oppenheim, 1889）は外傷神経症という用語を初めて用いたのですが，その症状はあくまでも脳器質性障害によると想定していました。他方，19世紀後半から欧米諸国では災害補償制度が整備され，事故や災害による外傷神経症が急激に増加しました。そのため，補償目当ての2次的疾病利得や仮病という考え方が強まり，賠償神経症や災害神経症とよばれました。

②ヒステリーとトラウマ概念

19世紀のヒステリー研究の大家シャルコー（Charcot, C. H.）はヒステリーが心理的原因としてのトラウマ的な神経ショックによって生じると考えました。この考えを引き継いだフロイト（Freud, S.）は1890年代前半，ヒステリー患者の語る性的誘惑体験にもとづき，トラウマを抑圧することによって，ヒステリーになると考えましたが，すぐにその体験は患者のファンタジーであったとし，性的誘惑説を取り消しました。しかし，その後，外傷神経症患者の臨床研究から，トラウマを引き起こした災害の瞬間へ固着があるとしたり，過剰な刺激から身を守るための刺激障壁をもち，その刺激障壁がトラウマによって破壊されるとも考えました。フロイトはトラウマについて，その重要性を認めながら十分に推敲できなかったわけですが，現在，最も深刻なトラウマ後遺症である多重人格障害の原因が性的虐待であることは，フロイトの発想に先見の明があったといえます。

③戦争神経症

第一次大戦中に睡眠障害，転換症状，混迷などの特有な心身症状を示す傷病兵が増加し，マイヤーズ（Myers, 1915）は炸裂する砲弾による脳震盪と考え，シェル（砲弾）ショックと命名しました。ところが戦闘に直接参加していない兵士にも同様な症状がみられることから，脳器質性障害は否定され，戦争神経症とよばれるようになりました。ただ当初は仮病であるとか，臆病者と思われ，処罰の対象にもなりましたが，しだいに心理的原因，すなわちトラウマ体験によるものと理解されるようになりました。第二次大戦後，再び戦争神経症の研究が盛んになり，カーディナー（Kardiner, A.）は自律神経系の生理的・身体的症状に注目し，生理神経症と名づけ，その後のストレス概念の発展の基盤となりました。

④強制収容所症候群

第二次大戦勃発後，ナチスは多くのユダヤ人を強制収容所に収容し，苛酷な強制労働，拷問や生体実験を行い，ガス室で殺害したり，餓死させました。収容されましたが，幸運にも生き残った収容所生存者（サバイバー）はその後，シェルショックや戦争神経症と共通する心身症状がみられました。これは収容所に長期間，監禁され，つねに死と直面していたという苛酷な体験を経験したためです。サバイバーである精神医学者フランクル（Frankl, V. E.）は強制収容所での自らの凄惨な体験を書き記した『夜と霧』を1947年に出版し，この症候群が世間に広く知られることになりました。

ヒステリー

ヒステリーには防衛機制の型によって，心的葛藤や心理的な問題を身体症状（失立，失歩，失声といった運動障害，感覚脱失，視野狭窄，慢性疼痛といった知覚障害，心悸亢進，嘔吐，便秘といった自律神経症状）に置き換える転換型と，意識を分離させる解離型（トピック13-2参照）があります。

フランクル，V. E.

1905年，ウィーンに生まれる。ウィーン大学卒業後，アドラー，フロイトに師事し，精神分析を学ぶ。1946年からウィーン市立病院精神科部長とウィーン大学教授に就く。自らの収容所体験にもとづいて実存分析を始め，さらに人間存在における意味への意志を重視したロゴテラピーという独自の理論を構築しました。主著に『死と愛』『精神医学的人間像』『意味への意志』があります。1997年没。

⑤ベトナム帰還兵症候群

1960年代後半から1970年代の前半にかけて、ベトナム戦争の長期化にともない、多くのアメリカ兵はトラウマを体験しました。というのはベトナム人ゲリラにいつ襲われるかもしれないという恐怖にさいなまれていたからです。戦争終了後、1970年半ば頃よりベトナム帰還兵はその後遺症に悩み、ベトナム帰還兵症候群とよばれ、社会的な問題となりました。現在のアメリカのホームレスの多くは、その後遺症のために、社会適応できない帰還兵といわれています。

⑥ 児童虐待

小児科医のカンプ（Kempe, C. H.）は頭部外傷等で緊急入院してくる子どもの打撲や火傷の傷跡の多さに注目し、その親に問いただしたところ、わが子への虐待を告白しました。そのような症例を集め、1962年、被殴打児症候群と命名しました。被殴打児症候群は身体的虐待ですが、その後、虐待の定義が拡大され、ネグレクト（養育怠慢）、性的虐待や心理的虐待を含めて、児童虐待（child abuse）という概念へと発展しました。

アメリカでの児童虐待の発生件数は年間300万件といわれていますが、わが国では1980年代後半より報告されるようになり、厚生労働省の調査では1993年度の児童相談所取り扱い件数は1,600件でしたが、2002年度は24,000件で、年々、増加傾向にあります。

⑦ レイプと女性への暴力

昔からレイプや女性への暴力行為はありましたが、1970年代の女性解放運動の高まりによって、このような行為が暴かれ、その後遺症に注目され始めました。1974年、精神科看護師のバージェス（Burgess, A. W.）らはレイプ被害にあった女性に後遺症としてフラッシュバックや悪夢が典型的で、ベトナム帰還兵症候群の症状との類似性を報告し、レイプ・トラウマ症候群と命名しました。次いでウォーカー（Walker, 1979）は夫によって暴力を常習的に振るわれる妻を被殴打女性症候群とよびました。最近、わが国では夫婦・恋人間の暴力行為はドメスティック・バイオレンス（domestic violence）とよばれ、重大な家庭問題になっています。

夫婦間暴力の発生件数は内閣府の調査（2002）から推定すると年間36,000件（配偶者相談支援センター相談件数）です。ただ家庭という密室で行われ、しかも泣き寝入りが多いため、児童虐待以上に、実態がさだかでありません。

2. トラウマ後ストレス障害

前述したベトナム帰還兵症候群を示す帰還兵の増加により、トラウマ性のストレス障害についての診断基準が新たに必要となりました。1980年のDSM-Ⅲにおいて、トラウマ後ストレス障害（posttraumatic stress disorder, 以下PTSDと略します）という用語が初めて採用され、被災、戦争・事故・犯罪被害、レイプ・トラウマ症候群、被殴打女性症候群や児童虐待も包括されるようになりました。

表13-4はその診断基準ですが、トラウマは、①実際に危うく死ぬ、

> **ドメステック・バイオレンス**
> ドメステックは「家庭内」という意味で、ドメステック・バイオレンスは家庭内暴力ということになり、配偶者だけでなく、わが子、老親、兄弟への暴力を含むことになります。ただ日本ではドメステック・バイオレンスは「親しい関係」、つまり夫婦や恋人間の暴力と定義されています。

または重傷を負うような出来事を，②強い恐怖，無力感や戦慄感をもって体験することと定義されています。ただPTSDは表13-4のような症状が1ヵ月以上続く場合で，1ヵ月未満の場合では急性ストレス障害となっています。

当初，PTSDはあまり注目されなかった用語でしたが，1990年に入り，自然災害，戦争・戦乱，爆破・人質・凶悪犯罪事件が起こるたびに，PTSDを負った被災者や被害者の症状やそのケア対策がマスコミでしばしば報じられるようになり，世間に広く知られる用語となりました。しかし被災，戦争・事故・犯罪被害等の一過性のトラウマに比べて，児童虐待のような長期反復性のトラウマはその症状がはるかに多様で，解離性障害（トピック13-2を参照）や境界性人格障害等の深刻な後遺症を生じることもあります。ハーマン（Herman, 1992）は，後者に対して複雑性PTSDという概念を提案しています。

表13-4　PTSDの診断基準（DSM-Ⅳ, 1994）

A．その人は，以下の2つがともに認められる外傷的な出来事に暴露されたことがある。
　(1) 実際にまたは危うく死ぬまたは重症を負うような出来事を，一度または数度，あるいは自分または他人の身体の保全に迫る危険を，その人が体験し，目撃し，または直面した。
　(2) その人の反応は強い恐怖，無力感または戦慄に関するものである。
　　　注：子どもの場合はむしろ，まとまりのないまたは興奮した行動によって表現されることがある。
B．外傷的な出来事が，以下の一つ（またはそれ以上）の形で再体験され続けている。
　(1) 出来事の反復的，侵入的，かつ苦痛な想起で，それは心像，思考，または知覚を含む。
　　　注：小さい子どもの場合，外傷の主題または側面を表現する遊びを繰り返すことがある。
　(2) 出来事についての反復的な苦痛な夢
　　　注：子どもの場合は，はっきりとした内容のない恐ろしい夢であることがある。
　(3) 外傷的な出来事が再び起こっているかのように行動したり，感じたりする（その体験を再体験する感覚，錯覚，幻覚，および解離性フラッシュバックのエピソードを含む，また，覚醒時または中毒時に起こるものを含む）。
　(4) 外傷的出来事の一つの側面を象徴し，または類似している内的または外的きっかけに暴露された場合に生じる，強い心理的苦痛。
　(5) 外傷的出来事の一つの側面を象徴し，または類似している内的または外的きっかけに暴露された場合の生理学的反応性。
C．以下の3つ（またはそれ以上）によって示される，（外傷以前には存在していなかった）外傷と関連した刺激の持続的回避と，全般的反応性の麻痺：
　(1) 外傷と関連した思考，感情，または会話を回避しようとする努力
　(2) 外傷を想起させる活動，場所または人物を避けようとする努力
　(3) 外傷の重要な側面の想起不能
　(4) 重要な活動への関心または参加のいちじるしい減退
　(5) 他の人から孤立している，または疎遠になっているという感覚
　(6) 感情の範囲の縮小（例：愛の感情をもつことができない）
　(7) 未来が短縮した感覚（例：仕事，結婚，子ども，または正常な寿命を期待しない）
D．（外傷以前には存在していなかった）持続的な覚醒亢進症状で，以下の2つ（またはそれ以上）によって示される。
　(1) 入眠，または睡眠維持の困難
　(2) 易怒性または怒りの爆発
　(3) 集中困難
　(4) 過度の警戒心
　(5) 過剰な驚愕反応
E．障害（基準B，CおよびDの症状）の持続期間が1ヵ月以上
F．障害は，臨床上著しい苦痛，または社会的，職業的，または他の重要な領域における機能の障害を引き起こしている。

3. PTSDの症状
①中核症状
　PTSDの中核症状には下記の3つがあり，いずれも生命維持のための防衛反応です。

　1）再体験　再体験は，過去のトラウマ体験に関係する記憶や感覚に繰り返し襲われることです。図13-3と図13-4は通常の記憶とトラウマ的記憶のメカニズムを示しています。通常の記憶は感覚器官を通して入力された刺激は大脳前頭葉で認知され，ある程度，まとまりのあるストーリー性をもった記憶となります。その後，海馬に送られて長期記憶として保持されます。ところがトラウマ的記憶は前頭葉を経ず，直接，海馬に送られ，凍結保存されます。そのため前後関係もなく断片的で，生々しい感覚とイメージとして焼き付けられます。幼児期の混沌とした回想的記憶と類似性があります。このように認知されないで凍結保存されたトラウマ的記憶は，通常の記憶のように意図的に想起するのでなく，本人の意思に関係なく反復的に，意識内に侵入してきます。悪夢やフラッシュバックとよばれる現象が，その典型です。

　2）回避・まひ　回避は再体験を引き起こすような状況を避ける反応ですが，自宅に閉じこもったりしますので，生活の幅が制限されたり，人間関係の疎遠化をまねきます。まひは感覚や感情を鈍化させることで苦痛を避ける反応です。通常の感覚や感情も全般にまひしますので，生き生きした感覚を奪い，何事にも無関心，無感動になり，喜怒哀楽に乏しくなります。

　3）過覚醒　過覚醒は，反対に感覚が研ぎ澄まされ，たとえばパトカーや救急車のサイレンの音にも，過敏に反応する現象です。興奮のしやすさも警戒心にもとづく過覚醒です。

②情動面への影響
　トラウマ体験は，上記の中核症状の他に情緒的な面に深刻な影響を及ぼし，その人の対人関係に障害をもたらします。トラウマを受けた多く

フラッシュバック
　フラッシュバックは映画用語で瞬間場面の切り返しを意味し，過去の出来事を瞬間的にある場面に挿入するテクニックです。ホロウィッツ（Horowitz, M.）は薬物中毒者が薬物使用をやめたにもかかわらず，使用時と同じ幻覚が出現した現象を説明するためにフラッシュバックという用語を用いました。最近ではトラウマ体験によって，その人の意に反して突然にその時の体験があたかも今，体験しているかのように再体験することをさします。

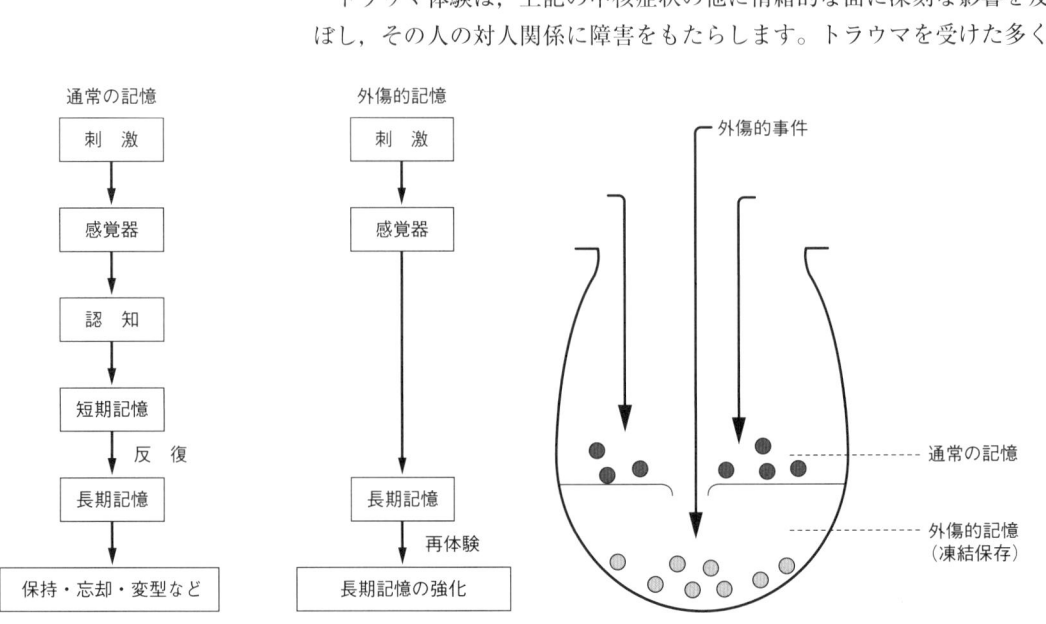

図13-3　記憶のプロセス(森, 2001)

図13-4　記憶の壷(森, 2001)

の人に共通する体験として，森（2001）は，①無力感，②自責感，③孤立無援感をあげています。

まずトラウマ体験は自らの力で対処できない体験で，主体的な努力では解決の困難な問題です。そのため，「自らが有能である」という有能感をそこない，無力感を生じます。無力感に圧倒された場合，トラウマ以前の生活に復帰できず，そのことがいっそうの無力感を生むという悪循環を繰り返します。

自責感はサバイバーの罪悪感といわれるもので，仲間や家族は死んでしまったのに，「自分だけ生き残って申し訳ない」「助かったのに元気になれなくて申し訳ない」など表現はさまざまです。また虐待された子どもや暴力をふるわれた女性の場合，本当は相手が悪いにもかかわらず，「暴力をふるわれるのは，自分に落ち度があるため」と，逆に自分を責めることもあります。つまりトラウマにはそもそも自責感を生む性質があります。

さらにトラウマ体験には，人と人の絆を断ち切り，孤立される作用があります。「もう人と違ってしまった」「元の自分に戻れない」「他の人にわかってもらえない」という感覚や感情に支配されます。自分の人生が一挙に破壊されたという感覚が人間関係を希薄にし，孤立無援感を生んでいきます。トラウマをおった人の援助は，この孤立無援感をいかに和らげ，人間関係を再建する再結合が最も重要な課題になり，親類，知人，地域の人や援助スタッフのサポートが必要です。

トピック 13-2

私のなかの他人

1977年，アメリカ・オハイオ州で連続強姦事件の容疑者として26歳のビリー・ミリガンが逮捕されました。逮捕された当時，彼には犯行の記憶がまったくありませんでした。その後の取調べや精神科医による面接によって，ミリガンの内部には24の人格が存在することが明らかになりました。『アルジャーノンに花束を』の作者として知られているダニエル・キイス（Daniel Keyes）は，この事件を取材し，『24人のビリー・ミリガン』を出版しました。ミリガンは多重人格障害であることが判明して，裁判で無罪になりましたが，精神科病院に強制入院させられました。裁判当時の主要な人格は下記のとおりです。

①ビリー（26歳），②アーサー（22歳）：合理的で冷静なイギリス人，③レイゲン（23歳）：ユーゴスラヴィア人，空手の達人で暴力をふるうこともある，白黒のデッサン画を描く，④トミー（16歳）：喧嘩早いが，風景画を描く，⑤アレン（18歳）：口先がうまく，肖像画を描く，⑥ダニー（14歳）：男性におびえる少女，静物画だけを描く，⑦クリスティーン（3歳）：利口なイギリス人の女の子，花や蝶を描く。

その後の治療で，⑧乱暴者のフィリップ（20歳），⑨あばずれ女のエイプリル（19歳）という好ましくない多くの人格も登場しましたが，最後には⑩聡明で，感受性の豊かな教師（26歳）が出現し，23の人格はこの教師に統合されました。

多重人格障害は解離性同一性障害とよばれ，解離性障害のなかでも最も深刻な障害で，最も耐えがたいトラウマ，すなわち性的虐待の被害者に多いといわれています。ビリーの場合も幼少期に父親から性的虐待を受けていました。

解離は解き離れてしまったという意味で，本来，統合されている意識，記憶，認知，パーソナリティなどの精神諸機能の統合性が失われている障害です。つまり解離は苛酷なトラウマを体験し，それを意識することが耐えきれないために，その感覚，感情あるいは記憶をパ

ーソナリティの他の部分から解離させることによって，パーソナリティ全体のダメージからのがれるメカニズムです。同一性障害以外の解離性障害には下記のようなものがあります。

①離人症性障害（離人症）：自分の身体，思考，感情や感覚が自分のものであると感じがたいような状態です。解離性障害のなかで最も軽症で，非常に疲れたときに起こる場合もあります。

②解離性健忘（心因性健忘）：ショッキングな事柄を体験したため，その体験の前後の記憶を思い出すことができない状態です。

③解離性遁走（心因性遁走）：家庭や職場から突然，失踪し，自分の過去をまったく思い出すことができない状態です。

引用文献
Keyes, D. 1981 *The minds of Billy Milligan.* Random House.（堀内静子訳 1999 24人のビリー・ミリガン 上・下 早川書房）

引用文献

American Psychiatry Association 1994 *Diagnostic and Statistical Manual of Mental Disorders Forth Edition.*（高橋三郎・大野 裕・染矢俊幸訳 1996 DSM-Ⅳ精神疾患の診断・統計マニュアル 医学書院）

飛鳥井望 1998 外傷概念の歴史的変遷とPTSD 精神科治療学，**13**, 811-818.

Berkman, L.F., & Syme, S.L. 1979 Social networks, host resistance, and mortality: A nine year follow-up study of Alameda County residents. *American Journal of Epidemiology,* **109**, 186-204.

Burgess, A. W., Holmstorm, L. L. 1974 Rape trauma syndrome. *American of Journal of Psychiatry,* **131**, 981-986.

Frankl, E. V. 1997 *Ein Psychologe Erlebt das Konzentrationslager.* Kösel-Verlag.（池田香代子訳 2002 夜と霧 新版 みすず書房）

藤山直樹 1998 心的外傷と精神分析 精神療法，**24**, 315-323.

Hann, N. 1977 *Coping and defending.* Academic Press.

Herman, J. L. 1992 *Trauma and recovery.* Basic Books.（中井久夫訳 1996 心的外傷と回復 みすず書房）

Holmes, T. H., & Rahe, R. H. 1967 The social readjustment rating scale. *Journal of Psychosomatic Research,* **11**, 213-218.

石川俊男 2002 ストレスの概念と歴史 Ⅱ章心身医学の基礎 久保千春（編著）心身医学標準テキスト 医学書院

Kempe, C. H. 1962 The battered child syndrome. *American Journal of Medical Association,* **181**, 17-24.

加藤正明・保崎秀夫他（編）1993 新版精神医学事典 弘文堂

河野友信（編著）2003 ストレス診療ハンドブック第2版 メディカル・サイエンス・インターナショナル

久保千春（編著）2002 心身医学標準テキスト 医学書院

Lazarus, R. S., & Cohen, J. B. 1977 Environmental Stress. In I. Altman, & J. F. Wohlwill （Eds.）, *Human behavior and the environment.* Plenum.

Lazarus, R.S., & Folkman, S. 1984 *Stress, appraisal, and coping.* New York: Springer.

Mellody, P. 1989 *Facing codependence: What it is, where it comes from, how it sabotages our lives.* Harpercollins.

森 茂起 2001 外傷後ストレス障害 小児保健，**24**, 804-810.

室岡 一 1983 胎児期の母子相互作用 周産期医学，**13**, 臨時増刊号, 2133-2137.

日本健康心理学研究所 2000 ストレスコーピングインベントリー 自我態度スケール・マニュアル 実務教育出版

西田公昭 1998 「信じるこころ」の科学 サイエンス社

西沢 哲 1999 トラウマの臨床心理学 金剛出版

信田さよ子 2000 依存症 文春新書

緒方 明 1996 アダルトチルドレンと共依存 誠信書房

岡野憲一郎 1995 外傷性精神障害 岩崎学術出版社

大貫敬一・佐々木正宏　1998　適応と援助の心理学　培風館
大杉正太郎(編著)　2002　ストレス心理学　川島書店
大塚俊弘　2002　PTSD概念の精神医学史　臨床精神医学増刊号, 23-29.
Oppenheim, von H.　1898　*Lehrbuch der Nervenkrankheiten : Für Ärzte und Studirende.* Berlin : S. Karger.
Stott, D. H.　1973　Follow-up study from birth of the effects of prenatal stresses. *Developmental Medicine and Child Neurology*, **15**, 770-787.
鈴木乙史　1998　性格形成と変化の心理学　サイエンス社
浦光　博　1992　支えあう人と人　サイエンス社
Walker, L. E.　1979　*The battered women.* Harper & Row.（斉藤学監訳　1997　バタード・ウーマン　金剛出版）
Whitfield, C. L.　1991　*Co-dependence: Healing the human condition : The new paradigm for helping professionals and people in recovery.* Health Communications.

人名索引

あ行

アイゼンク, H. J.　23
アイゼンバーグ, N.　98, 99
青柳まちこ　172
秋谷たつ子　20
東　洋　49
アトキンソン, R. L.　61
アドラー, A.　5, 36
アドラー, P. S.　139
アルトマン, I.　131
アントヌッチ, T. C.　158
池田由子　156
石川俊男　177, 178
伊藤公男　142, 143
稲村　博　139
今田　寛　62, 68
今田　恵　61
岩内一郎　67
ウィットフィールド, C. L.　182
ウィニコット, D. W.　41, 42, 153
ウィリアムズ, J. E.　142
ウィル, D. E.　83
ウェクスラー, D.　22
ウェルトハイマー, M.　5
ウォーターマン, A. S.　112
ウォーカー, A. M.　56
ウォーカー, L. E.　186
ウォーク, R. D.　78
ウォルピ, T.　72
ヴント, W.　61, 70
エインズワース, M. D. S.　81
エムレン, S. T.　160
エリクソン, E. H.　53, 89, 98, 103, 104, 105, 107, 108, 110, 111, 114, 121, 122, 152
エリクソン, J. M.　122
大藤ゆき　172
オールポート, G. W.　4, 7, 136
岡本祐子　108, 114, 115
沖藤典子　159
オコネル, A. N.　114
小此木啓吾　113
纓坂英子　48
オッペンハイム, H.　185

か行

カーディナー, A.　185
カーン, R. L.　157, 158
カーンバーグ, O. F.　35

カウフマン, S. H.　29
ガレヌス　6
河合隼雄　37, 108
カンプ, C. H.　186
キイス, D.　190
キブニック, H. Q.　122
菊池章夫　89
北見俊夫　172
北山　修　106
キタヤマ, S.　48
ギブソン, E. J.　78
キャッテル, R. B.　8
キャプラン, G.　83
ギルフォード, J. P.　8, 24
日下菜穂子　125
グッドイナフ, W.　132
グッドイナフ, F.　29
久野能弘　71, 72
クーパースミス, S.　53
クライン, M.　41
クラックホーン, C.　131
クリッテンデン, P. M.　81
クレッチマー, E.　6, 7
クレペリン, E.　10, 29
グロスマン, K.　83
グロスマン, K. E.　83
クローバー, A.　131
クロンバック, L. J.　18
ケーラー, W.　5
コーエン, J. B.　178
コーチン, S. J.　17
ゴールドウィン, R.　83
ゴールドバーグ, D.　23
コスタ Jr., P. T.　23, 127
古武弥正　63
コッホ, K.　28
コナー, M. J.　173
コフート, H.　43
近藤　裕　139

さ行

サイム, S. L.　178
サケット, G. P.　169
篠置昭男　123
サリバン, H. S.　3, 50
シーガル, M. H.　135
ジェイコブソン, E.　53
ジェイコブソン, J. L.　83

ジェームズ, W. 47
シェルドン, W. H. 6
ジェンドリン, E. T. 56
信田さよ子 180
篠原彰一 67
下山晴彦 9
シモン, T. 20
シャルコー, C. H. 185
シュテルン, W. 21
シュナイダー, K. 10
シュプランガー, E. 6, 7
シーエイ, B. 169
スキナー, B. F. 66
鈴木乙史 183
鈴木淳子 141
スズキ, T. 64
ストット, D. H. 178
ストロロウ, R. D. 43
スピールバーガー, C. D. 23
セリエ, H. 177, 178
セリックマン, M. E. P. 68
セルマン, R. L. 100
ソーンダイク, E. L. 66
ソコロフ, E. N. 64
ソンディ, L. 26

た行
ダーウィン, C. 61, 62
ターマン, L. M. 13, 21
タイラー, B. B. 131
高野陽太郎 48
鑪 幹八郎 108, 109, 110
チャイルド, I. L. 135
ヅュセイ, J. M. 23
辻 平治郎 9
辻岡美延 24
テイラー, J. A. 25
ティンバーゲン, N. 167
テッサー, A. 53
デュボワ, C. 133
ドノヴァン, J. M. 114
トマス, A. 84
豊原恒男 18
トリアンディス, H. C. 131

な行
中井久夫 29
中久喜雅文 43
新浜邦夫 63
西川隆蔵 6
ニューガルテン, B. L. 126, 127, 157
根ヶ山光一 168
信田さよ子 181

野村俊明 11

は行
バークマン, L. E. 178
バージェス, A. W. 186
ハースコヴィッツ, M. J. 131
パーテン, M. D. 91
ハーマン, J. L. 187
ハーロウ, H. F. 75, 76, 168
ハーロウ, M. K. 76, 169
バーン, E. 23
ハーン, N. 181
バアンズ, R. C. 29
パイク, K. L. 133
ハヴィガースト, R. J. 89
ハヴィランド, J. M. 77
ハザウェイ, S. R. 25
長谷川寿一 170, 174
長谷川眞理子 170, 174
バック, H. S. 29
バトラー, R. N. 124
馬場謙一 34
パブロフ, I. P. 63, 64, 66
ハマー, E. F. 29
濱口佳和 90, 91
バルク, G. 157
ハルス, W. C. 29
バルテス, P. B. 123, 158
繁多 進 81
バンデューラ, A. 68
ピアジェ, J. 4, 12, 90, 101, 105
東中園 聡 106
樋口恵子 159
ビネー, A. 13, 20, 21
ヒポクラテス 6
平石賢二 52
平井信義 98, 100
廣川 進 11
ファンツ, R. L. 77
フィールド, T. M. 77
フェアバーン, W. R. D. 41, 49
フェスティンガー, L. 52
フォルクマン, S. 181
深谷和子 92, 93, 94, 95, 96, 97
深谷昌志 92, 93, 94, 95, 96, 97
フランクル, E. V. 185
フリードマン, S. L. 85
フリエル, J. C. 182
フロイト・アンナ 41
フロイト, S. 5, 33, 34, 36, 37, 38, 39, 41, 44, 47, 53,
 71, 103, 104, 105, 106, 107, 185
ブロードマン, K. 23
プロミン, R. 13, 14

フロム, E.　133
ブロンフェンブレンナー, U.　85
ベスト, D. L.　142
ペック, R. C.　121
ベネディクト, R.　133
ベム, S. L.　142
ベラー, R. N.　49
ベリー, J. W.　134, 138
ボウルビー, J.　75, 78, 81, 83, 152
ホームズ, T. H.　122, 178, 179
ホール, E. T.　138
ボクナー, S.　137
星野　命　139
堀野　緑　90, 91
ホロウィッツ, M. J.　188
ホワイト, R. W.　53

ま行

マーカス, H.　48, 54
マーシア, J. E.　109, 112
マイヤーズ, C. S.　185
正高信男　171, 172, 173, 174
ますのきよし　158
マスロー, A. H.　5, 50
マッキンレイ, J. C.　25
マクレー, R. R.　23, 127
マッコーバー, K.　29
松沢哲郎　164
マレー, H. A.　17, 27
ミード, G. H.　48

宮下一博　90, 91
ミヤタ, Y.　64
室岡　一　179
メイン, M.　83, 84
メニンガー, K.　20
メロディ, P.　180
モーガン, C. D.　27
森　茂起　188, 189

や行

矢田部達郎　24
山田昌弘　155
ユング, C. G.　5, 6, 8, 36, 39, 40

ら・わ行

ライチャード, S.　126
ラザラス, R. S.　178, 181
ラブレン, R. A.　56
ルイス, M.　79
ラッペンソール, G. C.　169
レイ, R. H.　120, 178, 179
レヴィンソン, D. J.　118
レルウィカ, M.　77
ローゼンツァイク, S.　26
ロールシャッハ, H.　26
ローレンツ, K.　75, 151, 167
ロジャーズ, C. R.　5, 48, 55, 56, 70
ロック, J.　5
ワトソン, J. B.　5, 61, 62, 70

事項索引

あ行

愛着（attachment）　75, 89
愛着行動　78
アイデンティティ　106, 107, 108, 109, 110, 111, 112, 113, 134
　——拡散　111
　——確立　107
　——混乱　107
　——達成　110, 112
　——地位　109, 112
アカゲザル　168
阿闍世コンプレックス　39
アセスメント　17
遊び　90
アダルトチルドレン　182

アディクション　180
アルツハイマー型痴呆　123
アレキシサイミア　180
安全の基地　89
育児行動　169
威光過程　53
移行対象（過渡対象）　42, 153
意識　61
イジメ　172
イズミ　172
一妻多夫　149
一夫一妻　147
一夫多妻　149, 173
遺伝的　167
遺伝率　13

異文化接触　136
異文化適応　136
インセスト・タブー　159
ウェクスラー知能検査　22
　　WISC-Ⅲ　22
　　WPPSI　22
　　WAIS-R　22
姥捨て山　158
運動再生過程　69
栄光浴現象　53
嬰児殺し　174
エジメ　172
エス（イド id）　5, 34
エヅメ　172
エティック　133
エディプス・コンプレックス　159
エディプス葛藤　38
エミック　133
MMPI（Minnesota Multiphasic Personality Inventory, ミネソタ多面人格目録）　25
エレクトラ葛藤　38
延滞条件づけ　65
オペラント技法　71
オペラント条件　66
　　──づけ　67
オペラント反応　67
親子関係　150
親性　86
音声　133
音素　133

か行

絵画欲求不満テスト（Picture Frustration Study）　26
外向型　8
外集団　135
外傷神経症　184, 185
回想　124
回想法　124
解発因　166
解発刺激　166
快楽原理　34
解離性障害　187
学習　61, 62, 166
学習性無力感　68
獲得過程　65
獲得的行動　167
隔離飼育　168
影　37
影の現象　40
家族　145
活動理論　125
家庭　146
空の巣症候群　119, 157

カルチャー・ショック　139
感覚的・内臓的な経験　55
環境　131, 170
寒冷地適応　172
器官様式　104, 105
気質　84
規範性　174
希望　104, 105
基本的信頼　103
　　──感　106
基本的不信　103
　　──感　106
客我　47
虐待　155
虐待型　169
逆行条件づけ　65
共依存　180
強化　65
　　──のスケジュール　67
共感性　98
共通特性　8
共鳴動作　77
距離的近接説　154
勤勉性　106
経験　166
経験論　5
系統的脱感作　72
ゲシュタルト心理学　5
結晶性知能　123, 158
原因帰属　68
現実原則　34
現実自己　56
現象的自己　48
現象的場　48
効果の法則　66
交互作用　131
高次条件反応　66
向社会的行動　98
向社会的道徳判断　98
口唇期　38
構成主義　61
行動　61
行動主義　61
行動療法　62, 71
幸福な老い（successful aging）　117, 125, 127
肛門期　38
コーピング　181
刻印づけ（imprinting）　75
国民アイデンティティ　109
国民性　133
子殺し　173
心の全体性　39
個人的特性　8

個人的無意識　36
個性　171
個性化　39
子育て　165
　　──不安　153
個体　171
固有唾液分泌　63
痕跡条件づけ　65
コンボイ　157

さ行

罪悪感　105
再社会化　135
作業検査法　18
錯誤行為　33
サン族　173
CMI健康調査票（Cornel Medical Index）　23
シェルショック　185
ジェンダー　141
ジェンダー・アイデンティティ　113, 114, 115
自我　5, 34
視覚的断崖　78
自我の統合性　108
時間的展望　111
刺激の等価性　8
自己愛　38
　　──移転　43
　　──的同一化　57
自己意識　47, 79
自己意識状態　58
　　──からの逃避　57
　　──へのとらわれ　57
自己一致　55
試行錯誤学習　66
自己概念　48, 54
自己受容　56
自己スキーマ　54
自己像　54
自己中心的　101
自己呈示　52
自己評価　79
自己不一致　55
自主性　105
自然淘汰　61
自尊感情　53
自尊心　53
自体愛　38
質疑段階　27
質問紙（目録）法　18
児童虐待　76, 186
自発的回復　65
自民族中心主義　136
社会化　135, 152
　　──のエージェント　135
社会性の目覚め　77
社会的アイデンティティ　134
社会的隔離　75
社会的参照　78
社会的自己　47
社会的スキル　89
社会的性格　133
社会的ネットワーク理論　83
社会的望ましさ説　154
社会的比較過程　52
社会的微笑　77
種　170
集団アイデンティティ　109
自由反応段階　27
重要な他者　50, 55
主我　47
熟年離婚　157
出産率　170
受動的（passive）相互作用　14
授乳　172
狩猟採集民　173
循環（躁うつ）気質　7
消去　65
条件刺激（CS）　63
条件づけ　61
条件反射　63
条件反応　65
少子化　170
上昇停止症候群　120
情緒の利用可能性　81
情動　79
　　──調律　78
　　──伝染　77
初期経験　75
女性らしさ　141
自律性　105
進化　163
人格的活力　104, 105, 107, 108
新奇性　64
神経症　180
新行動主義　62
人種アイデンティティ　109
心身症　180
人生回顧（ライフ・レビュー）　121, 123
人生課題　103, 104, 106, 107, 108
新生児反射　151
心的外傷　71
心的構造論　34, 47
心的要素　61
親密さ　107
親密性　112
信頼性　23

心理・社会的危機　103
心理アセスメント　20
心理社会的発達図式　103
心理社会的発達段階理論　120
スウォドリング　171
スキナーボックス　66
スキンシップ　172
ステレオタイプ　136
ストランズ　56
ストレス　177
ストレッサー　177
ストレンジ・シチュエーション法　81
性アイデンティティ　109
生活体　62
生活年齢（chronological age; CA）　21
生活の質（QOL）　127
性器期　38
性差　141
成熟　62, 171
生殖性　121
成人愛着面接　83
精神的自己　47
精神年齢（mental age; MA）　21
精神分析理論　5
生態学的環境　85
性同一性障害　115
生得的　166
　　──行動　167
　　──行動傾向　167
　　──養育行動　152
性別ステレオタイプ　142
性役割　141
世帯　146
世代間伝達　153
セックス　141
SEM モデル　53
選好注視　77
漸成説　103
先導的自己理想　36
潜伏期　38
早期完了　110, 112
相互依存的自己理解　48
ソンディテスト（Szondi Test）　26

た行

体験の仕方　56
対象愛　38
対象関係論　41
対照条件（統制条件, control 条件）　63
対象喪失　42, 120
大脳　163
タイプ A 行動パターン　180
太母　37

多重人格障害　189
妥当性　23
多様性　170
男根期　38
男性らしさ　141
知恵　123
知能　21
　　──検査　18
　　──指数　21
注意過程　69
忠誠心　104, 107
中年期危機　118
超高齢社会　159
超自我　5, 34, 47
チンパンジー　164
ツグラ　172
罪　105
定位反応（OR）　63, 64
TAT（Thematic Apperception Test; 主題統覚検査）　27
適応　170
　　──度　174
テスト・バッテリー　19
テスト試行　65
転移　33
投影法　18
動機づけ過程　69
統合失調症　184
統合性　122
同時条件づけ　65
投資要求戦略　151
東大式エゴグラム（TEG）　23
特性（trait）　7
特性 5 因子モデル　8
特性論　7
独立的自己理解　48
ドメスティック・バイオレンス　186
トラウマ　184, 186
　　──的記憶　188

な行

内観　61
内向型　8
内集団　135
内的作業モデル　80
内的対象喪失　43
慣れ　63, 64
日常的苛立ち　178
ニホンザル　168
人間生活の多様なあり方　136
認知症　124
粘着気質　7
脳血管性痴呆　123

農耕文化　172
能動的（active）相互作用　14

は行

パーソナリティ・テスト　18
パーソナリティ障害（精神病質）　10
パーソナリティの型　132
配偶者選択　151
排卵　172
バウム・テスト　28
剥奪飼育　168
恥　105
ハヌマンラングール　173
反映的アイデンティティ　114
般化　65
反社会的行動　98
繁殖戦略　150, 173
被殴打児症候群　186
被殴打女性症候群　186
比較過程　53
比較行動学　165
ヒステリー　185
否定的アイデンティティ　111
否定的同一性　111
PTSD　184
人見知り　50
ひとり親家庭　146
ビネー知能検査　21
描画法　28
表象　90
フィールド・ワーク　132
複数養育　82
フゴ　172
物質嗜癖　180
物質的自己　47
ブッシュマン　172
部分強化　67
普遍的無意識　36
フラッシュバック　188
プロダクティブ・エイジング（productive aging）　117
文化　131, 171
文化的アイデンティティ　134
分化　66
文章完成テスト　26
分裂気質　7
ペルソナ　37
偏見　136
偏差知能　22
防衛機制　34
保持過程　69
母子間関係　173
母子分離　153

ホスピタリズム（hospitalism: 施設病）　76
母性　165
　　——的行動　166
　　——本能　166
ほどよい母親　42
本能　166
　　——的行動　166

ま行

マザリーズ（母親語）　76
motherless mother　168
マターナル・デプリベーション（maternal deprivation: 母性的養育の剥奪）　76
無関心型　169
無条件刺激（US）　64
無条件反応（UR）　64
妄想的－分裂的ポジション　41
モーガンの公準　63
モーダル・パーソナリティ　133
モデリング　69, 89
元型　37
モラトリアム　110, 113
問題箱　66

や行

役割取得　48
　　——能力　100
矢田部ギルフォード性格検査　24
夜尿　71
優越への追求　36
有機・全体論　5
誘発的（evocative）相互作用　14
養育行動　166
幼児成形　151
陽性症状　184
要素・機械論　5
抑圧　33
抑うつポジション　41
欲求阻止　50

ら・わ行

ライフ・サイクル　103, 117
ラポール　19
リエントリー・ショック　140
理想化された対象への同一化　58
理想自己　56
離脱理論　125
リビドー　37
流動性知能　123
両性具有　143
臨界期　75
臨床尺度　25
類型論　6

類似説　154
霊長目　165
レイプ・トラウマ症候群　186
レスポンデント技法　71
劣等感　106
劣等コンプレックス　36

連続強化　67
連続理論　126
老賢人　37
老成自覚　125
ロールシャッハ・テスト　26
ワーカホリック（仕事中毒）　119

執筆者一覧 （執筆順）

西川隆蔵（にしかわ・りゅうぞう） 編者
帝塚山学院大学人間科学部
［本書執筆担当］第1章・第3章

粟村昭子（あわむら・あきこ）
関西福祉科学大学社会福祉学部
［本書執筆担当］第2章

三田英二（みた・えいじ）
静岡県立大学短期大学部
［本書執筆担当］第4章

鈴木隆男（すずき・たかお）
比治山大学短期大学部
［本書執筆担当］第5章

谷向みつえ（たにむかい・みつえ）
関西福祉科学大学社会福祉学部
［本書執筆担当］第6章

宇惠　弘（うえ・ひろし）
関西福祉科学大学社会福祉学部
［本書執筆担当］第7章

田端純一郎（たばた・じゅんいちろう）
横浜商科大学商学部
［本書執筆担当］第8章

日下菜穂子（くさか・なほこ）
同志社女子大学現代社会学部
［本書執筆担当］第9章

纓坂英子（おさか・えいこ）
駿河台大学心理学部
［本書執筆担当］第10章

亀島信也（かめしま・しんや）
関西福祉科学大学社会福祉学部
［本書執筆担当］第11章

武田庄平（たけだ・しょうへい）
東京農工大学農学研究院
［本書執筆担当］第12章

大石史博（おおいし・ふみひろ） 編者
大阪商業大学経済学部
［本書執筆担当］第13

人格発達心理学

2004年 4月20日　初版第1刷発行
2019年 4月15日　初版第10刷発行

定価はカヴァーに
表示してあります。

編　者　西川隆蔵
　　　　大石史博
出版者　中西　良
出版社　株式会社ナカニシヤ出版
〒606-8161　京都市左京区一乗寺木ノ本町15番地
　　　　　　　Telephone 075-723-0111
　　　　　　　Facsimile 075-723-0095
Website http://www.nakanishiya.co.jp/
Email　iihon-ippai@nakanishiya.co.jp
郵便振替　01030-0-13128

装丁・白沢　正／印刷＝製本・ファインワークス
Printed in Japan
Copyright © 2004 by R. Nishikawa & F. Ohishi
ISBN978-4-88848-837-2　C3011

◎本書のコピー，スキャン，デジタル化等の無断複製は著作権法上での例外を除き禁じられています．本書を代行業者等の第三者に依頼してスキャンやデジタル化することは，たとえ個人や家庭内での利用であっても著作権法上認められておりません．